인류의 위대한 지적유산

인류의위대한지적유산

죽음에 이르는 병
교화와 깨달음을 위한 그리스도교적인 심리학적 탐구

쇠렌 키르케고르 | 임규정 옮김

한길사

Søren Kierkegaard
Sygdommen til Døden.
En christelig psychologisk Udvikling til Opbyggelse og Opvækkelse

Translated by Lim Kyu-jung

Published by Hangilsa Publishing Co., Ltd., Korea, 2007

쇠렌 키르케고르(Søren Kierkegaard, 1813~55)
키르케고르는 인간이 강한 존재가 아니라 불안과 절망에 빠져 있는
나약한 존재이며, 그리스도에 대한 신실한 신앙에 의해서만
구원받을 수 있다는 것을 역설하였다.

프랑수아 부셰, 「비너스의 화장」, 1751
인간은 육체적 아름다움(비너스)과 같은 허상(거울)을 따를 때
자기 자신이 아니고자 하는 절망에 빠진다.

죽음의 선택

인간은 자기 자신이 아니고자 하거나 자기 자신이고자 할 때
자신이 삶의 길을 선택하고 있다고 여기지만,
실은 삶이 아닌 죽음의 길을 선택하고 있는 것이다.

고갱, 「청색의 그리스도」, 1889
절망을 극복할 수 있는 유일한 길은 신이 인간의 몸을 입고
이 세상에 와서 십자가에 달려 죽었다는 역설을 믿는 것이다.

인류의 위대한 지적유산

죽음에 이르는 병

쇠렌 키르케고르 | 임규정 옮김

한길사

죽음에 이르는 병
차례

실존과 절망에 관하여 | 임규정 ——————————————— 13

서문 ———————————————————————————— 45
들어가는 말 ————————————————————————— 49

제1부 죽음에 이르는 병은 절망이다

A 절망은 죽음에 이르는 병이다 ————————————————— 55
    A. 절망은 정신의 병, 자기의 병이며, 그렇기 때문에 세 가지 형태,
       즉 절망하여 자기를 소유하고 있음을 깨닫지 못하는 형태,
       절망하여 자기 자신이기를 원하지 않는 형태,
       절망하여 자기 자신이기를 원하는 형태를 취할 수 있다 ———— 55
    B. 절망의 가능성과 현실성 ————————————————— 58
    C. 절망은 "죽음에 이르는 병"이다 —————————————— 63

B 이 병(절망)의 보편성 ————————————————————— 71

C 이 병(절망)의 여러 형태 ———————————————————— 83
    A. 절망이 의식되어 있느냐 아니냐와 상관없이 고찰된,
       그 결과 오직 종합의 계기와 관련하여 고찰된 절망 ————— 84
       a. 유한성/무한성에 의해 규정된 절망 ——————————— 84
       b. 가능성/필연성에 의해 규정된 절망 ——————————— 92
    B. 의식에 의해 규정된 절망 ————————————————— 104
       a. 절망이라는 것을 알지 못하는 절망,
          또는 자기와 영원한 자기를 갖고 있다는 것에 대한 절망적 무지 ——— 104

b. 절망이라는 것을 의식하고 있고, 따라서
영원한 것이 있는 자기를 가지고 있다는 것을 의식하는 절망,
그리하여 절망하여 자신이기를 원하지 않거나,
또는 절망하여 자신이기를 원하는 절망 ——————— 112

제2부 절망은 죄이다

A 절망은 죄이다 ————————————————————— 157
  제1장 자기의식의 단계들("하느님 앞에서"라는 조건) ——— 161
  부론: 죄의 정의는 걸려 넘어짐의 가능성을 포함하고 있다는 것,
    걸려 넘어짐에 관한 일반적 고찰 ——————————— 168
  제2장 죄에 대한 소크라테스적 정의 ——————————— 177
  제3장 죄는 부정이 아니라 상태이다 ——————————— 193

A에 대한 부론: 그렇다면 어떤 의미에서는
    죄는 극히 드문 것이 되지 않을까?(도덕) ——————— 203

B 죄의 연속 ————————————————————————— 213
  A. 자신의 죄에 대해 절망하는 죄 —————————————— 220
  B. 죄의 용서와 관련해 절망하는 죄(걸려 넘어짐) ——————— 227
  C. 적극적으로 그리스도교를 저버리고 그것을 비진리라고 선언하는 죄 ——— 249

키르케고르 연보 ————————————————————————— 265
꿈과 환각에 대하여 | 옮긴이의 말 ——————————————————— 271
찾아보기 ——————————————————————————— 277

실존과 절망에 관하여

임규정 군산대 교수·철학

1. 저술의 배경과 동기

쇠렌 키르케고르는 1849년에 『죽음에 이르는 병』을 발표한다. 이 저서에 대해서 그는 "이루 말로 할 수 없을 정도로 귀중하다"는 평가를 내리고 있다.[1] 키르케고르가 『죽음에 이르는 병』에 대해서 이런 높은 평가를 내렸다는 것은 이 저서가 얼마나 중요한 작품인지를 말해준다.

키르케고르는 이렇게 중요한 저서를 1848년 3월에서 5월까지 단 두 달 만에 저술했다. 단 두 달의 저술 기간은 이 저서의 중요성에 비하면 믿을 수 없을 정도로 짧은 기간이다. 이 저서가 이처럼 짧은

---

1) Howard V. Hong, Edna V. Hong 편역, 『키르케고르 일지』(*Søren Kierkegaard's Journals and Papers*), I~VII, 블루밍턴: 인디애나대학 출판부, 1967~78, 이하 *JP*로 줄여서 인용하기로 한다. *JP* 6361 ; P.A. Heiberg, V. Kuhr, E. Torsting, 1차 편집, Niels Thulstrup, 1968~70, N.J. Cappelørn, 1975~78, 2차 편집, 『키르케고르 일지』(*Søren Kierkegaards Papirer*), I~XI³, 코펜하겐: Gyldendal, 1909~48. 이하 *Pap.*으로 줄여 인용하기로 한다. *Pap.* X¹ A 147.

기간에 저술될 수 있었던 것은 그의 천재성 덕분이기도 하지만, 그가 자기의 생성과 관련하여 절망이 갖고 있는 본성과 의미에 대해서 장기간에 걸쳐 사색을 거듭했기 때문이었다. 절망은 『죽음에 이르는 병』이 씌어지기 이미 10여 년 전부터 그를 사로잡아 왔던 문제였다. 일지에서 키르케고르는 "다른 어떤 것(Υνωθι σεαυτον)을 배우기 전에 먼저 자기 자신을 아는 법을 배우지 않으면 안 된다",[2] "현대는 절망의 시대이다"[3]라고 쓰고 있다. 또한 절망과 "죄 사함 받음"은 1837년 한 해의 일지의 테마이기도 하다.[4] 1838년 일지에서도 사정은 마찬가지이다. 이와 같은 언급이나 테마에 비추어볼 때 우리는 『죽음에 이르는 병』이 짧은 기간에 저술될 수 있었던 배경을 이해할 수 있다. 실로 『죽음에 이르는 병』은 절망에 대한 키르케고르의 장기간의 사색을 집약해놓은 작품이라고 할 수 있다. 이런 사색의 요지가 일지의 한 구절에 다음과 같이 잘 나타나 있다.

처음에는 아마도 한 사람이 연약함으로 인해서 죄를 범하고, 연약함에 굴복할 것이다(오호라, 왜냐하면 너희의 약함이 탐욕, 기질, 열정, 그리고 죄의 강함이기 때문이다). 그러나 그 다음에 그는 자신의 죄에 너무나도 낙담한 나머지 아마도 또다시 죄를 범할 것인데 절망 때문에 범죄할 것이다.[5]

---

2) *JP* 5100(*Pap*. I A 75).
3) *JP* 737(*Pap*. I A 181).
4) *JP* 3994(*Pap*. II A 63).
5) *JP* 4010(*Pap*. VIII¹ A 64).

이 구절이 말해주듯이 키르케고르는 사람은 나약하기 때문에 죄를 짓고, 죄를 짓고 절망하기 때문에 또 죄를 짓는다고 생각했다. 죄를 짓는 사람은 절망에 빠진 채 점점 종교적인 죽음에 다가가면서도 발걸음을 멈출 줄 모른다. 물에 빠져 허우적거리는 사람은 남의 눈에 잘 띌 뿐만 아니라 그 광경을 보는 사람에게서 구해주고 싶은 마음을 불러일으키지만, 종교적으로 허우적거리는 사람들은 남의 눈에도 잘 띄지 않고 눈에 띄더라도 별로 관심을 끌지 못한다. 물에 빠져 허우적거리는 것보다 절망에 빠져 종교적으로 허우적거리는 것이 비교도 할 수 없을 만큼 무서운 일인데도 말이다. 그들은 도움의 손길이 절실했지만, 주체적 사고가 증발해버린 헤겔주의가 풍미하던 시대적 조류에 떠밀려 방치되고 있었다.

키르케고르는 그들의 고통을 잘 알았고, 그들을 도와주어야 한다는 사명감이 투철한 사상가였다. 그는 그들에게 그들이 영위하는 삶의 진상을 진솔하게 보여주려고 했다. 실로 키르케고르는 코펜하겐의 소크라테스였다. 소크라테스가 "너 자신을 알라"고 역설했듯이, 키르케고르는 종교적인 죽음에 다가가는 사람들이 영위하는 삶이 얼마나 고통스럽고 비참한지를 적나라하게 보여주고자 했다.

죽어가는 자신의 비참한 모습을 본다는 것은 언제나 혐오스러운 일이다. 그러나 환자가 건강을 되찾으려면 자신의 병을 잘 알아야 하는 것처럼, 정신적으로 병든 사람이 정신적 건강을 되찾아 종교적인 죽음의 길에서 벗어나려면 자신이 어떤 병에 걸렸는지를 똑바로 알아야 한다.

키르케고르는 여러 익명의 작품에 등장하는 다양한 인물의 삶의 모습을 보여주는 간접적인 방법으로 죽음을 향해 다가가는 사람들의 절망을 보여준다. 절망에 빠진 독자들은 이런 책들을 읽으면서 문득 자신의 삶의 모습을 돌이켜 생각하게 되고, 이런 책들에 등장하는 인물들과의 유비를 통해서 자신들이 어떻게 살고 있는지 깨닫게 된다. 이런 깨달음은 그들이 삶의 길로 인생의 방향을 바꾸는 계기가 될 수 있다.

키르케고르는 익명의 작품에 등장하는 인물들의 절망적인 인생관을 한 권의 책으로 존재론적 틀에 담아 일목요연하게 설명할 필요를 느꼈을 것이다. 또한 그는 1844년에 발표된 『불안의 개념』에서 원죄란 양적 불안이라는 개념으로만 설명할 수 있다고 주장했는데, 양적 불안 못지않게 중요한 절망을 다루는 책이 필요하다고 생각했을 것이다. 이런 동기에서 그는 절망에 대한 장기간에 걸친 사색을 한 권의 책으로 정리했던 것이 아닌가 싶다. 그는 이 책에 '죽음에 이르는 병'이라는 제목을 붙였다.

2. 자기의 구조

『죽음에 이르는 병』에서 절망은 죽음에 이르는 병으로서 인간의 병으로 설명되고 있다. 그런데 인간은 정신이고, 정신은 자기이다. 따라서 절망을 알기 위해서는 먼저 자기를 알아야 한다. 그럼 자기가 무엇인지를 알기 위해서 키르케고르의 자기의 정의(定義)로 눈을 돌려보기로 하자.

인간은 정신이다. 그런데 정신은 무엇인가? 정신은 자기이다. 그러면 자기는 무엇인가? 자기는 자기 자신과 관계하는 관계이며 또는 그 관계 안에서 자기 자신과 관계하는 관계이다. 자기는 관계가 아니라 자기 자신과 관계하는 관계이다. 인간은 무한한 것과 유한한 것의, 시간적인 것과 영원한 것의, 자유와 필연의 종합이며, 간단히 말해서, 종합이다. 종합은 그 둘 사이의 관계이며, 이렇게 보건대, 인간은 아직도 자기가 아니다.

그 둘 사이의 관계에서, 관계는 부정적인 통일로서 제3의 것이며, 그 둘은 관계에 이어져 있되 관계 안에서 관계에 이어져 있다. 이리하여 영혼의 조건 아래에서는 영혼과 육체 사이의 관계는 하나의 관계이다. 만일, 그렇기는 하지만, 그 관계가 자기 자신과 관계한다면, 이러한 관계는 긍정적인 제3의 것인데, 그런즉 이것이 자기이다.[6]

우리는 이와 같은 자기의 정의에서 키르케고르가 자기란 자신을 자기 자신과 관계시키는 역동적 활동체로 보고 있다는 것을 알 수 있다. 자기를 역동적 활동체로 보는 키르케고르의 이러한 자기관은 자기를 정적 실체로 보는 전통적인 자기관과는 상당히 다른 것이다. 따라서 키르케고르의 자기에 대한 정의를 이해하기 위해서는 그의 정의에서 '자신을 자기 자신과 관계시키는' 역동적 활동이 뜻하는 바를 정확히 알 필요가 있다.

위의 인용문을 살펴보면, 키르케고르는 자기를 정의하기 위해서 두 가지 계열을 사용하고 있다. 첫 번째 계열은 영혼, 무한, 가능

---

6) 이 책, 55쪽; A.B. Drachmann, J.L. Heiberg, H.O. Lange 편집, 『쇠렌 키르케고르 전집』(Søren Kierkegaard's Samlede Værker), I~XIV, 코펜하겐: Gyldendal, 1901~06, 이하 SV로 줄여서 인용하기로 한다. SV XI, 127쪽.

성이며, 두 번째 계열은 육체, 유한, 필연성이다. 첫 번째 계열의 요소들은 두 번째 계열의 요소들과 순서대로 짝을 이루고 있다. 그래서 영혼과 육체, 무한과 유한, 가능성과 필연성의 세 개의 짝이 나오게 된다. 시간적인 것과 영원한 것의 짝(종합)은 논리적 순서상 나중에 논의하기로 하고, 우선 세 개의 짝에 논의를 한정하기로 하자.

그런데 이 세 개의 짝을 모두 고찰할 필요는 없을 것 같다. 왜냐하면 가능성과 필연성의 짝이 나머지 둘을 대표하기 때문이다. 그래서 여기에서는 가능성과 필연성의 종합만을 살펴보기로 한다. 가능성과 필연성의 종합을 이해하려면, 먼저 필연성이 무엇인지를 정확히 알아야 한다.

키르케고르가 말하는 필연성이란 인간을 제약하고 구속하는 구체적인 자연-사회-정치-문화적인 환경, 성, 종족, 개인적인 경험, 정서적인 안정감, 재능, 관심, 능력, 단점들을 포함하는 환경, 조건, 처지 또는 상황을 말한다.[7] 인간은 생리적 본능을 타고난 생물의 일종일 뿐만 아니라 사회를 떠나서는 살 수 없는 사회적 동물이기 때문에, 이런 여러 조건이나 환경 또는 상황에 의해서 제약받고 구속당하며 살아갈 수밖에 없는 존재이다.

그러나 인간은 동물과 달리 끊임없이 자신의 한계 너머를 동경하며, 한계를 넘어가려고 하고, 실제로 한계를 넘어가기도 한다. 다시 말해서 인간은 여러 조건이나 환경 또는 상황과 같은 필연성에 의해서 제약받고 구속당하는 존재인 동시에 그런 한계를 자유롭게 넘

---

7) 임규정, 「키르케고르의 자기의 변증법」, 고려대학교 박사학위논문, 1991, 17쪽.

어갈 수 있는 가능성을 가진 존재이다. 키르케고르는 이 점을 다음과 같이 설명하고 있다.

> 자기는 자기 자신과 관계하는 무한성과 유한성의 의식적 종합이며, 자기의 과제는 자기가 되는 것이다. 그런데 그것은 오직 신과의 관계를 통해서만 수행될 수 있다. 자기가 된다는 것은 구체적으로 된다는 것이다. 그러나 구체적으로 된다는 것은 유한적으로 되는 것도 아니고 무한적으로 되는 것도 아니다. 왜냐하면 구체적으로 된다고 하는 것은 실로 하나의 종합이기 때문이다. 따라서 생성의 과정은 자기의 무한화 과정에서 자기 자신으로부터 무한히 멀어지는 것이며, 유한화하는 과정에서 자기 자신에게로 무한히 돌아오는 것이어야만 한다.[8]

자기는 자신의 의지와는 상관없이 유한성, 즉 필연성에 얽매여 있다. 자기는 자신의 이런 유한성 내지 필연성을 벗어던지거나 외면할 수 없다. 그럼에도 불구하고 자기는 자신의 유한성 내지 필연성을 뛰어넘으려고 한다. 어떻게 이런 일이 가능한 것인가? 이 물음에 대해서 키르케고르는 다음과 같이 대답한다.

> 유한성이 무한성에 대한 관계에서 한정하는 축이듯이, 필연성은 가능성에 대한 관계에서 한정하는 것이다. 자기는 유한성과 무한성의 종합으로서 성립되고 **잠재적이므로**(κατὰ δύναμιν), 자신

---

[8] 이 책, 84쪽; (*SV* XI), 143쪽.

이 되기 위해서 자기는 상상을 매개로 자신을 반성하며 그럼으로써 무한한 가능성이 명백해진다. **잠재적으로**(κατὰ δύναμιν) 자기는 필연적인 것만큼 가능적이다. 왜냐하면 자기는 자신이기 때문이다. 그러나 자기는 자신이 되는 과제를 지니고 있다. 자기가 자신인 한에서 자기는 필연적이다. 그리고 자기가 자신이 되는 과제를 지니고 있는 한에서 자기는 가능성이다.[9]

이 구절에서 알 수 있듯이 키르케고르는 자기가 유한성 내지 필연성을 뛰어넘을 수 있는 것은 상상 때문이라고 생각한다. 상상은 자기가 자신의 유한성을 반성하고 자신의 가능성을 그리는 방법이자 역량이다. 자기는 반성적 상상을 매개로 유한성 내지 필연성을 가능성과 관계시킨다.

이제 자기의 정의는 다음과 같이 좀더 구체화될 수 있다. 자기란 상상을 매개로 자신의 이상적 자기를 자신의 현실적 자기와 관계시키는 관계자로, 즉 역동적 활동체로 정의될 수 있다.

그런데 여기에서 자유가 문제된다. 자신의 이상적 자기와 현실적 자기를 관계시키는 역동적 활동체가 자유로운 존재가 아니라면, 자기는 이상적 자기와 현실적 자기를 관계시키는 관계자의 역할을 할 수 없을 것이기 때문이다. 그렇다면, 자기는 자유로운 존재라고 보아야 한다. 키르케고르의 다음과 같은 말은 이런 맥락에서 이해될 수 있다.

---

9) 이 책, 93쪽; (*SV* XI), 148쪽.

자기는 무한성과 유한성으로 구성되어 있다. 그런데 이 종합은 하나의 관계이다. 그리고 이것은 파생적이기는 하지만, 자기 자신과 관계하는 관계이고, 자유이다. 자기는 자유이다. 그런데 자유는 가능성과 필연성의 범주들의 변증법적 양상이다.[10]

자기가 자유로운 존재라는 것은 결단의 개념을 내포한다. 결단은 유한성과 무한성, 가능성과 필연성, 그리고 영혼과 육체를 종합하는 자기의식적 행동을 말한다. 이런 자기의식적 결단의 순간에 정신은 시간의 흐름에 종속된 실재와 미래에 나타나는 영원한 이상을 종합한다.[11]

결단은 실존의 여러 양상과 관련하여 대단히 중요한 개념이다. 왜냐하면 실존의 양상은 결단의 순간이 있느냐 없느냐에 따라서, 그리고 현실성이 가능성을 얼마나 제한하는가에 좌우되는 결단의 강약에 따라서 구분되기 때문이다. 결단의 유무에 따라서 실존은 심미적 실존과 윤리적 실존으로 구분되며, 결단의 강약에 따라서 윤리적 실존과 종교적 실존으로 구분된다. 키르케고르에 따르면 종교적 실존을 제외한 모든 실존은 절망에 지배되고 있다. 이런 까닭에 절망을 삶의 형태를 통해서 구체적으로 이해하기 위해서는 다양한 실존의 양상을 고찰할 필요가 있다.

심미적 실존은 직접적 심미주의와 반성적 심미주의의 두 가지 형태로 구분되는데, 직접적 심미주의를 대표하는 인물은 돈 후안이

---

10) 이 책, 83쪽; (*SV* XI), 142쪽.
11) 임규정, 「키르케고르의 자기의 변증법」, 31쪽.

며, 반성적 심미주의를 대표하는 인물은 유혹자 요하네스이다. 윤리적 실존을 대표하는 인물은 빌헬름 판사이며, 종교적 실존을 대표하는 인물은 아브라함이다.

이제 결단의 관점에서 이런 인물들이 영위하는 여러 실존의 양상을 살펴보고, 각각의 실존의 양상에 어떤 절망의 형태가 대응하는지를 알아보기로 한다.

3. 심미주의

1) 돈 후안의 직접적 심미주의

돈 후안은 키르케고르가 『이것이냐 저것이냐』에서 직접적 심미주의의 상징으로 내세우는 인물이다. 키르케고르가 묘사하는 돈 후안의 삶의 모습은 대체로 다음과 같은 두 가지 특징을 지니고 있다. 첫째, 그의 삶은 욕망, 즉 생리적 필연성의 지배를 받는다. 둘째, 그의 욕망은 직접적이고도 즉각적인 방식으로 충족된다. 돈 후안은 마치 진한 향기를 내뿜는 꽃이 나비와 벌을 불러들이듯이 자신의 자연적인 성적 매력을 발산하는 것만으로 손쉽게 향락을 즐긴다. 이것은 그가 자신의 현실성에 올라타 자신이 원하는 바를 직접적이고도 즉각적인 방식으로 얻는다는 것을 말한다. 이런 의미에서 돈 후안에게는 욕망의 대상이 그의 손 안에 있는 셈이다. 즉 욕망의 주체와 욕망의 대상은 본질적으로 하나로 통일되어 있어서 분명하게 구분되지 않는다.

그런즉, 돈 후안과 같은 직접적 심미주의자는 자신의 욕망을 충족시키기 위해서 치밀한 계획이나 음모를 꾸밀 필요가 없다. 만사

(萬事)가 자기 손 안에 있는데 무슨 계획이나 음모가 필요하겠는가? 그래서 돈 후안은 상상을 하지 않는다. 즉 그는 언어로 가능성을 상상하거나 사유하지 않는다. 키르케고르는 다음과 같은 말로 이 점을 지적하고 있다.

> 중세는 어떤 지도에서도 찾아볼 수 없는 어떤 산에 관해서 많이 언급하고 있다. 그 산은 비너스가 살고 있다는 사랑의 산이다. 감성은 거기에 거처를 정하고 거기서 자신의 난폭한 쾌락을 즐긴다. 왜냐하면 감성은 하나의 왕국, 하나의 국가이기 때문이다. 이 왕국에는 언어나 건전한 사상이나 수고스러운 반성의 작업이 발붙일 곳이 없다. 거기에는 원초적인 정열의 소리와 환락의 희롱과 도취경에서 터져나오는 난폭한 고함소리만이 들려올 뿐이고, 사람들은 영원한 황홀경 속에서, 그런 것들을 오로지 향락을 위해 향락할 따름이다. 이 왕국이 낳은 첫째 자식이 돈 후안이다.[12]

돈 후안을 지배하는 욕망은 선반성적인 것이다. 따라서 그는 자신의 가능성을 모른다. 그래서 그에게는 현실성과 가능성을 관계시키는 관계에 대한 자기의식이 있을 수 없다. 비록 직접적 심미주의가 세 단계를 거치면서 욕망의 주체와 욕망의 대상이 구분되는 방향으로 전개되기는 하지만, 진정한 의미에서 의식으로 규정될 수 없는 이유가 바로 여기에 있다.

---

12) 임춘갑 옮김, 『이것이냐 저것이냐』 제1부/상, 종로서적, 1981, 128~29쪽: (SVI), 71쪽.

우리는 그것들(직접적 심미주의의 세 가지 단계)을 의식의 다른 단계로 생각하는 일은 피해야만 할 것이다. 왜냐하면 마지막 단계마저도 아직은 의식에는 도달하고 있지 못하고 있기 때문이다.[13]

그러나 직접성이 무르익어서 정신이 더 높은 차원의 형식을 요구하는 순간이, 즉 정신이 자신을 정신으로 파악하려고 하는 순간이 찾아오는 법이다.[14] 그런데 이런 순간은 가능성에 대한 반성과 더불어 찾아온다.

2) 유혹자 요하네스의 반성적 심미주의

키르케고르의 직접성이란 용어는 다음 두 가지에 의해 매개되지 않았다는 것을 의미한다. 하나는 반성이며, 다른 하나는 결단이다. 직접적 심미주의는 이 둘 중 어느 하나에 의해서도 매개되지 않은 직접성에 지배되고 있다.

그러나 유혹자 요하네스가 대표하는 반성적 심미주의에는 반성이 현존한다. 이 단계에서 욕망의 주체와 욕망의 대상은 서로 분리되고, 욕망의 대상은 욕망의 주체의 손을 떠난다. 다시 말해서 양자는 통일성을 상실한다. 이것이 반성적 심미주의자가 자신의 현실성에 거저 올라탐으로써 자신의 욕망을 충족시킬 수 없는 이유이다. 반성적 심미주의자는 자신의 욕망을 즉각적이고 직접적으로 충족

---

[13] 『이것이냐 저것이냐』 제1부/상, 104~05쪽; (SVⅠ), 56쪽.
[14] 『이것이냐 저것이냐』 제2부/하, 56쪽; (SVⅡ), 170쪽.

시키는 대신, 자신의 가능성에 대해 반성하기 시작하는데, 가능성에 대한 반성은 반성적 심미주의에서 자기의식을 발생시키는 계기가 된다.

반성적 심미주의를 대표하는 인물인 요하네스가 산문체 형식의 일기를 쓰는 것은 그러한 글쓰기 형식이 자신의 끝없는 반성과 음모를 기록하기에 적합하기 때문이다. 여기에서 돈 후안과 요하네스의 차이가 드러난다. 돈 후안은 길고 상세한 일기를 쓸 필요가 전혀 없지만, 요하네스는 악마의 할머니라도 유혹할 수 있는 음모를 꾸며야 하기 때문에 길고 복잡한 일기를 써야만 하는 것이다.[15]

그런데 자신의 가능성을 실현하기 위한 반성적 심미주의자의 반성은 무한하다는 특성을 갖는다. 그는 가능성을 제한하는 자신의 현실성에 눈을 감아버리기 때문에, 그의 가능성은 무한해질 수밖에 없는 것이다. 그는 가능성을 한없이 추구하고, 그 결과 가능성은 그에게 환영이 되어버린다.

가능성은 더욱더 강렬해진다. 그러나 현실성의 의미에서가 아니라 가능성의 의미에서 그렇다. 왜냐하면 현실성의 의미에서 강렬함은 가능성의 어떤 것을 현실화한다는 것을 의미하기 때문이

---

15) "단지 무엇인가를 말하는 것보다는 무엇인가를 옳게 말하는 것이 더 중요한 일이라고 한다면, 돈 후안에 관해서 '유혹자'라는 말을 사용할 때는 각별한 주의가 필요하다. ······유혹자가 되기 위해서는 언제나 어느 정도의 반성과 의식이 요구되지만, 그것이 현존하자마자 그때는 교활이니 음모니 간사한 계획이니 하는 말을 써도 무방하기 때문이다. 이런 의식이 돈 후안에게는 결핍되어 있다. 그런 까닭에 돈 후안은 유혹하는 것이 아니다."『이것이냐 저것이냐』제1부/상, 142쪽; (SV I), 79쪽.

다. 어떤 것이 가능해 보이는 순간에 새로운 가능성이 나타난다. 마침내 이러한 환영이 계속 빠른 속도로 나타나기 때문에 모든 것이 가능한 것처럼 보인다. 그리고 이것이 바로 마지막 순간, 개인 자신이 신기루가 되는 시점이다.[16]

이처럼 반성적 심미주의자는 구체적 현실성의 세계에서 멀리 물러나서 상상의 유희를 벌인다. 그는 가능성을 한정하는 자신의 현실성을 한사코 외면한다. 그의 이러한 행태는 참다운 실존이 아니라 단지 실존의 가능성, 즉 환상적 실존일 뿐이다. 욕망의 주체와 욕망의 대상이 구분된다는 점에서 자기의식이 현존하기는 하지만, 가능성은 결단의 매개에 의해서 현실성과 관계하지 않기 때문에 이런 의식은 잠재적이고 불충분하다. 키르케고르의 다음과 같은 말은 이런 맥락에서 이해되어야 한다.

(『이것이냐 저것이냐』의) 제1부는 실존을 얻을 수 없는 실존-가능성, 즉 윤리적으로 개선되어야만 하는 우수이……. 그것은 심미적 열정 속에 있는 환상-실존이며, 따라서 역설적이며 시간에 부딪혀 좌초한다. 그것은 그것의 정점에서 절망이다. 결국 그것은 실존이 아니라 실존으로 정향된 실존의 가능성이다.[17]

실존의 가능성 또는 환상적 실존에 머물러 있는 반성적 심미주

---

16) 이 책, 94쪽: (*SV* XI), 149쪽.
17) 『철학적 조각들에 대한 결론으로서의 비학문적 후서』(*SV* VII), 213쪽. 앞으로 『후서』로 줄여서 표기한다.

의 반성은 결단에 의해서만 정지될 수 있다. 반성적 심미주의에서 자기와 외부 세계를 구분할 줄 아는 자기의식은 결단을 예비하는 것이기는 하지만, 현실성을 외면하기 때문에 결단으로 발전하지 못하고 잠재적 자기의식으로 머물러 있다.

키르케고르는 심미주의에 대한 지금까지의 논의를 다음과 같이 종합하고 있다.

> 심미적인 영역 안에 있는 차이가 아무리 크다 할지라도, 모든 단계가 이런 동일성을 가지고 있다. 즉 정신이 정신으로서 규정되지 않고 직접적으로 규정되고 있다는 동일성을 가지고 있다. 그러나 그 차이는 엄청나서 완전한 바보에서 시작해서 최고도의 총명에까지 이르고 있다. 그러나 총명이라는 사실이 분명한 단계에 있어서마저도 정신은 정신으로서 규정되고 있는 것이 아니라 재능으로 규정되고 있다.[18]

요컨대 직접적이든 반성적이든 심미주의에는 결단이 결여되어 있다. 심미주의자는 결단에 의해 생성된 존재가 아니기 때문에, 자기로 규정될 수 없다. 자기의식은 결단의 정도에 따라서 상대적이기는 하지만 결단에 의해서만 진정한 의미에서 성취될 수 있으며, 자기는 결단에 의해서만 생성될 수 있다.

---

[18] 『이것이냐 저것이냐』 제2부/하, 43~44쪽: (SVⅡ), 163~64쪽.

4. 빌헬름 판사의 윤리적 실존

심미적 단계의 기본적 특성이 결단의 결여인 반면에, 윤리적 단계의 근본적 특징은 결단이다. 윤리적 단계에서 결단은 자기의 선택을 포함한다. 자기의 선택에 대한 키르케고르의 말을 들어보기로 하자.

> 선택되는 것은 현존(現存)하지 않고 선택과 더불어 존재 속으로 들어온다. 한편 선택되는 것은 현존하고, 그렇지 않다면 선택이란 있을 수가 없을 것이다. 왜냐하면 내가 선택한 것이 존재하지 않았고 선택과 더불어 절대적으로 존재 속으로 들어온다고 한다면, 나는 선택하는 것이 아니라 창조하는 셈이 된다. 그러나 나는 나 자신을 창조하는 것이 아니라 나 자신을 선택한다. 그러므로 자연은 무(無)에서 창조되고 또 직접적인 인격으로서의 나 자신도 무로부터 창조되는 반면에, 자유로운 정신으로서의 나는 모순율(矛盾律)의 소산이고 혹은 내가 나 자신을 선택함으로써 태어난다.[19]

구체적으로 실존하는 자기는 자기에게 영향을 주는 자연적, 사회적 환경과 불가분적으로 관계되어 있다. 자기는 이런 환경에 던져지며, 그것에 둘러싸인다. 그것은 자기의 현실성의 부분이다. 윤리적 실존에서 자기는 이런 부분이 자신의 의지와 상관없다는 것을

---

[19] 『이것이냐 저것이냐』 제2부/하, 99쪽; (SV II), 193쪽.

알지만, 그렇다고 현재의 자기를 거부하지 않는다. 이것이 '선택되는 것은 현존하고, 그렇지 않다면 선택이란 있을 수가 없을 것이다"라는 말이 의미하는 것이다.

그러나 선택 이후의 자기와 선택 이전의 자기는 동일한 자기가 아니다. 왜냐하면 자기는 자신의 선택으로 자기의식적인, 즉 책임 있는 자기로 생성되었기 때문이다. 이 책임 있는 자기는 선택 이전에는 현존하지 않았다. 따라서 이러한 자기는 선택과 더불어 현존하게 되는 것이다.

결국 자기는 선택 이전에 존재하면서 존재하지 않는다는 모순은 현실성과 가능성을 결단을 매개로 관계시키는 자기다운 자기가 생성되었다는 것을 의미한다.

윤리적 실존의 단계에서 자기는 자신의 구체적 현실성에 끌려다니지도 않거니와, 그렇다고 자신의 구체적 현실성을 외면하고 윤리적 보편성을 상상하며 유희를 벌이지도 않는다. 키르케고르가 구체적 현실성을 옷 입듯이 입고 그것에 보편성을 침투시킨다는 비유적 표현을 사용하는 것은 바로 이 점을 강조하기 위한 것이다.

인생을 윤리적으로 보는 사람은 보편적인 것을 보고, 윤리적으로 사는 사람은 자신의 생활 속에서 보편적인 것을 표현한다. 그는 자기 자신을 보편적인 인간으로 만들지만, 자신의 구체성을 벗어던짐으로써 그렇게 만드는 것이 아니라(왜냐하면 그것을 벗어 버리면 그는 무로 화하기 때문이다), 자신의 구체성을 옷 입듯이 입고 그것에 보편성을 침투시킴으로써 자신을 보편적인 인간으로 만든다.[20]

윤리적 실존을 대표하는 빌헬름 판사가 제시하는 윤리적 보편성의 사례는 결혼을 유지하고 지켜주는 사랑의 의무이다. 직접적 심미주의자는 순간의 감성적 만족을 구하기 때문에 배우자에게 변함없이 충실해야 하는 사랑의 의무에는 전혀 관심을 기울이지 않는다. 윤리주의자 역시 사랑의 감성적인 면을 알고 있지만 사랑은 보편적 의무가 되어야 한다고 생각한다.

나에게는 의무가 사랑과 서로 다른 풍토가 아니고, 나에게는 의무가 사랑을 참으로 온화한 풍토로 만드는 것이고, 나에게는 사랑이 의무를 참으로 온화한 풍토로 만드는 것이고, 이 연합 속에 완전성이 성립된다.[21]

사랑이 보편적 의무가 될 때, 그것은 더 이상 순간적 욕망에 지배되지 않는다. 자기는 하느님이 두 사람을 죽음으로 갈라놓을 때까지 배우자를 사랑하겠노라는 결혼 서약을 통해 통일성을 성취한다. 즉 자기는 더 이상 순간적인 기분과 다양한 가능성으로 분산되지 않는다. 키르케고르의 결혼에 대한 분석은 일반적으로 윤리적 의무에 적용될 수 있다. 욕망은 자기가 추구하는 윤리적 이상에 의해 통제된다. 자기는 윤리적 이상을 실행해야 한다는 의무를 따름으로써 욕망의 지배자가 되는 것이다. 물론 이것은 단번에 성취되지 않는다. 따라서 자기가 윤리적 실존을 지속적으로 유지하기 위해서는

---

20) 『이것이냐 저것이냐』 제2부/하, 165쪽; (*SV* II), 229쪽.
21) 『이것이냐 저것이냐』 제2부/상, 235쪽; (*SV* II), 134쪽.

자신의 의지를 강하게 단련할 필요가 있다.

5. 아브라함의 종교적 실존

빌헬름 판사와 같은 윤리주의자는 보편적인 말을 할 수 있는 존재이기는 하지만, 절대적 타자를 모르는 존재이기도 하다. 키르케고르에 따르면 그는 윤리적 질서와 신을 구별하지 않는다.

> 신과 인간 사이에는…… 절대적 차이가 있다. 신에 대한 인간의 절대적 관계는 특별히 절대적 차이를 표현해야 한다. 그래서 직접적 동일성은 뻔뻔스러움, 우쭐한 허영, 주제넘음 따위가 된다.[22]

윤리주의자는 신과 인간 사이의 절대적 동일성을 믿는다. 그러나 신과 인간 사이에는 절대적 차이가 존재한다. 따라서 사람들 상호 간의 의무는 신에 대한 의무와 구별되어야 한다. 다시 말해서 자기는 절대적 목적에 대해서는 절대적으로, 상대적 목적에 대해서는 상대적으로 관계해야 한다.[23] 키르케고르는 『공포와 전율』에서 아브라함이 이삭을 번제로 바치는 이야기를 예로 들면서[24] 자신의 이

---

22) 『후서』(SV II), 357쪽.
23) 『후서』(SV VII), 359쪽.
24) "말을 마치고 두 사람은 함께 길을 떠나, 하느님께서 일러주신 곳에 이르렀다. 아브라함은 거기에 제단을 쌓고 장작을 얹어 놓은 다음 아들 이삭을 묶어 제단 장작더미 위에 올려놓았다. 아브라함이 손에 칼을 잡고 막 찌르려고 할

러한 주장을 설파한다.

성서의 「창세기」에 보면 신은 아브라함에게 외아들 이삭을 번제로 바치라고 명령한다. 누가 보더라도 그와 같은 명령은 아버지는 윤리적으로 자신보다 아들을 더 사랑해야 한다는 윤리적 의무에 반하는 것이다. 그래서 이삭을 모리아 산으로 끌고 가서 번제로 바치려고 한 아브라함의 행동은 윤리적으로 도저히 이해될 수 없는 것이다. 아브라함은 윤리적으로 보면 단지 살인미수자일 뿐이다. 그것도 자신의 외아들을 죽이려고 한 흉악한 범죄자일 뿐이다. 이런 흉악한 범죄자가 그리스도교계에서 신앙의 기사로, 신앙의 영웅으로 칭송받아 왔다니, 이보다 더 해괴한 일이 있을 수 있는가?

이 희한한 물음에 대해 키르케고르는 아브라함이 살인미수죄를 모면할 수 있는 길이 있다면, 그것은 윤리적 의무를 무한히 체념하고, 하느님과의 절대적 관계 속으로 들어가는 것일 뿐이라고 주장한다.

그런데 아브라함은 실제로 그렇게 결단했으며, 보편적 세계를 넘어서 하느님 앞에 홀로 섰다. 키르케고르에 따르면 아브라함의 이러한 영웅적인 비약은 너무나 드높은 경지여서 이 기막힌 비약 앞에서 뭇사람들은 한없는 두려움으로 전율한다는 것이다. 그런데 여기에서 의사소통과 관련하여 의미심장한 것은 아브라함의 비약이 언어로 이해될 수 없는 역설이라는 것이다. 왜 아브라함의 비약은 언어로 이해될 수 없는가? 언어는 보편적 세계를 뛰어넘는 개별자

때 야훼의 천사가 하늘에서 큰 소리로 불렀다." 『공동번역성서』, 「창세기」, 22장. 앞으로 성서를 인용하는 경우에는 『성서』라고 줄여서 표기하기로 한다.

의 비약을 표현할 수 없기 때문이며, 그래서 아브라함의 비약은 보편적 세계에 대해 영원히 역설로 남을 수밖에 없기 때문이다. 여기에서 키르케고르의 말을 들어보기로 하자.

> 신앙이란 개체가 개별자로서 보편적인 것보다 더 상위에 있고, 보편적인 것에 대하여 권리를 지키고 있음으로써 그 밑에 종속하는 것이 아니라 그 상위에 놓인다는 데 그 역설이 있다. 특히 유의해야 할 것은 개체가 개별자로서 보편적인 것의 하위에 놓인 다음에, 그 보편적인 것을 통하여 개체로서 보편적인 것의 상위에 있는 개별자가 된다고 하는 역설, 개체가 개별자로서 절대자와의 절대적인 관계에 서게 된다는 역설이다. 이 입장은 매개를 필요로 하지 않는다. 왜냐하면 모든 매개는 바로 보편적인 것의 힘에 의해서 일어나는 것이기 때문이다. 이 입장은 영원히 역설로 남을 것이며, 사고로는 접근할 수가 없다.[25]

아브라함의 종교적 실존에서 아브라함의 발목을 잡는 현실성은 다름 아닌 윤리적인 것이다. 윤리적인 것은 뭇사람에게는 높은 이상으로 다가오지만, 아브라함의 경우에는 발목을 잡아당기는 달콤한 유혹일 뿐이다. 아브라함은 이 달콤하기 그지없는 유혹을 단호하게 뿌리쳤기 때문에 보편적 세계를 벗어난 외톨이가 되었으며, 비약의 순간에 신과 아브라함 사이에 오고 갔을 언어는 영원히 이해될 수 없는 언어로, 즉 역설로 남는다.

---

[25] 손재준 옮김, 『공포와 전율』, 삼성출판사, 1986, 94쪽; (SV III), 106쪽.

그러면 이렇게 결단의 관점에서 고찰된 실존의 여러 양상은 절망의 형태와 어떤 대응 관계에 있는 것일까?

6. 실존의 여러 양상 대(對) 절망의 형태

키르케고르에 따르면 절망에는 다음과 같은 두 가지 형태가 있다.

이처럼 자기 자신과 관계하는 그러한 관계, 즉 자기는 그 자신을 정립하였던지 아니면 타자에 의해서 정립되었을 것이다.

만일 자기 자신과 관계하는 관계가 타자에 의해서 정립되었다면, 그렇다면 그 관계는 사실 제3의 관계인데, 그러나 이 관계, 즉 제3의 관계는 그렇지만 또다시 하나의 관계이며 더욱이 관계 전체를 정립한 것과 관계하고 있다.

인간의 자기는 그처럼 파생된, 정립된 관계이며, 자기 자신과 관계할 뿐더러 자기 자신과 관계하는 가운데 타자와도 관계하는 관계이다. 이것이 바로 엄밀한 의미에서 두 가지 형태의 절망이 있을 수 있는 까닭이다. 만일 인간의 자기가 그 자신 스스로를 정립하였다면, 그렇다면 딱 한 가지 형태, 즉 자기 자신이기를 원하지 않는, 자기 자신을 없애고 싶어하는 형태만 가능할 것이며, 절망하여 자기 자신이기를 원하는 형태는 있을 수 없을 것이다.[26]

절망의 첫 번째 형태는 자기 자신이기를 원하지 않는 것, 즉 자신

---

26) 이 책, 56쪽; (*SV* I), 128쪽.

을 제거하려 하는 것이다. 키르케고르는 이런 형태를 연약함이라고 부른다. 절망의 두 번째 형태는 절망적으로 자기 자신이기를 원하는 것이다. 키르케고르는 이런 형태를 반항이라고 부른다. 그런데 반항의 형태는 연약함의 형태와 본질적으로 다르지 않으며, 따라서 연약함의 형태로 환원될 수 있다.

자기 자신에 대해서 절망하는 것, 절망에 빠져서 자기 자신으로부터 벗어나고 싶어하는 것—이것은 모든 절망에 대한 공식이다. 그렇기 때문에 절망의 다른 형태, 즉 절망에 빠져서 자기 자신이고 싶어하는 것은 첫 번째 형태, 즉 절망에 빠져서 자기 자신이고 싶어하지 않는 것으로 소급될 수 있는바, 이는 우리가 앞에서 절망에 빠져서 자기 자신이고 싶어하지 않는 형태를 절망에 빠져서 자기 자신이고 싶어하는 형태로 환원한 것과 같다.[27]

현실성이 가능성을 제한하느냐의 여부에 따라서 또 현실성이 가능성을 얼마나 강하게 제한하느냐에 따라서, 용기의 필요성 여부와 자기가 결단할 때 자기에게 필요한 용기의 강도(强度)가 달라진다. 예를 들어 돈 후안과 같은 직접적 심미주의자는 현실성의 제한을 전혀 받지 않기 때문에 결단의 용기가 필요하지 않지만, 종교적 실존을 대표하는 아브라함의 경우에는 상상을 불허하는 용기가 필요하다. 왜냐하면 윤리적 보편성이 신 앞에 홀로 설 수 있는 가능성을 말로 표현할 수 없을 만큼 강하게 제한하기 때문이다.

---

27) 이 책, 68쪽; (SV XI), 134쪽.

신에 대한 자신의 존재론적 의존을 인정하지 않는 반항은 겉으로 보기에는 강한 듯이 보이지만, 실은 연약함과 다를 바 없다. 반항은 종교적 실존을 영위하는 것보다 비교도 할 수 없을 정도로 쉬운 일이며, 따라서 종교적 실존에 비하면 엄청나게 연약하기 때문이다. 반항이 연약함으로 환원될 수 있다는 키르케고르의 말은 이런 맥락에서 이해될 수 있다.

이제 이런 논의를 토대로 실존의 여러 양상에 절망의 어떤 형태가 대응하는가를 살펴보기로 하자. 종교적 실존을 제외한 모든 실존은 자기의 구성 계기 사이의 균형을 이루지 못하고 있다. 이것은 심미적 실존과 윤리적 실존이 절망에 빠져 있다는 것을 말한다. 그렇다면 심미적 실존과 윤리적 실존은 어떤 절망에 빠져 있는가?

직접적 심미주의와 반성적 심미주의는 둘 다 연약함의 절망이다. 직접적 심미주의는 현실성에 지배된다. 이 단계에서 자기는 기본적으로 감성적 성향에 지배되거나 자신의 자연적, 사회적 환경에 끌려 다닌다. 자기는 자신의 가능성을 모르거나 가능성을 현실화하고자 하는 결단의 자유를 모른다. 이와는 반대로 반성적 심미주의에서 자기는 자신의 가능성에 대한 무한한 반성에 전념한다. 자기는 가능성을 제한하는 자신의 현실성을 한사코 외면한다.

이처럼 직접적 심미주의는 가능성을 모르고, 반성적 심미주의는 현실성을 외면한다. 직접적이든 반성적이든 심미주의자는 현실성과 가능성을 관계시키는 관계자, 즉 자기이기를 원하지 않는다. 심미주의자는 자기의 자유를 간과하거나 무시한다. 키르케고르는 심미주의자에게서 볼 수 있는 자기의 이런 불균형을 절망이라고 부른다. 이런 절망은 자기이기를 원하지 않는 연약함의 형태를 띤다.

윤리적 실존을 영위하는 윤리주의자는 결단할 줄은 알지만, 하느님에 대한 자기의 존재론적 의존을 인정하지 않는다. 다시 말해서 윤리주의자는 자신을 타자에 의해 구성된 존재로 보지 않으며, 자신을 스스로 구성하고자 하는 것이다. 그러나 자신에 의한 자기의 구성은 언제 무너질지 모르는 사상누각을 세우는 것에 지나지 않는다.

이 자기는 자신의 주인이며, 이른바 절대적으로 자신의 주인이다. 그런데 바로 이것이 절망이지만, 또한 자기가 자신의 쾌락과 기쁨이라고 생각하는 것이다. 그러나 좀더 자세히 관찰하면, 이 절대적인 지배자는 나라가 없는 왕이며, 실제로 아무것도 통치하지 않는 왕이다. 그의 지위, 그의 지배는 어느 순간에도 반란이 합법적이라는 변증법에 예속되고 있다. 결국 이것은 자의적으로 자기 자신에 근거하고 있다.[28]

윤리주의자가 이처럼 사상누각이나 다름없는 자기에 강하게 집착하는 것은 절망하여 자기 자신이기를 원하는 것이며, 절망하여 자기 자신이기를 원하는 것은 타자에 의해 구성된 관계의 관점에서 보면 진정한 의미에서 자기 자신이기를 원하지 않는 것이다. 요컨대 그것은 반항의 형태를 띠는 절망이다.

---

28) 이 책, 146쪽; (SV XI), 180쪽.

7. 구원의 가능성

절망은 결국 사람의 연약함에서 기인한다. 그러나 사람은 연약함에 머물러 있고자 애를 쓴다. 왜냐하면 앞에서도 보았듯이 연약함을 벗어나는 것은 엄청난 용기를 필요로 하기 때문이다. 마치 등에 화살을 맞고서도 화살을 뽑을 용기가 없어 화살을 등에 꽂고 사는 사람처럼, 연약한 사람은 자신의 연약함을 떨쳐내지 못한다. 연약함에 매여 있는 것이 바로 절망이다. 얽매임이 강할수록 절망도 깊어진다. 키르케고르는 이렇게 깊어진 절망을 강화된 절망이라고 부른다. 죄는 곧 강화된 절망의 다른 이름이다.

죄는 이것이다. 즉 하느님 앞에서, 혹은 하느님에 대한 생각으로, 절망에 빠져서 자기 자신이기를 원하지 않는 것, 혹은 절망에 빠져서 자기 자신이기를 원하는 것이다. 따라서 죄는 강화된 연약함 혹은 강화된 반항이며, 죄는 절망의 강화이다.[29]

그러나 절망이 강화될수록, 즉 죄가 깊어질수록 역설적으로 구원의 가능성도 높아진다. 왜냐하면 절망이 강화될수록 결단의 중요성에 대한 자기의 이해도 깊어지기 때문이다. 앞에서 보았듯이 심미적 실존에서는 참다운 결단이 없다. 심미적 실존에는 점선처럼 이어지는 순간의 향락만이 있을 뿐이다. 그러나 윤리적 실존은 결단을 안다. 순간적 향락에 젖은 채 영원을 전혀 알지 못하는 심미적 실존과

---

29) 이 책, 157쪽; (SV XI), 189쪽.

는 달리, 윤리적 실존은 자기의 영원한 정체성을 정립하고자 인간적인 결단을 감행한다. 그러나 그것은 실패할 수밖에 없는 환상에 지나지 않는다. 키르케고르는 자기는 결코 영원한 존재, 즉 절대적 타자로서의 신이 될 수 없다고 강조한다. 그가 윤리적 실존의 파산을 선고하는 간접적인 방법으로 독자에게 전달하고자 하는 이러한 메시지에는 역설적으로 구원의 가능성이 담겨 있다. 결코 절대적 타자로서의 신이 될 수 없다는 깨달음을 통해서 자기는 비로소 신에 대한 자기의 관계를 올바로 이해하고 참다운 결단의 의미를 포착하게 된다.

자기는 절망, 즉 현실적 죄의 이런 긍정적 측면에 주목할 필요가 있다. 자기는 결국 자신이 죄인이라는 것을 깨달으면서 이제까지 자기를 바라보던 인간본위적인 시선을 돌려 영원한 존재와 영원한 행복을 바라볼 수 있다. 요컨대 자기는 신과 자기 자신의 관계를 타락시켰다는 것을 인정하게 된다. 자기는 스스로 존재하는 자가 아니라 피조물이며, 그것도 죄를 지은 피조물이라는 것을 인정하게 되는 것이다. 자기는 수많은 철학자들처럼 관념적으로만, 또는 추상적으로만 창조자에 대한 자신의 존재론적 의존을 인정해서는 안 된다. 자기는 영원한 행복을 올바로 응시함으로써 자신의 고통을 지양해야만 하는 것이다.

그런데 영원한 행복으로 가는 길은 지난하기 이를 데 없다. 그 길에서 자기는 신이 인간의 몸으로 이 세상에 오셨다는 역설과 마주치지 않을 수 없기 때문이다.[30] "하느님과 사람은 무한한 질적 차

---

30) 그리스도교의 역설을 다룬 키르케고르의 작품에는 『철학적 조각들』 『후서』 등이 있다.

이에 의해 분리되어 있는 두 성질이다."³¹⁾ 그러나 "그리스도교에서는 하느님이 스스로를 인간(하느님-사람)으로 만들었다."³²⁾ 많은 사람이 키르케고르가 역설이라고 부른 바로 이 걸림돌에 걸려 넘어졌다.

  키르케고르는 인간의 죄를 용서하기 위해 인간의 몸으로 이 세상에 오신 구원자 그리스도에 대한 독실한 믿음만이 걸림돌에 걸려 넘어져 죽음의 악순환을 반복하는 불행을 막을 수 있다고 생각했다. "그리스도는, 그대도 알다시피, '나에게 걸려 넘어지지 않는 자는 복이 있도다'라고 말하는 것이다."³³⁾ 이 말에는 죄인으로서의 자기가 걸림돌에 걸려 넘어지지 않고 죽음에서 벗어나 구원받기를 간절히 바라는 키르케고르의 소망이 담겨 있다.

---

31) 이 책, 251쪽; (*SV* XI), 235쪽.
32) 이 책, 251쪽; (*SV* XI), 235쪽.
33) 이 책, 252쪽; (*SV* XI), 236쪽.

죽음에 이르는 병

교화와 깨달음을 위한 그리스도교적인 심리학적 탐구

안티 - 클리마쿠스(Anti - Climacus)

주여, 우리 눈을 사소한 것들에
대해서는 흐리게 하시고,
당신의 모든 진리에 대해서는
환히 밝혀주옵소서

Herr! gieb uns blöde Augen
Für Dinge, die nichts taugen,
und Augen voller Klarheit
in alle deine Wahrheit.

일러두기

1. 이 책에 나오는 주는 다음과 같이 구분하였다.
   1) 옮긴이가 붙인 주는 본문에 1), 2), 3)…으로 표시하고 각주로 처리하였다.
   2) 원저자(키르케고르/안티-클리마쿠스)가 붙인 주는 본문에 백설표(*)로 표시하고 각주로 처리하였다.
   3) 『불안의 개념』 『이것이냐, 저것이냐』 『공포와 전율』처럼 우리말 번역본이 있는 경우는 번역서의 서지사항을 먼저 표기하고 기호 ; 뒤에 원서를 표기하였다. 덴마크어 원서의 서지사항의 경우는 전집을 뜻하는 SV와 권수를 뜻하는 로마숫자를 괄호로 묶고 기호 , 다음에 쪽수를 표기하였다.
   4) 『철학적 조각들에 대한 결론으로서의 비학문적 후서』처럼 우리말 번역본이 없는 경우는 『 』 안에 우리말로 서명을 표기하고 ( )를 붙여 덴마크어 원서의 서지사항을 표기하였다.
   5) 전집의 경우는 ( ) 안의 서명 뒤에 권수를 나타내는 로마숫자를 병기하였다.
   6) 각 주에서 기호 " " 안에 ' '로 표시되어 있는 구절은 마침의 경우에는 마침표를 기입하였고, 마침이 아닌 경우에는 각 주의 마침을 표시하는 마침표와 구별하기 위해서 마지막 마침표는 생략하였다.
   7) 주와 관련되는 내용(예를 들어 키르케고르의 저서나 성서의 구절)은 독자들이 참고할 수 있도록 병기하였다.
2. 원서에서 이탤릭체로 되어 있는 부분은 고딕체로 바꾸었다.
3. 본문에 인용된 성서의 구절은 『공동번역성서』에서 인용하였다.
4. 본문에 나와 있는 독일어 인용어, 구, 절은 키르케고르 자신이 인용한 것이다.
5. 안티-클리마쿠스는 키르케고르의 필명이다. 키르케고르는 안티-클리마쿠스, 클리마쿠스 등 여러 가지 필명으로 글을 발표했는데, 각 저작의 성격에 따라 필명을 구분해 썼다.
6. 독일어본은 *Die Krankheit zum Tode*(Emanuel Hirsh 옮김, 뒤셀도르프/쾰른: 오이겐 디더리히스, 1954)를 참조하였고, 영어본은 *The Sickness Unto Death*(Howard V. Hong, Edna H. Hong 옮김, 프린스턴: 프린스턴대학 출판부, 1983)를 참조하였다.

서문

추측컨대 많은 사람들이 이러한 '탐구'의 형태를 낯설게 생각할 것이다. 그들이 생각하기에 이런 형태는 교화적인 것이라고 하기에는 지나치게 엄격하고 또 엄밀하게 학문적인 것이라고 하기에는 지나치게 교화적이다. 후자에 관한 한, 나는 아무런 의견이 없다. 전자에 관해서 말하자면, 나는 미안하지만 생각이 좀 다르다. 만일 그것이 교화적이기에는 지나치게 엄격하다는 말이 사실이라면, 나는 그것을 결점이라고 생각한다. 물론 세상사람 모두가 그것이 가르치는 대로 할 자격을 갖추고 있는 것은 아니라는 이유 때문에 그것이 만인을 위해 교화적인 것이 될 수 없다는 것은 별개의 문제이다. 그리스도교적 관점에서 보건대, 세상만사는, 정말로 세상만사는 교화를 위해서 봉사하지 않으면 안 된다.[1] 궁극적으로 덕을 쌓아 올리

---

1) "하느님을 사랑하는 사람들 곧 하느님의 계획에 따라 부르심을 받은 사람들에게는 모든 일이 서로 작용해서 좋은 결과를 이룬다는 것을 우리는 압니다." 「로마서」, 8장 28절; "그러면, 형제 여러분, 어떻게 해야 하겠습니까? 여러분이 함께 모일 때에는 찬성하는 사람도 있고 가르치는 사람도 있고 하느님의 계시를 말하는 사람도 있고 이상한 언어로 말하는 사람도 있고 그것을 해석하는

는 것이 아닌 성격의 학문성과 과학성은 그렇기 때문에 이론의 여지 없이 비그리스도교적이다. 본디 그리스도교적인 것은 모두 스스로를 제시할 때 의사가 병상에서 이야기하는 방식과 유사한 점을 지니고 있어야 한다. 비록 의학 전문가만이 그것을 이해한다고 하더라도, 그 상황이 병자의 침상이라는 사실을 결코 잊어서는 안 된다. 교화적인 것은 바로 (삶으로부터의 학문적 거리²⁾와는 대조적인) 삶에 대한 그리스도교의 관계 내지 그리스도교의 윤리적 측면이며, 그것이 제시되는 양식은, 다른 점에서는 아무리 엄격하다고 하더라도, "중립적인" 성격의 과학성 내지 학문성과는 전혀 다르고 또 질적으로도 다른데, 이런 학문성의 거만한 영웅심은 영웅심과는, 그리스도교적인 관점에서 볼 때, 너무나 동떨어져 있어서, 그리스도교적인 관점에서 고찰하건대 인간적이라고는 할 수 없는 성격의 호기심에 불과하다. 외로이 하느님 앞에서, 외로이 이처럼 경이로울 정도로 불요불굴의 자세로 이처럼 놀랄 만큼의 책임을 떠맡고서, 자기 자신, 개인적인 인간, 이 특별한 개인적인 인간이 되는 모험을 앞뒤 안 가리고 감행하는 것이 그리스도교적 영웅주의이다. 그렇지만 추상적인 것에서의 인간의 관념에 기만당하거나 세계 역사를 가지고 경탄 놀음을 하는 것은 그리스도교적 영웅주의가 아니다.³⁾ 모든 그리스도교적 앎은, 그 형식이 아무리 엄격한 것이라 하

사람도 있을 터이지만 모든 것은 교회 발전에 도움이 되도록 해야 합니다." 「고린토인들에게 보낸 첫째 편지」, 14장 26절.
2) *JP* IV 3854~71.
3) 헤겔의 『정신현상학』에 나오는 추상적 인간의 관념에 대한 언급이다. "끝으로 한마디 덧붙인다면, 정신의 보편성이 너무나 증진된 나머지 이와 반대되는 정신의 개별성에는 그만큼 관심이 덜 쏠리는 시대에는 보편정신이 전폭적인 범

더라도 관심이 실려 있어야 하는데, 이러한 관심이 바로 교화적인 것이다. 관심은 삶에 대한, 인격의 현실성에 대한 관계를 구성하고 있으며, 그렇기 때문에 그리스도교적 관점에서 보건대 진지함이다. 초연한 지식의 거만함은, 그리스도교적 관점에서 볼 때, 훨씬 더 진지한 것과는 아주 멀리 떨어져 있으며—그리스도교적으로 그것은 일종의 경멸이며 허장성세(虛張聲勢)이다. 진지함은, 그와는 달리, 교화적인 것이다.

그렇기 때문에 어떤 의미에서 이 작은 책은 대학생이라면 누구나 쓸 수 있는 정도의 책이며, 다른 의미에서는 아마 그 어떤 대학 교수도 결코 쓸 수 없을 정도의 책이다.

그러나 논문의 형식이 현재의 형태인 것[4]은 아무튼 신중하게 고찰되어야 하며, 더욱이 심리학적으로는 옳은 것으로 생각된다. 너무나 형식적이어서 그다지 의미가 없는, 그리고 일단 사람들이 그것에 아주 익숙해져버리면 쉽사리 무의미해져버리는, 그런 어떤 훨씬 더 형식적인 스타일이 있게 마련이다.

한 마디만 더 하겠다. 물론 불필요한 말이지만, 그래도 나는 하겠다. 나는 책 전체에서, 표제가 나타내고 있는 것처럼, 절망은 치료

위에서 풍부한 교양을 지니고 이를 요구하게도 하지만, 또 반대로 이렇게 되면 정신이 행하는 작업 전체에서 개인의 활동이 차지하는 몫은 줄어들 수밖에 없다. 학문의 성격상 그럴 수밖에 없다고는 하지만, 아무튼 개인의 존재는 더욱더 망각됨으로써 아무리 온 힘을 기울여본들 개인을 필요로 하는 정도는 축소되어 결국 개인 자신으로서도 자기에 대한 요구를 낮출 수밖에 없게 되는 것이다." 헤겔, 임석진 옮김, 『정신현상학1』, 한길사, 2005, 111쪽; 헤겔, 마르하이네케(Marheineke) 외 편집, 『헤겔 전집』(*Georg Wilhelm Friedrich Hegel's Werke*), 완결판 I~XVIII, 베를린, 1832~45, II, 58쪽.

4) *Pap.* X^1 A 530.

제가 아니라 질병으로 해석되고 있다는 것을 특별히 강조하고 싶다. 절망은 정말로 그처럼 변증법적이다. 그런 까닭에 그리스도교 어법에서도 또한 죽음은 실제로 가장 깊은 정신적 불행의 상태에 대한 표현이며, 그런데도 그 해결책은 단순히 죽는 것, 세상을 버리는 것이다.[5]

   1848

---

5) *Pap.* VIII² B 143.

들어가는 말

"그 병은 죽을병이 아니다"(요한 11: 4).[1] 그런데도 라자로(Lazarus)는 죽었다. 제자들이 그리스도께서 나중에 덧붙이신 말씀, 즉 "우리 친구 라자로가 잠들어 있으니 이제 내가 가서 깨워야겠다"(11: 11)라는 말씀을 잘못 이해했을 때, 그리스도께서는 제자들에게 "라자로는 죽었다"(11: 14)고 분명히 말씀하셨다.[2] 그래서 라자로는 죽었지만, 그러나 이 병은 죽음에 이르는 것이 아니다. 우리는 그리스도께서 당신의 동시대인들에게, "(만일 그들이) 믿기만 하면, 하느님의 영광을 보게"(11: 40) 허용하실 기적을, 그분께서 라자로를 죽은 자 가운데에서 일으켜 세우신 기적을 염두에 두고 계셨다는 것을 알고 있다. 그렇기 때문에 "이 병"은 죽음에 이르는

---

1) 옮긴이는 'Sygdommen til Døden'을 '죽음에 이르는 병'이라고 옮겼는데, 성서에는 '죽을병'이라고 옮기고 있다. 옮긴이는 앞으로 성서 인용문은 성서를 기준으로 할 것이다. 그렇기 때문에 '죽음에 이르는 병'과 '죽을병'을 같이 사용하겠다.
2) 라자로에 대한 언급은 『교화를 위한 열여덟 편의 강화집』(SV V), 113쪽; 『상이한 정신들에 있어서 교화를 위한 강화집』(SV VIII), 259쪽; 『사랑의 역사(役事)』(SV IX), 98, 308쪽; 『그리스도교적 강화집』(SV X), 108쪽에 나온다.

것이 아닐 뿐 아니라, 그리스도께서 예언하신 것처럼, 그로 인하여 "하느님의 영광을 드러내고 하느님의 아들도 영광을 받게 될 것"이었다(11: 4). 그렇지만 설령 그리스도께서 라자로를 부활시키지 않으셨더라도, 그의 병은, 죽음 그 자체는 죽음에 이르는 것은 아니지 않을까? 그리스도께서 무덤에 다가가셔서 "라자로야, 나오너라"(11: 43) 하고 큰 소리로 외치실 때, "이런" 병이 죽음에 이르는 것은 아니라는 사실이 명백하지 않은가? 그렇지만 설령 그리스도께서 그렇게 말씀하지 않으셨더라도, "부활이요 생명"(11: 25)이신 그분께서 무덤에 다가가신다는 사실 자체가 이 병은 죽음에 이르는 병이 아니라는 것을 뜻하는 것이 아닌가! 그리스도께서 존재하신다는 사실, 그 사실이 이 병은 죽음에 이르는 병이 아니라는 것을 의미하는 것이 아닌가! 만일 궁극적으로 라자로가 어차피 죽어야 한다면 죽은 자 가운데서 부활하는 것이 라자로에게 무슨 유익함이 있었겠는가— 만일 그분께서 그분을 믿는 모든 이들에게 부활이요 생명이신 그분이 아니시라면 그것(라자로의 부활)이 라자로에게 무슨 유익함이 있었겠는가! 아니다, 라자로가 죽은 자 가운데서 부활했기 때문이 아니라, 그분께서 존재하시기 때문에 이 병은 죽음에 이르는 병이 아니라고 말할 수 있다. 그렇기 때문에 이 병은 죽음에 이르는 병이 아니다. 인간적으로 말하자면, 죽음은 모든 것의 끝이며, 또한 인간적으로 말하자면 생명이 있을 때만 희망이 있을 뿐이다. 그리스도교적으로 이해하자면, 그러나 죽음은 결코 모든 것의 끝이 아니다. 사실 그것은 모든 것, 즉 영원한 삶의 안에 있는 아주 사소한 사건에 불과하며, 더욱이 그리스도교적으로 이해하건대 삶보다 죽음 안에 무한히 많은 희망이 있다—단순히 인간적인 의미에서 삶이 있을 뿐만 아니라 이 삶은 완전한 건강과 생명력을 갖춘 삶이다.

그리스도교적으로 이해하건대 그렇다면, 심지어 죽음까지도 "죽음에 이르는 병"이 아니다. 하물며 세속적이고 시간적인 수난에 해당되는 모든 것, 예컨대 빈곤, 질병, 괴로움, 곤고(困苦), 재난, 고뇌, 정신적 고통, 근심, 슬픔 따위야 더 말할 나위가 없다. 그리고 설령 그런 것들이 너무나 힘들고 고통스러워서 우리 인간들 또는 최소한 그 당사자들이 "이것은 죽음보다 더 나쁘다"라고 선언하더라도—이 모든 것들, 비록 병은 아니지만, 병으로 비유될 수 있는 것들은, 그렇다고 하더라도, 그리스도교적으로 이해하건대 죽음에 이르는 병은 아니다.

이것이 바로 그리스도교가 그리스도교인들에게 죽음을 포함한 이 지상의 세속적인 일에 관해서 생각하라고 가르쳐 온 것, 즉 고귀한 태도이다. 그것은 마치 그리스도교인들이 보통 불운 내지 불행 중의 최악의 불행이라고 일컬어지는 모든 것에 대해 취하는 이처럼 자부심 있는 초연한 자세 때문에 당당하게 되는 것이나 같다. 그럼에도 불구하고, 그리스도교는 이제 인간이 인간으로서는 결코 그 존재를 알지 못하는 비참한 조건을 깨달았다. 이 비참한 조건은 죽음에 이르는 병이다. 자연인(自然人)이—모든 것을 다 열거하고 이제는 더 열거할 아무것도 남아 있지 않을 때—오싹 소름이 끼치는 것이라고 생각하는 것, 이것은 그리스도교인들에게는 농담과 같은 것이다. 자연인과 그리스도교인의 관계는 바로 그와 같다. 그것은 어린이와 어른의 관계와 같다. 어린이를 벌벌 떨게 하고 움츠러들게 만드는 것을 어른은 아무것도 아닌 것으로 생각한다. 어린이는 소름 끼치게 하는 것이 무엇인지를 알지 못한다. 어른은 그것을 잘 알고 있으며 또 두려워한다. 어린이의 약점은 첫째, 소름 끼치게 하는 것을 알아차리지 못한다는 것, 그리고 둘째, 첫째에 포함되어 있는 것이지만, 소름 끼치게 하는 것도 아닌데 움츠러든다는 것이다. 자연인의 경우도 이와 같다. 그는 진짜 소름 끼치게 하는 것이 무엇인지에 대해서 무지하며, 그런데도 그 때문에 벌벌 떠는 것과 움츠러드는 것으로부터 자유롭지 못하다—아니다, 그는 소름 끼치게 하지도 않는 것 때문에 움츠러든다. 그것은 하느님에 대한 이교도의 관계와 같다. 이교도는 참 하느님을 알아차리지 못하며, 그런데도 설상가상으로 그는 우상을 하느님으로 알고 섬긴다.

오직 그리스도교인만이 죽음에 이르는 병이 무엇을 의미하는지 안다. 그리스도교인으로서 그는 자연인은 알지 못하는 용기를 얻었으며, 더욱이 그는 훨씬 더 소름 끼치게 하는 어떤 것을 두려워하는 법을 터득함으로써 이 용기를 얻었다. 이것이 바로 사람이 언제나 용기를 얻는 방법이다. 훨씬 큰 위험을 두려워할 때, 사람은 상대적으로 정도가 덜한 위험에 대처할 용기를 항상 가지게 된다. 사람이 한 가지 위험을 지나치게 두려워할 때, 이는 마치 다른 모든 위험은 전혀 존재하지 않는 것처럼 간과하는 것이나 같다. 그러나 그리스도교인들이 배워 알고 있는 가장 소름 끼치게 하는 위험은 "죽음에 이르는 병"이다.

제1부

죽음에 이르는 병은 절망이다

A 절망은 죽음에 이르는 병이다[1]

A. 절망은 정신의 병, 자기의 병이며, 그렇기 때문에 세 가지 형태, 즉 절망하여 자기를 소유하고 있음을 깨닫지 못하는 형태, 절망하여 자기 자신이기를 원하지 않는 형태, 절망하여 자기 자신이기를 원하는 형태를 취할 수 있다

인간은 정신이다. 그런데 정신은 무엇인가? 정신은 자기이다. 그러면 자기는 무엇인가? 자기는 자기 자신과 관계하는 관계이며 또는 그 관계 안에서 자기 자신과 관계하는 관계이다. 자기는 관계가 아니라 자기 자신과 관계하는 관계이다. 인간은 무한한 것과 유한한 것의, 시간적인 것과 영원한 것의, 자유와 필연의 종합이며, 간단히 말해서 종합이다.[2] 종합은 그 둘의 관계이며, 이렇게 보건대 인간은 아직 자기가 아니다.

---

1) *Pap.* VIII² B 170: 1~2.
2) 시간적인 것과 영원한 것의 종합으로서의 인간의 개념에 대해서는 『아이러니의 개념』(SV XIII), 163쪽; 『이것이냐 저것이냐』(SV II), 38쪽; 『불안의 개념』(SV IV), 315, 319~20, 323, 328, 331, 334~35, 338, 341, 349~50, 355, 358, 360~62, 385, 390, 408, 421쪽; 『후서』(SV VII), 42~43, 63, 73쪽 참

그 둘의 관계에서, 관계는 부정적인 통일로서 제3의 것이며,[3] 그 둘은 관계에 이어져 있되 관계 안에서 관계에 이어져 있다. 이리하여 영혼의 조건 아래에서는 영혼과 육체 사이의 관계는 하나의 관계이다. 만일, 그렇기는 하지만, 그 관계가 자기 자신과 관계한다면, 이러한 관계는 긍정적인 제3의 것인데, 그런즉 이것이 자기이다.[4]

이처럼 자기 자신과 관계하는 그러한 관계, 즉 자기는 그 자신을 정립하였던지 아니면 타자에 의해서 정립되었을 것이다.

만일 자기 자신과 관계하는 관계가 타자에 의해서 정립되었다면, 그렇다면 그 관계는 사실 제3의 관계인데, 그러나 이 관계, 즉 제3의 관계는 그렇지만 또다시 하나의 관계이며 더욱이 관계 전체를 정립한 것과 관계하고 있다.

인간의 자기는 그처럼 파생된, 정립된 관계이며, 자기 자신과 관계할 뿐더러 자기 자신과 관계하는 가운데 타자와도 관계하는 관계이다. 이것이 바로 엄밀한 의미에서 두 가지 형태의 절망이 있을 수 있는 까닭이다. 만일 인간의 자기가 자기 자신 스스로를 정립하였

조. "만일 시간이 무한한 연속으로 올바르게 규정된다면, 시간은 현재, 과거, 그리고 미래로 규정될 수도 또한 있을 것이다. 그러나 이러한 구별은 만일 시간 자체에 내재하는 것으로 간주된다면 정확한 것이 아니다. 왜냐하면 이런 구별은 오로지 영원에 대한 시간의 관계를 통해서만, 그리고 시간 안에서의 영원에 대한 바탕을 통해서만 비로소 나타나기 때문이다. 만일 시간의 무한한 연속에서 어떤 발판, 즉 현재, 분할점이었던 현재가 발견될 수만 있다면 그 분할은 당연히 옳을 것이다. 그렇지만 순간들의 총합은 물론이거니와 순간들 모두가 하나의 과정(일종의 지나감)이기 때문에 그 어떤 순간도 결코 현재가 아니며, 따라서 시간 안에는 현재도 과거도 미래도 없는 것이다." 임규정 옮김, 『불안의 개념』, 한길사, 1999, 255~56쪽.
3) 『교화를 위한 열여덟 편의 강화집』(SV V), 94~96쪽.
4) 「더 깊은 자기」, 『교화를 위한 열여덟 편의 강화집』(SV V), 95~99쪽.

다면, 그렇다면 딱 한 가지 형태, 즉 자기 자신이기를 원하지 않는, 자기 자신을 없애고 싶어하는 형태만 가능할 것이며, 절망하여 자기 자신이기를 원하는 형태는 있을 수 없을 것이다. 이 두 번째 형식은 특히 그 관계(자기)의 전적인 의존에 대한 표현, 즉 스스로는 평형과 안정 상태에 도달하지도 못하고 또 그 상태를 누릴 수도 없는 자기의 무능력에 대한 표현이며, 오직 자기 자신과 관계하는 가운데 관계 전체를 정립한 존재와 관계함으로써만 그런 게 가능하다는 사실에 대한 표현이다. 그렇다, 절망의 이 두 번째 형태(절망하여 자기 자신이기를 원하는 것)는 그저 절망의 한 특이한 종류를 가리키는 게 아니라, 그와는 반대로 모든 절망이 궁극적으로는 그것으로 소급되고 또 귀착될 수 있는 그런 형태이다. 만일 절망한 사람이, 자기 스스로 자신의 처지에 대해 생각하고 있는 대로 자신의 절망을 자각하고 있다면, 그리고 (뭔가 현기증으로 고생하는 사람[5]이 신경성 망상에 빠져서, 자신의 머리를 내리누르는 무거운 짐에 대해서 혹은 자신에게로 떨어진 어떤 것, 기타 등등에 대해서 이야기하는 것처럼, 이 짐과 무게는 그렇지만 외부의 어떤 것이 아니라 내면으로부터의 역방향의 반영이다) 마치 그에게 일어나는 그 어떤 것에 대해서처럼 그 절망에 대해 의미 없는 말을 하지 않으면서 이제 자신의 모든 힘을 다해서 자기 스스로 아니 오직 자기 혼자 힘으로만 그 절망을 깨뜨리려고 한다면―그는 여전히 절망에 빠져 있는 것이며, 자신의 있음직한 모든 노력을 다 기울이지만 자신을

---

[5] 『불안의 개념』(*SV* IV), 331, 464쪽; 『금요일 성찬식의 세 편의 강화』(*SV* IV), 1266쪽.

더욱더 깊은 절망의 늪으로 몰아넣을 뿐이다. 절망이라는 잘못된 관계는 단순히 하나의 잘못된 관계가 아니며, 자기 자신과 관계할 뿐만 아니라 타자에 의해서 정립된 관계 안에서의 잘못된 관계이며, 그런 까닭에 그 자체로(*for sig*)[6] 존재하는 그런 관계에서의 잘못된 관계는 또한 그 관계를 정립한 힘에 대한 관계 안에서 자신을 무한히 반영한다.

절망이 완전히 뿌리 뽑혔을 때 자기의 상태를 기술하는 공식은 바로 다음과 같다. 즉 자기 자신과 관계함으로써 그리고 자기 자신이기를 원함으로써, 자기는 자기 자신을 정립한 힘에 투명하게 그 근거를 두고 있다.

B. 절망의 가능성과 현실성[7]

절망은 장점인가 단점인가? 순전히 변증법적으로 말하자면, 그것은 둘 다이다. 만일 절망에 빠져 있는 사람은 전혀 고려되지 않은 채 오로지 절망에 대한 추상적인 관념만 고찰된다면, 절망은 탁월한 장점으로 간주되어야 할 것이다. 이러한 질병의 가능성은 동물에 대한 인간의 우월성이며, 이러한 우월성 때문에 인간은 자신의 직립보행에 의한 것과는 다른 방식으로 동물과 구별되는데, 왜냐하면 그것은 무한한 직립성(直立性) 내지 고귀함, 즉 그가 정신이라는 사실을 가리키고 있기 때문이다.[8] 이러한 질병의 가능성은 동물

---

6) 정신과 육체의 종합으로서의 개인은 '그 자체로' 있지만, 자기 자신과 관계할 때 종합은 '자신을 향해' 있다.
7) *Pap.* VIII² B 170: 3.

에 대한 인간의 우월성이다. 이러한 질병을 자각한다는 것은 자연인에 대한 그리스도교인의 우월성이다. 이러한 질병으로부터 치유된다는 것은 그리스도교인의 행복이다.

결론적으로 절망할 수 있다는 것은 무한한 이점이며, 그런데도 절망에 빠져 있는 것은 최악의 재난이자 불행이다—아니, 그것은 파멸이다. 일반적으로는 이것은 가능성과 현실성의 관계에는 해당되지 않는다.[9] 만일 이것 내지 저것일 수 있다는 것이 장점이라면, 그렇다면 저것이라는 것은 더 커다란 장점이다. 다시 말하자면, 존재한다는 것은 존재할 수 있음과 비교할 때 상승과 같다. 절망에 관해서 말하자면, 그렇지만, 존재한다는 것은 존재할 수 있다는 것과 비교할 때 하강(下降)과 같다. 가능성의 장점이 높은 것만큼 하강은 무한히 낮다. 결국 절망에 관하여 말하자면, 절망에 빠져 있지 않다는 것은 상승하는 단계이다. 그렇지만 여기에서 또다시 이 범주는 애매하다. 절망에 빠져 있지 않다는 것은 절름발이인 것이 아니라는, 시각 장애이지 않다는, 기타 등등의 것과 같은 것이 아니다. 만일 절망에 빠져 있지 않다는 것이 절망에 빠져 있지 않다는 것 이상의 것도, 또 그 이하의 것도 의미하지 않는다면, 그렇다면 그것은 바로 절망에 빠져 있다는 것을 의미한다. 절망에 빠져 있지 않다는 것은 절망에 빠져 있을 수 있다는 가능성이 파괴되었음을 의미한다. 만일 어떤 사람이 정말로 절망에 빠져 있지 않으려고 한다면, 그는 매 순간마다 그(절망에 빠져 있을 수 있다는) 가능성을

---

8) 초고에는 이 부분에서 신과 인간의 질적 차이에 관한 설명이 제시되어 있었다. *Pap.* VIII² B 168: 2.
9) *JP* IV 4030(*Pap.* X² A 436).

파괴하지 않으면 안 된다. 이것은 일반적으로 현실성과 가능성의 관계에는 적용되지 않는다. 모두 인정하듯이, 사상가들은 현실성은 부정된 가능성이라고 말하지만, 이것은 전혀 사실이 아니다. 그것은 성취된 것, 현실화된 가능성이다.[10] 여기에서는 그와는 반대로 (절망에 빠져 있는 것이 아니라는) 현실성은 무기력한, 파괴된 가능성인데, 이는 그것이 또한 부정이기도 한 이유이다. 비록 현실성이 가능성에 대해서 확증인 경우가 보통일 망정, 여기에서는 그것은 부정이다.

절망은 자기 자신과 관계하는 종합이라는 관계에서의 잘못된 관계이다.[11] 그렇지만 그 종합은 잘못된 관계가 아니다. 그것은 그저 가능성일 뿐이며, 혹은 그 종합에 잘못된 관계의 가능성이 있다.[12] 만일 그 종합이 잘못된 관계라고 한다면, 절망은 결코 존재하지 않을 것이며, 그렇다면 절망은 인간의 본질 그 자체에 존재하는 그 무엇일 것이다. 다시 말하건대 그것은 절망이 아닐 것이다. 그것은 우연히도 인간에게 닥치게 되는 그 무엇일 것이며, 인간이 굴복하는 질병처럼, 혹은 모든 인간의 운명인 죽음처럼 인간이 겪는 그 무엇일 것이다. 아니다, 아니다, 절망은 인간 자신에게 있다. 만일 그가

---

10) "모든 생성은 **고통**이고, 필연적인 것은 고통받을 수 없으며, 현실성의 고통도 받을 수 없다―즉 가능적인 것은 (배제된 가능적인 것뿐만 아니라 받아들여진 가능적인 것까지도) 현실화되는 순간에 자신을 무(無)로 보여준다. 모든 가능한 것은 현실화됨으로써 소멸되기 때문이다." 황필호 편역, 『철학적 조각들』, 집문당, 1998, 193쪽; (*SV* IV), 237쪽. 키르케고르는 『철학적 조각들』에서 요하네스 클리마쿠스라는 익명을 쓰고 있는데, 여기에서는 바로 이 요하네스 클리마쿠스를 가리키고 있다.

11) *Pap*. VIII² B 168: 3.

12) *Pap*. VIII² B 170: 4.

종합이 아니라면,[13] 그는 전혀 절망할 수 없을 것이다. 더욱이 만일 그 원래 상태의 절망이 하느님의 손에서부터 올바른 관계 안에 있지 않다면 인간은 결코 절망할 수 없을 것이다.

어디에서,[14] 그렇다면, 절망은 오는가? 종합이 자기 자신에게 관계하는 그 관계로부터 온다. 하느님, 곧 인간을 관계로 구성하신 분께서, 말하자면 그 관계를 당신의 손에서 풀어 놓으시기 때문이다— 요컨대 그 관계가 자기 자신과 관계하기 때문이다. 또한 그 관계는 정신이기 때문에, 자기이기 때문에, 그 관계에 모든 절망에 대한 책임이 근거를 두고 있다. 절망하는 사람이 자신의 절망은 불행이라고 아무리 많은 이야기를 하더라도, 그리고 현기증이 정신의 범주 안에서의 절망의 성격과, 영혼과 관련된 것의 범주 하에서는, 일치하는 탓에, 그래서 절망에 대한 수많은 비유의 대상이 되기 쉬운 탓에, 절망을 앞에서 언급된 저 현기증의 경우와, 질적으로는 상이하면서도 절망과 공통점이 많은 현기증의 경우와 혼동하고서, 그가 자기 자신과 타인들을 아무리 교묘하게 기만하더라도 말이다.

일단 그 잘못된 관계, 즉 절망이 출현하면, 그것은 당연한 일로서 계속 존속되는가? 아니다, 그것은 당연한 일로서 계속 존속되지 않는다. 만일 그 잘못된 관계가 계속 존속된다고 하면, 그것은 그 잘못된 관계에 귀속시킬 수 있는 것이 아니라 자기 자신과 관계하는 저 관계에 귀속시킬 수 있는 것이다. 요컨대 그 잘못된 관계가 자신을 드러내는 매 순간마다, 그리고 그것이 존재하는 매 순간마다, 그

---

13) *Pap*. VIII² B 168: 5.
14) *Pap*. VIII² B 170: 5.

것은 저 관계에 소급되어야 한다. 예컨대 우리는 사람들이 아마도 부주의 탓에 병에 걸릴 거라고 말한다. 그 병은 몸에 퍼지기 시작하여 그때부터 계속해서 위력을 발휘하게 되며, 그 기원이 자꾸만 과거로 소급해 들어가는 **현실성**이 된다. "당신들, 병자들은 바로 지금 그 질병에 감염되는 과정 중에 있다"라고 계속해서 말한다면 이는 잔인하고 비인간적인 짓일 것이다. 그것은 그 질병의 현실성을 끊임없이 그것의 가능성으로 되돌려놓고 싶어하는 것과 다름없는 짓일 것이다. 그가 병에 걸린 책임이 있다는 것은 사실이지만, 그러나 그는 딱 한 번 그런 일을 했을 뿐이다. 그 병이 계속되는 것은 그저 그가 딱 한 번 그 병에 걸린 결과일 뿐, 그 병이 깊어지는 원인을 매 순간마다 그에게 돌릴 수는 없는 노릇이다. 그는 그 병을 자기 자신에게 끌어들였으되, 그러나 그가 계속해서 그 병을 자기 자신에게 **끌어들이고** 있다라고 말할 수는 없다. 그렇지만 절망한다는 것은 문제가 다르다. 절망이 현실화되고 있는 모든 순간은 가능성으로 소급될 수 있다. 그가 절망에 빠져 있는 매 순간마다 그는 절망을 자기 자신에게 **끌어들이고** 있다. 그것은 언제나 현재 시제이다. 현실성과 관련해서 과거의 것의 과거성(過去性)은 결코 존재하지 않는다. 절망이 현실화되는 매 순간마다, 절망에 빠져 있는 사람은 모든 과거의 것을 가능성에서의 일종의 현재의 것으로 품고 있다. 사정이 이러한 까닭은 절망하는 것이 일종의 정신의 조건인 데다, 또한 인간의 영원한 것과 관련되기 때문이다. 그렇지만 그는 자신에게서 영원한 것을 없앨 수가 없다—아니, 영원히 그것은 불가능하다. 그는 아무리 해도 그것을 버릴 수 없으며, 그 어떤 것도 그보다 더 불가능하지는 않다. 그가 절망을 품고 있지 않은 순간은, 그가 절망을 내던져버렸음에 틀림없거나 혹은 그것을 지금 버리고 있음에 틀림없다—그러나 그것은 다시 돌아오거니와, 요컨대 그가 절망에 빠져 있는 매 순간마다 그는 자신의 절망을 자기 자신에게로 끌어들이고 있는 것이다. 왜냐하면 절망은 잘못된 관계에 기인하는 것이 아니라 자기 자신과 관계하는 관계에 기인하는 것이기 때문이다. 사람은 자기 자신에 대한 관계에서 벗어날 수 없는 것처럼 자기에게서도 벗어날 수 없는데, 이는 결국 같은 것인바, 왜냐하면 자기는 자기 자신에 대한 관계이기 때문이다.

C. 절망은 "죽음에 이르는 병"이다

이 개념, 즉 죽음에 이르는 병은, 그렇지만, 특별한 방식으로 이해되어야 한다. 말 그대로 이것은 그 끝과 결과가 죽음인 질병을 의미한다. 그렇기 때문에 우리는 "불치의 병"이라는 표현을 죽음에 이르는 병과 동의어로 사용한다. 그런 의미에서는 절망을 죽음에 이르는 병이라고 할 수는 없을 것이다. 그리스도교적으로 이해할 때, 죽음 그 자체는 삶으로의 변화이다. 따라서 그리스도교적 관점에서 보자면, 그 어떤 세속적, 육체적 질병도 죽음에 이르는 병이 아닌데, 왜냐하면 죽음은 사실 모든 질병의 끝이기는 하지만, (궁극적인) 끝은 아니기 때문이다. 만일 엄밀한 의미에서 죽음에 이르는 병에 대한 그 어떤 물음이 있다고 한다면, 그 병은 곧 그 끝이 죽음이고 또 죽음이 그 끝인 그런 질병이어야 한다. 이것이 바로 절망이라고 하는 것이다.

그렇지만 또 다른 의미에서 절망은 그보다 훨씬 더 명확하게 죽음에 이르는 병이다. 사실대로 말하자면 그 누구도 이 병으로 생명을 잃을 가능성이나 또는 이 병이 육체적 죽음을 결과할 가능성은 털끝만큼도 없다. 오히려 절망의 고통은 바로 이처럼 죽으려 해도 죽을 수 없는 무능력이다. 따라서 그것은 병상에 누워 죽음과 투쟁하고 있으면서도 그러나 죽을 수도 없는 불치병에 걸린 사람의 상황과 오히려 공통점을 훨씬 더 많이 지니고 있다. 그렇기 때문에 죽음에 이르는 병을 앓고 있다는 것은 죽으려 해도 죽을 수 없다는 것인데, 그런데도 이는 삶의 희망이 있는 것 같은 상황도 아니다. 천만에, 희망 없음은 최후의 희망, 즉 죽음조차 없다는 것이다. 죽음이 가장 큰 위험일 때, 우리는 삶을 희망한다. 그러나 우리가 그보다 훨씬 큰 위험을 깨달아 알 때, 우리는 죽음을 희망한다. 위험이 너무나 큰 탓에 죽음이 희망이 될 때, 그때 절망은 심지어 죽으려 해도 죽을 수 없는 암담함이다.

  절망이 죽음에 이르는 병이라는 것은 이 마지막 의미, 즉 영원히 죽어가야 하는, 또 죽어가면서도 죽을 수 없는, 죽음을 죽어야 하는 이 고통스러운 모순, 이러한 자기의 질병이라는 의미에서이다. 왜냐하면 죽는다는 것은 그것이 모두 끝난다는 것을 의미하기 때문인데, 그러나 죽음을 죽는다는 것은 죽어가는 것을 경험한다는 사실을 의미하는 것이며, 또 만일 이것이 단 한 순간만이라도 경험된다면, 사람은 이를 통해서 그것을 영원히 경험하는 것이기 때문이다. 만일 사람이 질병으로 죽는 것처럼 절망으로도 죽는다고 한다면, 그 안에 있는 영원한 것, 즉 자기는 육체가 질병으로 죽는 것과 같은 의미에서 죽을 수 있어야 한다. 그런데 이것은 불가능하다. 절망으로 인한 죽음은 끊임없이 삶으로 전환된다. 절망에 빠져 있는 사람은 죽을 수 없다. "칼이 사상을 죽일 수 없는 것처럼"[15] 절망은 영원한 것을, 즉 절망의 뿌리에 자리 잡고 있는 자기를 태워 없앨 수가 없는데, 절망의 벌레는 죽지 않거니와 또 그 불도 꺼지지 않는다.[16] 그럼에도 불구하고 절망은 분명히 자기를 태워 없애려는 것이지만, 그 자신이 하고 싶어하는 것을 할 수 없는, 헛되이 "자기를 태워 없애려는 것"이다. 절망이 하고 싶어하는 것은 그 자신을 태워 없애는 것, 그 자신이 할 수 없는 어떤 것인데, 이러한 무기력은 자기를 태워 없애는 또 하나의 새로운 형태인바, 이러한 형태의 절망은 또다시 자기가 하고 싶어하는바, 즉 그 자신을 태워 없애는 일을 할 수가 없다. 이것은 강화(强化), 또는 강화의 법칙이다. 이것은 절망의 도발성(挑發性) 내지 차가운 불인데, 이러한 끊임없는 고통은 헛되이 자기를 태워 없애버리려고 더욱더 깊이 파고든다. 그를 태워버리지 못하는 절망의 무능력은 절망에 빠져 있는 그 사람에게는 결코 위안이기는커녕 오히려 위안과는 정반대의 것이다. 이러한 위안은 다름 아닌 고통이며, 저 끊임없는 고통을 계속 생생하게 만들고 삶을 끊임없는 고통 속에 빠뜨리는 것인바, 왜냐하면 (절망하지 않은 탓에) 그가 절망하는 대상이 바로 이것, 즉 그가 자기 자신을 태워 없애버릴 수 없다는 사실, 자기 자신으로부터 벗어

---

15) 덴마크의 시인이자 극작가 요하네스 에발(Johannes Ewald, 1747~81)의 「자살에 대한 경고」의 한 구절. "바다의 파도는 사라질 수 있을까?/독은 신의 그림을 삼켜버릴 수 있을까?/검은 사상을 죽일 수 있을까?" 에발은 이 시를 『젊은 베르테르의 슬픔』이 덴마크에 번역 출간되어 코펜하겐에 자살이 유행할 때 썼다고 한다. 여기 인용된 구절은 자살의 유혹에 빠진 자를 그리스도가 구원한다는 내용을 담고 있다. *Pap.* VIII² B 145: 3.
16) "지옥에서는 그들을 파먹는 구더기도 죽지 않고 불도 꺼지지 않는다." 「마르코의 복음서」, 9장 48절.

날 수 없다는 사실이기 때문이다. 이것이 훨씬 고귀한 권능에까지 고양된 절망의 공식이며, 자기의 이러한 병 안에서 점차 높아가는 열이다.

절망에 빠져 있는 개인은 그 무엇인가에 절망한다. 그것은 당분간은 그렇게 보이는바, 그러나 오직 잠시만 그럴 뿐이다. 똑같은 순간에 진짜 절망 내지 그 본래 형태의 절망이 모습을 드러낸다. 그 무엇인가에 절망할 때, 그는 사실 자신에게 절망한 것인데, 그런즉 이제 그는 자신으로부터 벗어나고 싶어한다. 예컨대 "제왕 아니면 무(無)"[17)]라는 슬로건을 내건, 저 야망을 품은 사내가 어떻게든 제왕이 되지 못하게 될 때, 그는 그 사실에 절망한다. 그렇지만 이것은 동시에 다른 어떤 것을 의미하기도 한다. 정확히 그는 어떻게든 제왕이 되지 못하였기 때문에, 그는 이제 자기 자신이라는 사실을 참을 수 없는 것이다. 결국 그는 자신이 어떻게든 제왕이 되지 못하였기 때문에 절망하는 것이 아니라 제왕이 되지 못하였기 때문에 자기 자신에게 절망하는 것이다. 이러한 자기는, 만일 제왕이 되었더라면 제7천국에 있었을 테지만(이는 우연하게도 또 다른 의미에서는 절망하는 것과 같은 상태이다), 이제는 그에게 극도로 참을 수 없는 것이다. 더욱 심오한 의미에서 참을 수 없는 것은 제왕이 되지 못한 그의 실패가 아니며, 참을 수 없는 것은 제왕이 되지 못한 이러한 자기이다. 혹은 훨씬 더 정확하게 이야기하자면, 그에게 견딜 수 없는 일은 그가 자기 자신에게서 벗어날 수 없다는 사실이다. 만

---

17) "Aut Caesar aut nihil," 『인생길의 여러 단계』(*SV* VI), 144쪽. 이 말은 이탈리아의 정치가 체사레 보르자(Cessare Borgia)가 한 말이다.

일 그가 제왕이 되었더라면, 그는 절망하면서 자기 자신에게서 벗어났을 테지만, 그는 제왕이 되지 못했으며 또 절망하면서 자기 자신에게서 벗어날 수도 없다. 본질적으로 그는 그저 절망하는 것이나 같은데, 왜냐하면 그는 자신의 자기를 소유하고 있지 않기 때문이며, 그 자신이 아니기 때문이다. 그는 설령 제왕이 되었던들 그 자신이 되기는커녕 오히려 자신에게서 벗어났을 것이며, 또 제왕이 되지 않음으로써 그는 자신에게서 벗어날 수 없음에 절망한다. 그런 까닭에 누군가(추측컨대 그 누구도, 심지어 자기 자신조차도 절망에 빠진 경우를 한 번도 본 적이 없는 이)가 절망에 빠진 사람에 관해서 이야기하는 것은 천박한 일이다. 그는 자기 자신을 태워 없애고 있는 것이다. 그러나 이것은 바로 그가 절망에 빠져서 〔원하는〕 바이며 또 이것은 바로 그가 괴로워하면서도 어떻게 할 수 없는 것인데, 왜냐하면 절망은 자기 안에서 타오를 수도 없고 또 소각될 수도 없는 그 무엇에 불을 붙였기 때문이다.

 결과적으로 그 무엇인가에 절망한다는 것은 아직 진정한 절망이 아니다. 그것은 시작이며, 또는 의사가 질병에 대해 이야기하는 것처럼 그것은 아직 자신의 정체를 드러내지 않았다. 그 다음은 모습을 드러낸 절망으로서 자기 자신에게 절망하는 것이다. 어린 소녀는 사랑 때문에 절망하며, 즉 말하자면 그녀는 자신의 연인을 잃은 것에 절망하며, 그의 죽음에 또는 그가 자신에게 불성실한 것에 절망한다. 만일 그녀의 이러한 자기가 "그의" 연인이 되었더라면 그녀는 자신의 자기로부터 지극히 행복하게 벗어났거나 혹은 자신의 자기를 잃어버렸을 텐데, 이러한 자기는 만일 그것이 "그가" 없는 자기여야 한다면 그녀에게 괴로움이 된다. 이러한 자기는 그녀의 보물이 되었을 텐데(비록 또 다른 의미에서 그것은 그저 절망하는 것이나 같았을 테지만), 이제는 그녀에게 혐오스러운 음성이 되어 버렸는바, 왜냐하면 "그가" 죽었기 때문이며, 혹은 그것은 그녀에게 자신이 기만당했다는 구역질나는 사실을 되살려주는 것이 되고 말았기 때문이다. 한 번 그런 소녀에게 "그대는 마음을 빼앗겼구나"라고 말을 건네보라. 그러면 당신은 "오, 그렇지만 괴로움은 다른 게 아니라 바로 내가 그렇게 할 수 없다는 사실이랍니다"라는 그녀의 대답을 들을 것이다.[18]

자기 자신에게 절망하는 것, 절망에 빠져서 자기 자신으로부터 벗어나고 싶어하는 것—이것은 모든 절망에 대한 공식이다. 그렇기 때문에 절망의 다른 형태, 즉 절망에 빠져서 자기 자신이고 싶어하는 것은 첫 번째 형태, 즉 절망에 빠져서 자기 자신이고 싶어하지 않는 것으로 소급될 수 있는바, 이는 우리가 앞에서 절망에 빠져서 자기 자신이고 싶어하지 않는 형태를 절망에 빠져서 자기 자신이고 싶어하는 형태로 환원한 것과 같다(A를 참조하라). 절망에 빠져 있는 사람은 절망하여 자기 자신이고 싶어한다. 그러나 만일 그가 절망하여 자기 자신이고 싶어한다면, 그는 확실히 자기 자신에게서 벗어나고 싶어하는 것이 아니다. 좋다, 그렇게도 보이지만, 조금만 더 자세히 고찰해보면 그 반대도 같다는 사실이 분명하다. 그가 절망하여 그렇게 존재하고 싶어하는 바로 그러한 그의 자기는 그가 그렇게 존재하지 않는 그런 자기이며(왜냐하면 그가 그것인바 바로 그 자기이고 싶어하는 것은 사실 절망의 정반대이기 때문이다),

---

18) *Pap.* VIII² B 168: 8.

즉 말하자면 그는 자신의 자기를 정립한 권능으로부터 자신의 자기를 떼어내고 싶어하는 것이다. 그의 모든 절망에도 불구하고 그렇지만 그는 아무리 애를 써도 그렇게 할 수 없다. 그의 모든 절망적인 노력에도 불구하고, 그 권능은 더욱 강력하며 그런즉 그로 하여금 그가 그렇게 존재하기를 원하지 않는 자기로 존재하도록 강요한다. 그런데 이것은 그가 자기 자신에게서 벗어나고 싶어하는 방식이며, 그가 한때 문득 생각해낸 적이 있는 자기로 존재하기 위하여, 그가 그렇게 존재하는 그런 자기에게서 벗어나고 싶어하는 그의 방식이다. 그는 자신이 존재하고 싶어하는 자기로 존재하면 아마도 제7천국에 있을 것이지만(물론 또 다른 의미에서는 그는 그저 절망하는 것이지만), 그가 그렇게 존재하고 싶어하지 않는 자기로 존재하도록 강요되는 것, 그것이 그의 고뇌이며, 자신이 자기 자신에게서 벗어날 수 없다는 괴로움이다.

　소크라테스는 육신의 병이 육신을 태워 없애는 것과는 달리 영혼의 병(죄)은 영혼 자신을 태워 없애지 않는다는 사실에 근거해서 영혼의 불멸을 증명하였다.[19] 이와 마찬가지로 인간에게 있는 영원한 것은 절망이 그의 자기를 태워버릴 수 없다는 사실, 바로 이것이 절망 안에 있는 고통스러운 모순이라는 사실에 의해 증명될 수 있다. 만일 인간에게 그 어떤 영원한 것도 없다면, 그는 결코 절망하지 않을 것이다. 만일 절망이 그의 자기를 태워버릴 수 있다면, 도

---

19) 영혼의 불멸에 관해서는 다음을 참조하시오. "……혼이건 그 밖의 어떤 것이건 파멸한다고 누군가가 말하는 걸 우리는 용인하지 않도록 하세나." 플라톤, 박종현 역주, 『국가』, 서광사, 2005, 639~40, 643쪽; 플라톤, 『국가』, X, 608 c~610; 아스티우스(F. Astius) 편집, 『현존하는 플라톤의 모든 저술』(Platonis quae extant opera), I~IX, 라이프치히, 1819~32, V, 79~85쪽.

대체 절망이란 존재하지도 않을 것이다.

   그것이 절망의 본질, 즉 이러한 자기의 병, 죽음에 이르는 병이다. 절망하는 사람은 죽을병에 걸려 있다. 여타의 다른 질병의 경우와는 전적으로 상이한 의미에서, 이 병은 치명적인 기관을 공격했으며, 그런데도 그는 죽을 수가 없다. 죽음은 병의 최후가 아니며, 다만 죽음은 끊임없이 계속되는 최후일 뿐이다. 죽음에 의해 이 병에서 벗어나는 것은 불가능한 일인데, 왜냐하면 이 병과 그 고통—그리고 죽음—은 바로 이처럼 죽을 수 없는 무력함이기 때문이다.

   이것이 절망에 빠져 있는 상태이다. 절망에 빠져 있는 사람이 아무리 그것을 회피하려 해도, 아무리 그가 완벽하게 자기 자신을 잃어버리는 데 성공했다 하더라도(특히 절망에 빠져 있는 것에 대해 무지한 절망 형태의 경우), 더욱이 그러한 상실이 전혀 감지될 수 없도록 그렇게 감쪽같이 자신을 잃어버렸다고 하더라도, 영원성은 그럼에도 불구하고 그의 조건이 절망이라는 사실을 드러내고야 말 것이며, 또 그를 그 자신에게 그토록 철저하게 고정시킴으로써 그의 고통이 여전히 그가 자신의 자기에게서 벗어날 수 없다는 것이 되게 할 것인즉, 그는 자신이 그렇게 하는 데 성공했다고 그저 상상하고 있는 것에 불과하다는 사실이 명백해질 것이다. 영원성은 이렇게 할 수밖에 없는바, 왜냐하면 자기를 갖는다는 것, 자기로 존재한다는 것은 인간에게 주어진 최고의 특권, 무한한 특권이지만, 그러나 이것은 또한 인간에 대한 영원성의 요구이기도 하기 때문이다.

B 이 병(절망)의 보편성

　의사들이 흔히 살아 있는 사람 가운데 완벽하게 건강한 이는 단 한 명도 없을 것이라고 말하는 것처럼, 인간을 제대로 아는 사람이라면 누구든지, 살아 있는 사람은 단 한 사람도 예외 없이 조금이라도 절망하고 있으며, 미지의 그 무엇이나 혹은 그 자신이 감히 알려고 하지도 않는 어떤 것 등과 관련된 근심, 내면의 갈등, 부조화, 불안, 혹은 실존에서의 어떤 가능성과 관련된 불안, 또는 자기 자신에 대한 불안 등을 마음속에 내밀하게 품고 있을 뿐만 아니라, 그런 까닭에 의사가 몸 안에 병을 지니고 돌아다닌다고 이야기하는 것처럼, 병을 지니고 이리저리 돌아다니고, 그 자신이 설명할 수 없는 불안 안에서 그리고 그러한 불안을 통해서 아주 드물게 그 모습을 나타내는 정신의 병을 안고 다닌다고 말할 것이다. 어쨌든 그리스도교계의 바깥에서 절망하지 않은 인간은 아무도 없었고 또 현재도 아무도 없거니와, 더욱이 설령 그리스도교계의 사람이라 하더라도 그가 참된 그리스도교인이 아니라면 사정은 마찬가지이며, 게다가 그가 전적으로 참된 그리스도교인이 아닌 한, 그는 여전히 어느 정도는 절망에 빠져 있는 것이다.

틀림없이 이러한 견해는 많은 사람들에게 기설(奇說), 허풍으로 비쳐질 것이며, 뿐만 아니라 사람을 우울하게 만드는 어두운 관점으로 비쳐질 것이다. 그러나 이 견해는 이 가운데 어디에도 해당되지 않는다. 그것은 어두운 것이 아닌데, 왜냐하면 오히려 이 견해는 일반적으로 뭔가 분명치 않은 것으로 방치되어 있는 것을 밝혀내려고 애를 쓰기 때문이다. 이 견해는 사람을 우울하게 만드는 것이 아니라 오히려 고양시키는데, 왜 그런가 하면 이 견해는 인간 모두를 각자에게 주어진 최고의 요구, 즉 정신이어야 한다는 운명 하에서 바라보기 때문이다. 또 그것은 기설도 아닐 뿐더러, 오히려 일관성 있게 전개된 근본적인 견해인데, 그렇기 때문에 그것은 또 허풍도 아니다.

그렇기는 하지만, 절망에 대한 관례적인 견해는 현상을 넘어서지 않으며, 그렇기 때문에 그것은 피상적인 견해일 뿐이며, 다시 말하자면 아무런 견해도 아니다. 그것은 모든 인간은 자신이 절망에 빠져 있는지 아닌지를 그 자신이 가장 잘 알고 있음에 틀림없다는 것을 전제한다. (따라서 이 견해에 따르면) 자신이 절망에 빠져 있다고 말하는 사람은 모두 절망에 빠져 있는 것으로 간주되며, 자신은 절망에 빠져 있지 않다고 생각하는 사람은 모두 절망에 빠져 있지 않은 것으로 간주된다. 그 결과, 절망의 현상은 상당히 일반적인 것이 아니라 드문 현상이 되고 만다. 그러나 사람이 절망에 빠져 있는 것은 드문 일이 아니다. 아니, 사람이 실제로 절망에 빠져 있지 않은 경우가 드문, 매우 드문 일이다.

통속적인 견해는 절망에 대해 매우 불충분하게 이해하고 있을 뿐이다. 다른 무엇보다도 그런 견해는 절망에 빠져 있지 않은 것, 그리고 절망에 빠져 있는 것을 의식하지 못하는 것, 그것이 바로 절망의 한 형태라는 것을 (이것만을 거론하는바, 이것이 올바르게 이해되면 수천만의 사람들이 절망의 범주에 놓여 있다는 사실이 밝혀진다) 완전히 간과한다. 훨씬 더 심오한 의미에서, 절망을 해석할 때 통속적인 견해가 차지하는 위상은 사람이 아픈지 여부를 결정할 때 통속적인 견해가 차지하는 위상과 같은바, 훨씬 더 심오한 의미에서라는 것은, 통속적인 견해가 병과 건강을 이해하는 것보다 정신이 무엇인지를 훨씬 더 불충분하게 이해하기 때문이다(그리고 이러한 이해가 부족한 탓에 사람은 절망도 또한 이해하지 못하는 것이다). 일반적으로 사람은 자신이 건강하다고 스스로 이야기하는 경우는 말할 것도 없고, 자신이 아프다고 스스로 말하지 않을 때도 건강한 것으로 간주된다. 그러나 의사는 질병에 대해 다른 견해를 갖고 있다. 어째서인가? 의사는 건강하다는 것이 무엇인가에 대한 명확하고도 고도로 발달한 개념을 갖고 있으며 그 개념에 따라 사람의 상태를 확인할 수 있기 때문이다. 의사는 단순히 상상으로만 존재하는 질병이 있는 것처럼 또한 단순히 상상으로만 존재하는 건강도 있다는 것을 알고 있거니와, 후자의 경우에 그는 맨 먼저 질병을 드러내기 위한 조치를 취한다. 일반적으로 말하자면 의사는 바로 그가 (전문 지식을 지닌) 의사이기 때문에, 사람이 자신의 상태에 대해 이야기하는 바를 액면 그대로 신뢰하지는 않는다. 만일 각자의 상태에 대한 저마다의 진술, 즉 자신이 건강하다거나 혹은 병에 걸려 아프다는 진술이 완벽하게 신뢰할 수 있는 것이라면, 의사로 존재한다는 것은 일종의 착각일 것이다. 의사의 할 일은 치료법을 처방하는 것일 뿐만 아니라, 무엇보다도 먼저 병을 확인하는 것이거니와, 결국 그의 최우선적인 과제는 환자로 짐작되는 사람이 실제로도 아픈 것인지 또는 건강한 것으로 생각되는 사람이 혹시 실제로 아픈 것은 아닌지를 확인하는 것이다. 그것은 또한 영혼의 의사가 절망에 대해 맺고 있는 관계이기도 하다. 그는 절망이 무엇인지를 안다. 그는 그것을 알아보며 그렇기 때문에 자신은 절망에 빠져 있지 않다고 말하는 사람의 진술로도, 또 자신은 절망에 빠져 있다고 주장하는 사람의 진술로도 결코 만족하지 않는다. 어떤 의미에서는 자신들이 절망한다고 말하는 사람들이 절망에 빠져 있다는 것조차 항상 사실인 것만은 아니라는 점을 지적하지 않을 수 없다. 절망은 가장(假裝)될 수 있는데, 정신의 한 조건으로서 그것은 온갖 종류의 일시적 상태, 예컨대 낙담, 내면의 갈등 등으로 착각되고 또 혼동될 수 있으며, 이런 것들은 절망으로 진행되지 않은 채 소멸된다. 그렇지만 영혼의 의사는 이런 것들이 절망의 한 형태라는 것을 제대로 간파한다. 그는 그것들이 겉꾸밈이라는 것을 아주 잘 안다. 그런데 바로 이 겉꾸밈이 절망인 것이다. 그는 이 낙담 등등이 큰 의미가 없다는 것을 아주 잘 아는데, 그러나 바로 이것, 즉 그 어떤 큰 의미도 없고 또 획득하지도 않는다는 사실이 바로 절망인 것이다.

통속적인 견해는 또한 절망이 통상 병이라고 일컬어지는 것과는 변증법적으로 다르다는 사실을 간과하는데, 그 이유는 그것이 정신의 질병이기 때문이다. 제대로 이해하건대 이러한 변증법은 다시금 수천 명의 사람들을 절망의 규정에 포함되게 한다. 만일 누군가가 건강하다는 것을 일정한 시점에 의사가 확신하였다면, 그런데 그 사람이 나중에 병에 걸려 아프게 된다면, 의사가 이 사람이 한때는 건강했으나 지금은 아프다고 말하는 것은 지극히 온당한 일이다. 그러나 절망의 경우는 사정이 이와 같지 않다. 절망이 명백해지자마자, 이미 그 개인이 과거에 절망에 빠져 있었다는 사실이 분명히 나타난다. 그렇기 때문에 절망에 빠진 적이 있다는 사실에 의해 구원받지 못한 사람에 관해서는 그 어느 것도 결정할 수가 없는데, 왜냐하면 그의 절망을 촉발하는 것이 나타날 때마다, 그가 그의 전 생애 동안 절망에 빠져 있었다는 사실이 곧바로 명백해지기 때문이다. 다른 한편, 누군가가 열병에 걸려 있을 때, 그가 그의 전 생애 동안 지속적으로 열병에 걸려 있었다는 사실이 이제 명백해졌다고 말할 수는 결코 없는 것이다. 절망은 정신의 조건이고 영원한 것에 이어져 있으며, 그런 까닭에 자신의 변증법 안에서 어떤 영원한 것을 가지고 있는 것이다.

절망은 질병과 변증법적으로 다를 뿐만 아니라, 그 모든 징후들도 또한 변증법적이며, 그런 까닭에 피상적인 견해는 절망이 현존해 있는지 여부를 결정할 때 아주 쉽게 기만당한다. 절망에 빠져 있지 않다는 것은 사실상 바로 절망에 빠져 있다는 것을 의미할 수도 있고, 또 그것은 절망에 빠져 있음으로부터 구조되었다는 것을 의미할 수도 있다. 정확히 안전과 평온이라는 이러한 느낌은 절망에 빠져 있음을 의미할 수 있으며, 뿐만 아니라 그것은 절망을 정복하고 평화를 얻었음을 의미할 수도 있다. 절망에 빠져 있지 않음은 병에 걸려 있지 않음과는 비슷하지 않는데, 왜냐하면 병에 걸려 있지 않음은 병에 걸려 있음과 같은 것일 수 없는 반면, 절망에 빠져 있지 않음은 절망에 빠져 있음과 똑같은 것일 수 있기 때문이다. 병의 경우와 절망의 경우는 다른데, 병의 경우에는 기분이 언짢은 느낌이 바로 병이다. (절망의 경우에는) 결코 그렇지 않다. 여기에서 또다시 기분이 언짢음은 변증법적이다. 이처럼 기분이 언짢은 느낌을 전에 한 번도 경험한 적이 없다는 것이 바로 다름 아닌 절망에 빠져 있다는 것이다.

이것은 인간의 조건이 정신으로 간주될 때는(그리고 만일 절망의 문제가 여하튼 있다고 한다면, 인간은 정신에 의해 규정되는 존재로 간주되어야 한다), 언제나 갈림길에 있다는 사실을 의미하고 또 그런 사실에 기초를 두고 있다. 우리는 병과 관련해서 위기를 이야기하지만 그러나 건강과 관련해서는 그렇게 하지 않는다. 그 이유는 무엇인가? 육체적 건강은 병의 상태에서 비로소 변증법적인 것으로 되는 직접적 조건이기 때문이거니와, 병의 상태에서 위기의 문제가 대두되는 것이다. 정신적으로, 또는 인간이 정신으로 간주될 때, 건강과 병은 모두 경계선에 놓여 있다. 정신의 직접적인 건강이란 존재하지 않는다.

인간이 정신에 의해 규정되는 존재로 더 이상 간주되지 않고(그리고 이 경우에는 절망에 관한 언급도 또한 불가능해진다) 영혼적인 것과 육체적인 것의 종합으로만 간주되기 시작하자마자, 건강은 직접적인 규정이 되며, 심적(心的) 내지 영혼의 질병이 유일한 변증법적 규정이 된다.[1] 그렇지만 정신으로 정의된다는 것을 의식하지 못하는 것은 바로 절망의 본질이다. 심지어 인간적으로 말하건대, 몹시 아름답고 사랑스러운 것, 순전한 평화와 조화와 환희라고나 할 여성의 젊음조차 그럼에도 불구하고 절망이다. 확실히 그것

---

1) *Pap.* VIII² B 148: 4.

은 행운이지만, 그러나 행운은 정신의 규정이 아니며, 행운의 가장 내밀한 은신처의 깊고도 깊은 곳에는 불안도 자리하고 있는데, 그것이 바로 절망이다. 절망은 계속 거기에 남아 있기를 간절히 바라는데, 절망에게는 머물기에 가장 포근하고 적당한 장소가 행운의 품이기 때문이다. 그것의 헛된 안전과 평온함에도 불구하고 모든 직접성은 불안이며, 그렇기 때문에 제법 일관성 있게 무(無)에 관해서 가장 불안해한다. 제일 끔찍한 것을 더할 나위 없이 섬뜩하게 묘사한다고 해서 직접성이 어떤 막연한 것에 대한 희미한, 거의 무심하기까지 한, 그러면서도 치밀한 계산에 의해 내뱉어진 암시만큼 불안한 것이 되지는 않는다—사실 직접성은 당장에 이야기되는 주제에 관해서 자신이 아주 잘 안다는 아주 미묘한 암시만으로도 몹시 불안한 것이 된다. 직접성은 아마도 그것을 알지 못할 테지만, 그러나 반성은 무(無)로 올가미를 만들 때 가장 완벽하게 유혹하며, 또 무(無)일 때 가장 본래의 모습으로 존재한다. 그것에는 특별한 반성이 필요한데, 혹은 정확히 말하자면, 무에 대한 반성—즉 무한한 반성을 견뎌낼 수 있으려면 위대한 믿음이 필요하다. 결국 지극히 아름답고 사랑스러운 여성의 젊음조차도 절망이며, 행운에 불과하다. 그런 까닭에, 이런 직접성에 의존해서 인생을 헤쳐 나가기란 불가능한 일이다. 게다가 만에 하나 그런 행운이 인생을 헤쳐 나가는 데 성공하더라도 아무 소용이 없는데, 그것 또한 절망이기 때문이다. 정확히 절망이라는 질병이 전적으로 변증법적이기 때문에 그런 질병에 걸린 적이 없다는 것이야말로 가장 심각한 불행이다. 그 병에 걸리는 것은 참으로 횡재가 아닐 수 없다. 아무리 그것이 극도로 위험한 병이라 하더라도, 사람들이 그 병이 낫기를 원하지 않는다면 말이다. 일반적으로는 병에서 회복되는 것이 행운이라고 생각한다. 병 그 자체는 불행인 것이다.

그렇기 때문에[2] 절망은 드문 것이라는 통속적인 견해는 전적으로 잘못이다. 오히려 절망은 보편적인 것이다. 자기는 절망에 빠져 있지 않다고 생각하거나 느끼는 사람은 모두 절망에 빠져 있지 않다고 주장하거나 혹은 자기는 절망에 빠졌다고 말하는 사람만 절망에 빠져 있는 거라고 주장하는 통속적인 견해는 전적으로 그릇된 생각이다. 그와 반대로 자신은 절망하고 있다고 솔직하게 말하는 사람은, 남들도 그렇게 생각하지 않고 또 자기 스스로도 절망에 빠져 있다고 생각하지 않는 사람보다 치유될 가능성에 변증법적으로 더 근접해 있다. 전체적으로 볼 때, 사람들은 대부분 자신이 정신으로 운명지워졌다는 것을 결코 의식하지 못한 채 세상을 살아가며,[3] 따라서 이른바 안전이라든가 삶에 대한 만족 같은 것들은 모두 절망에 불과하다는 데에 틀림없이 영혼의 의사들은 나와 의견을 같이 할 것이다. 오히려 자신이 절망에 빠져 있다고 말하는 이들은 보통 매우 심원한 천성을 지니고 있기 때문에, 정신으로서 의식이 일깨워질 수밖에 없는 사람이거나 쓰라린 경험과 놀라운 결단을 통해서 정신으로서 의식이 일깨워지게 된 사람들이다. 전자이거나 아니면 후자이다. 정말로 절망에 빠져 있지 않은 사람은 사실 매우 드물다.

오호라, 사람들은 인간의 고뇌와 불행에 대해서 많이 이야기한다―나는 그런 말을 이해하려고 애를 쓰고 또 어느 정도는 깊이

---

2) *Pap.* VIII² B 148: 6.
3) *JP* III 3567(*Pap.* X¹ A 679).

알게 되었다―인생을 낭비하는 것에 관해서도 마찬가지로 많은 이야기를 한다. 그러나 인생의 기쁨이나 슬픔에만 정신이 팔린 탓에 자신이 정신이라는 것을, 자기라는 것을 명확하게 영원히 깨닫는 경지에 이르지 못하고 세상을 살아가는 사람, 또는 같은 이야기가 되겠지만, 하느님이 존재한다는 것과 "그", 그 자신, 그의 자기가 이 하느님 앞에 존재한다는 것을 깨닫지 못했을 뿐 아니라 가장 심오한 의미에서 그런 인상조차 전혀 받지 못한 사람, 그런 사람의 인생만이 낭비되었을 뿐이다. 이런 무한한 은총은 절망을 통하지 않고서는 얻을 수 없다. 그처럼 많은 사람이 이 모든 생각 가운데 가장 복된 생각에는 눈을 뜨지 못한 채 하루하루를 살아가다니 이 얼마나 슬픈 일인가! 우리 자신도 엉뚱한 것들에 정신이 팔려 있고 또 남들까지 부추겨서 엉뚱한 것들에 넋을 놓게 만들다니, 또 남들을 꼬드겨서 정력을 온통 인생이라는 연극에 쏟아 붓게 하면서도 정작 이 축복에는 생각이 미치게 하지 않다니 이 얼마나 불행한 일인가! 개인들이 저마다 인생을 걸 만할 뿐더러 영원히 그것에 입각해서 살기에 충분한 최고의 유일한 것을 얻을 수 있도록 그들이 각각 분리되는 게 아니라 모두 한 덩어리가 되다니 이 얼마나 비참한 일인가! 생각건대 나는 그런 불행한 일이 존재한다는 사실에 대해서 영원히 울어도 부족할 것이다! 더욱이 내 생각으로는 이처럼 아주 지독한 병과 불행에 대한 훨씬 무서운 표현은 그것이 은폐된다는 것인데―그 병을 앓는 사람이 병을 감추고 싶어하고 또 실제로 감춘다는 것, 그 병이 사람 안에 있으면서 아무도, 그 누구도 그것을, 전혀, 눈치 채지 못할 수도 있다는 것뿐만 아니라, 그 병이 사람 안에 있는데도 병에 걸린 사람 자신이 그 사실을 의식하지 못할 수도 있다는 것이다! 마침내 모래시계, 지상에서의 모래시계가 그 수명이 다해서 멈추었을 때, 이승에서의 삶의 소란이 가라앉고 한시도 쉴 날 없이 부지런을 떨던 덧없는 몸부림이 끝났을 때,[4] 그대를 둘러싸고 있는 모든 것이 마치 영원 안에 있는 것처럼 그렇게 정지해 있을 때, 그때—그대가 남자이건 혹은 여자이건, 부자이건 아니면 거지이건, 남에게 매여 있건 혹은 자유롭건, 운이 좋건 아니면 불운하건, 그대가 왕족이어서 번쩍거리는 왕관을 썼건 아니면 아무도 알아주지 않는 미천한 신분이어서 고된 노동과 한낮의 땡볕을 감수해야 했건, 이 세상이 있어왔고 또 앞으로 있을 동안 그대의 이름이 기억되건 혹은 그대가 무명이고 또 수많은 사람들 속에서 이름 없이 되건, 그대를 에워싸고 있는 장엄함이 인간의 언어로 형언할 수 없는 것이건 또는 가장 가혹하고 수치스러운 인간적 판결이 그대에게 내려졌건—영원은 그대와 저 수많은 사람들 각각에게 오직 한 가지만을 물을 뿐이다. 그대는 절망에 빠져 살았는가 아닌가, 그대는 절망에 빠져 있으면서도 자신이 절망에 빠져 있다는 사실을 깨닫지 못한 것은 아닌가, 또는 절망에 빠져서 이 병을 그대의 몸을 갉아먹는 비밀로, 마음 속 깊은 곳의 죄 많은 사랑의 열매로 은밀하게 그대의 내면에 품고 있지는 않았는가, 아니면 절망에 빠져서 그대, 남들에게 두려움의 대상인 그대는 절망적으로 날뛰지는 않았는가. 만일 그랬다면, 만일 그대가 절망에 빠져서 살았다면, 그대가 무엇을 잃었고 무엇을 얻었건 상관없이, 그대는 모든 것을 잃

---

4) "막판에 와서 한 시간밖에 일하지 않은 저 사람들을 온종일 뙤약볕 밑에서 수고한 우리들과 똑같이 대우하십니까?" 「마태오의 복음서」, 20장 12절.

은 것이며, 영원은 그대를 인정하지 않을 것이다. 영원은 결코 그대를 안 적이 없다——아니, 더 무서운 사실은, 영원은 그대가 알려진 그대로 그대를 알고 있다는 것이며 그대를 절망에 빠져 있는 그대 자신에 묶어놓는 것이다.

C 이 병(절망)의 여러 형태

절망의 형태들은 종합으로서의 자기를 구성하는 요소들을 반성함으로써 추상적으로 도달될 수 있다. 자기는 무한성과 유한성으로 이루어져 있다. 그런데 이 종합은 하나의 관계이다. 그리고 이것은 파생적이기는 하지만, 자기 자신과 관계하는 관계이고 자유이다. 자기는 자유이다.[1] 그런데 자유는 가능성과 필연성의 범주들의 변증법적 양상이다.

그렇지만 절망은 의식의 범주 안에서 고찰되지 않으면 안 된다. 절망이 의식되어 있는가 되어 있지 않은가 하는 것이 절망과 절망 사이의 질적 차이를 나타낸다. 그렇다 하더라도 모든 절망은 개념적으로 본다면 의식되고 있다. 그러나 이것은 그 개념에 따라서 절망에 빠져 있다고 적절하게 말해질 수 있는 사람이 스스로 그것을 의식하고 있다는 것을 의미하는 것은 아니다. 따라서 의식이 결정적이다. 일반적으로 말해서 의식─즉 자기의식─은 자기와 관련하여 결정적이다. 저 의식이 더해질수록 자기도 더해진다. 의식이

---

1) 파생과 자유에 관해서는 *JP* II 1251 (*Pap.* VII[1] A 181) 참조.

더해질수록 의지도 더해진다. 의지가 더해질수록 자기도 더해진다. 의지가 전혀 없는 사람은 결코 자기가 아니다. 그러나 의지를 더 강하게 가질수록 사람은 자기의식을 더 갖게 된다.

A. 절망이 의식되어 있느냐 아니냐와 상관없이 고찰된, 그 결과 오직 종합의 계기와 관련하여 고찰된 절망

a. 유한성/무한성에 의해 규정된 절망

자기는 자기 자신과 관계하는 무한성과 유한성의 의식적 종합이며, 자기의 과제는 자기가 되는 것이다. 그런데 그것은 오직 신과의 관계를 통해서만 수행될 수 있다. 자기가 된다는 것은 구체적으로 된다는 것이다. 그러나 구체적으로 된다는 것은 유한적으로 되는 것도 아니고 무한적으로 되는 것도 아니다. 왜냐하면 구체적으로 된다고 하는 것은 실로 하나의 종합이기 때문이다. 따라서 생성의 과정은 자기의 무한화 과정에서 자기 자신으로부터 무한히 멀어지는 것이며, 유한화하는 과정에서 자기 자신에게로 무한히 돌아오는 것이어야만 한다. 그러나 자기가 자기 자신이 되지 않는다면, 그러한 것을 알든 모르든 자기는 절망에 빠져 있다. 그러나 자기가 현존하는 모든 순간에 자기는 생성의 과정에 있다. 왜냐하면 가능적(κατὰ δύναμιν) 자기는 현실적으로 현존하는 것이 아니고, 다만 생성되어야 하는 것이기 때문이다. 자기가 자기 자신이 되지 않는 한, 자기는 자기 자신이 아니다. 그러나 자기 자신이 아니라는 것은 정확히 절망이다.

α. 무한성의 절망은 유한성을 결여하고 있는 것이다

이것이 그렇다는 것은 종합으로서의 자기에 고유한 변증법에서 기인하는 것이다. 따라서 각 계기는 그것의 대립이다. 절망의 형태는 직접적으로(즉 비변증법적으로) 규정될 수 있는 것이 아니라 오직 그것의 대립을 반성함으로써만 규정될 수 있다. 절망자의 상태는 직접적으로 묘사될 수 있다. 사실상 시인이 절망에 빠진 사람 스스로에게 말하게 함으로써 묘사하듯이 말이다.[2] 그러나 절망은 그것의 대립을 통해서만 규정될 수 있다. 그리고 절망의 표현이 시적 가치를 지녀야 한다면, 그 표현의 채색은 변증법적 대립에 대한 반성을 내포하고 있어야 한다. 아마 무한하게 되었거나, 또는 오직 무한하게 되기를 원하는 모든 인간의 실존은, 인간의 실존이 무한하게 되었거나 또는 무한하게 되기를 원할 때마다 절망이다. 왜냐하면 자기는 종합이며 그것의 유한성은 한정시키는 계기이고 무한성은 확대시키는 계기이기 때문이다. 따라서 무한성의 절망은 공상적인 것, 무한한 것이다. 왜냐하면 자기가 바로 절망함으로써, 신에게 투명하게 의지할 때에만 건강하며 또 절망에서 해방되기 때문이다.

공상적인 것은 물론 공상(*Phantasien*)과 아주 밀접하게 관련되어 있다. 그러나 공상은 다시 감정, 인식, 의지와 관련되어 있다. 그

---

[2] "그(아브라함)가 사랑하는 모든 것을 움켜잡으려 하고, 그의 고난을 실토하려 한다면, 사라가, 엘리에셀이 그리고 이삭이 그에게 분노를 느끼며, 그를 위선자라고 믿게 하는 무서운 결과를 낳게 될지도 모른다. 그는 말할 수가 없다. 그는 인간적인 말을 하지 않는다. 설사 그가 이 세상의 모든 언어를 알고 있고, 또 사랑하는 사람들이 그것을 이해해준다 하더라도, 그는 말을 할 수가 없다. 그는 신의 언어로, 통용되지 않는 방언으로 말을 하는 것이다." 손재준 옮김, 『공포와 전율』, 146쪽; (*SV* III), 155쪽. 말하기의 의미에 관해서는 (*SV* III), 155, 160~64쪽 참조.

러므로 인간은 공상적인 감정, 인식, 의지를 가질 수 있다. 공상은 일반적으로 무한화의 매체이다. 그것은 다른 능력들이 그저 그런 것과는 달리 단순한 능력이 아니다. 이렇게 말해도 된다면, 그것은 **모든 능력을 대표하는**(*instar omnium*) 능력이다. 모든 것이 말해지고 행해질 때, 어떤 사람이 갖고 있는 어떤 감정, 인식, 의지도 그가 갖고 있는 상상에, 그리고 그가 자신을 얼마나 반성하는가에 달려 있다. 공상은 무한화하는 반성이다. 그래서 후기의 피히테[3]는 인식에 관해서조차 범주들이 공상에서 나온다고 아주 올바르게 생각하고 있는 것이다. 자기란 반성이다. 그리고 공상도 반성이며 자기 가능성으로서의 자기 연출이다. 공상은 어떤 그리고 모든 반성의 가능성이며, 이런 매체의 강렬함은 자기의 강렬함의 가능성이다.

공상적인 것은 인간을 자기에게서 멀어지게 할 뿐이며, 그렇게 함으로써 인간이 자기 자신에게로 되돌아가는 것을 방해하는 그런 방식으로 일반적으로 인간을 무한한 것으로 인도한다.

감정이 이런 방식으로 공상적으로 될 때, 자기는 더욱더 사라져 갈 뿐이고, 자기는 비인간적으로 어떤 인간에게도 속하지 않으며 결국에는 비인간적으로, 말하자면, 어떤 추상적 운명, 예컨대 추상적(*in abstracto*) 인간성과 감성적으로 결합하는 일종의 추상적 감성이 되어버린다. 류머티즘 환자가 자신의 신체적 감각의 지배자가 되지 못하고, 그 감각이 바람과 날씨에 따라 좌우되기 때문에 날씨의 어떤 변화를 무의식적으로 감지하듯이, 감정이 공상적으로 된

---

[3] 피히테는 생산적인 상상력을 영원한 세계(非我)와 사유의 근본적 범주의 개념이라고 보았다. 피히테, 『학문의 특이한 근거』(*Grundriss des Eigenthülichen der Wissenschaftslehre*), 베를린/본, 1834~46; 『전집』, I~XI, 386~87쪽.

사람은 어느 정도 무한하게 되지만, 그가 더욱더 자신이 되는 그와 같은 방식으로는 그렇게 되지 않는다. 왜냐하면 그는 더욱더 자신을 상실하기 때문이다.

인식의 경우도 그것이 공상적으로 될 때에는 사정이 같다. 인식의 입장에서 본 자기의 전개 법칙은, 자기가 진실로 자기 자신이 되는 한, 인식의 증가는 자기 인식의 증가에 대응한다는 것이며, 자기가 알면 알수록 자기는 자기 자신을 더 많이 안다는 것이다. 그러나 만일 그렇지 않다면, 인식이 더해질수록 더욱더 일종의 비인간적인 인식이 되는데, 그것을 얻는 데 인간의 자기는 낭비되거나, 그것은 인간이 피라미드의 건설에 소모된 것과 같은 것이나, 또는 저 러시아 취주악단의 단원들이 한 음표 이상도 이하도 아니고 딱 한 음표만 연주하는 데 소모되는 것과 같은 것이다.[4]

의지가 공상적으로 될 때 자기도 점차 증발된다. 그래서 의지는 그것의 추상적인 정도에 비례해서 계속 구체적으로 되지는 않는다. 그 결과 의지가 계획과 결단에서 무한하게 되면 될수록, 그것은 즉각적으로 성취될 수 있는 어떤 과제의 작은 부분에서 더욱 개인적으로 현존하거나 동시적이 되며, 무한하게 되면서 의지는 가장 엄격한 의미[5]에서 자신으로 돌아가게 되고, 자신에게서 가장 멀어질 때(의지가 계획과 결단에서 가장 무한할 때), 의지는 바로 오늘, 바로 이 시간, 바로 이 순간에 성취될 수 있는 일의 무한히

---

4) 러시아의 취주악단은 60명의 단원으로 구성되며, 각각의 단원은 모두 일정한 음만을 내는 호른을 연주하였다고 한다. 그래서 연주자들은 하나의 음으로 일정한 시점에만 연주해야 하였다.
5) *Pap.* VIII² B 150: 6.

작은 부분을 수행할 수 있다는 것에 동시적으로, 개인적으로 가장 가깝다.

감정, 인식 또는 의지가 공상적으로 될 때 자기 전체는 공상적인 것 속으로 곧바로 뛰어드는 훨씬 능동적 형태이든, 넋을 잃게 되는 훨씬 수동적인 형태이든, 결국 공상적으로 된다. 그러나 두 경우 모두 인간은 책임이 있다. 그런 다음 자기는 추상적인 무한화에서 또는 추상적인 고립 속에서 공상적인 존재를 영위하거니와, 항상 자기가 결핍되어 있으며 자기는 더욱더 자기 자신에게서 멀어진다. 가령 종교적 분야에서 그렇다. 물론 신과의 관계는 사람을 무한화한다. 그러나 이 무한화는 인간을 너무 공상 속으로 몰아넣게 되어서 그를 도취상태로 있게 한다. 신 앞에서 실존한다는 것은 인간에게 견딜 수 없는 것과 같다. 왜냐하면 그는 자기 자신에게로 되돌아갈 수 없으며, 자기 자신이 될 수 없기 때문이다. 그와 같은 공상적인 종교인은 (몇 줄로 그를 특징짓는다면) 이렇게 말할 것이다. "참새가 살 수 있다는 것은 이해할 수 있다. 참새는 자신이 신 앞에 있다는 것을 알지 못한다. 그러나 사람은 자신이 신 앞에 있음을 알게 되면, 즉시 미치거나 파멸하지 않을까!"

그러나 이처럼 공상적으로 되어 절망하게 된다는 것은 비록 대체로 표출되기는 하지만, 인간이 제대로 살 수도 없고 인간으로 보일 수도 없으며 일상적인 일에 종사하며 결혼하고 아이를 낳고 존경과 명성을 얻을 수 없다는 것을 의미하지 않는다. 그러나 더 깊은 의미에서 그가 자기를 결여하고 있다는 것은 간파될 수 없다. 그런 것은 세상에 많은 동요를 일으키지 않는다. 왜냐하면 자기는 이 세상이 가장 염려하지 않는 것이며 또 자기를 소유하고 있다는 것은 가장 위험하기 때문이다. 모든 것 중에서 가장 위험한 것은, 즉 자기를 상실한다는 것은 마치 아무 일도 아닌 듯이 이 세상에서 아주 조용히 일어날 수 있다. 어떤 손실도 이렇게 조용하게 일어날 수는 없다. 다른 손실들, 즉 팔 하나, 다리 하나, 돈 5000원, 아내 등등은 꼭 알려진다.

β. 유한성의 절망은 무한성을 결여하고 있는 것이다

이것이 그렇다는 것은 α에서 제시된 것처럼 종합으로서의 자기에 고유한 변증법에 기인하며, 따라서 각각의 요소는 그것의 대립자이다.

무한성을 결여하고 있는 것은 절망하는 단순성, 편협성이다. 여기에서 이야기되는 것은 물론 윤리적인 편협성과 유한성일 뿐이다. 세상에는 지적이거나 미적인 한계성이나 또는 사소한 것에 대해서만 관심이 있을 뿐이다(세상에는 그런 사소한 것에 대한 가장 큰 관심이 있다). 세속적 정신은 무한한 가치를 사소한 것에 부여하는 것 이상도 이하도 아니다. 세속적 견해는 항상 인간과 인간 사이의 차별에 집착하며 물론 없어서는 안 될 유일한 것에 대하여 이해를 못하고 있다[6](그것을 소유하는 것이 정신이기 때문이다). 그렇기 때문에 세속적 견해는 자기 자신을 상실하고 있는 것에 내포되어 있는 단순성과 편협성을 이해하지 못한다. 이러한 자기 상실은 무한한 것 속에서 발산되는 것에 의해서가 아니라 완전히 유한화됨으로써, 자기가 되는 대신에 하나의 숫자가 됨으로써, 또 하나의 인

---

[6] "실상 필요한 것은 한 가지뿐이다. 마리아는 참 좋은 몫을 택했다. 그것을 빼앗아서는 안 된다." 「루가의 복음서」, 10장 42절.

간, 이런 변함없는 **천편일률적인 것**(*Einerlei*)의 반복이 됨으로써 일어나는 것이다.

절망하는 편협성은 원시성을 결여하고 있거나 또는 자신의 원시성을 빼앗기고 정신적 의미에서 거세된 것이다. 모든 인간은 본래 자기라는 의도에서 만들어졌고 자신이 되게끔 운명지어져 있다. 그 자체로 모든 자기는 확실히 모가 나 있다. 그러나 그것은 자기가 맷돌에 갈려서 모양이 바뀌어야 된다는 것을 의미할 뿐이다. 그것은 자기가 맷돌에 갈려서 모가 없어져야 된다는 것을 의미하는 것도 아니고, 인간의 두려움 때문에 자신이기를 완전히 포기하거나 단순히 두려움 때문에 자기의 훨씬 본질적인 우연성(갈아서 모를 없애서는 분명히 안 되는) 안에서 감히 자신이고자 해서는 안 된다는 것을 의미하는 것도 아니다. 그 우연성 안에서 인간은 여전히 자신에 대한 자기이다. 그러나 어떤 종류의 절망은 무한한 것 속으로 격렬하게 빠져 들어가 자신을 상실하지만, 다른 종류의 절망은 "타자"에 의해서 그것의 자기가 편취당하는 것을 허용하는 것 같다. 사람의 무리에 둘러싸여서, 온갖 종류의 세속적 일에 빠져서, 세상의 풍습에 더욱 기민해지면서, 그러한 인간은 자신을 망각하고, 신성하게 이해되는 자신의 이름을 망각하며, 자신을 믿으려 하지도 않은 채 자신으로 존재하는 것은 너무 위험하며 타인과 같이 존재하는 것, 또 하나의 사본, 숫자 하나, 군중의 일원이 되는 것이 훨씬 편하고 안전하다고 생각한다.

이제 절망의 이런 형태는 세상에서 전혀 주목을 받고 있지 않다. 바로 이같이 자신을 상실함으로써, 그와 같은 사람은 사업이나 사회생활에서 아주 잘 나가고 세상에서 큰 성공을 거두는 데 필요한

커가는 능력을 얻는다. 여기에는 자기 자신이나 그것의 무한화에서 어떤 지체나 어려움도 없다. 그는 구르는 돌처럼 매끄럽고, 현금처럼 **통용될 수 있다**(*courant*). 그는 전혀 절망하고 있는 사람으로 보이지 않기 때문에 그가 바로 사람의 전형인 것이다. 자연스러운 일이지만, 일반적으로 세상은 진실로 두려운 것이 무엇인지를 모른다. 생활에 불편을 가져오지 않을 뿐 아니라 생활을 안락하고 편안하게 해주는 절망은 물론 전혀 절망으로 여기지 않는다. 이것이 세상의 견해라는 것은 예컨대 거의 모든 격언에 의해서 유포되지만, 그러한 것들은 분별의 규칙에 지나지 않는다. 예를 들어 말을 한 후에는 열 번 후회하고 침묵을 지킨 후에는 한 번 후회한다는 말이 있다. 왜 그런가? 말을 했다는 외적 사실은 현실이므로 사람을 어려움에 휩싸이게 할 수 있기 때문이다. 그러나 침묵을 지키는 것이란! 그것은 가장 위험한 것이다. 왜냐하면 침묵을 지킴으로써, 인간은 전적으로 자신에게 던져지기 때문이다. 여기에서 현실은 그를 벌함으로써, 그가 말한 결과를 그에게 쌓아놓음으로써 그를 도와주지 않기 때문이다. 아니, 이런 점에서 침묵을 지키는 것은 쉽다. 그러나 두려운 것이 무엇인지를 참으로 아는 사람은 내면으로 향하며 외적 흔적을 남기지 않는 어떤 과오, 어떤 죄도 유달리 두려워한다. 세상은 이렇게 모험을 하는 것을 위험하게 생각한다. 왜 그런가? 실패할 수 있기 때문이다. 모험을 하지 않는 것이 신중하다. 그러나 사람이 모험을 함으로써 잃는 것이 아무리 많더라도, 잃어버리기 어려운 것을 바로 모험하지 않음으로써 잃는 것은 너무 쉽다. 어떤 경우에는 이처럼 너무 쉽게, 너무 완전하게 마치 아무것도 아닌 것처럼 자신을 잃어버리지는 않는다. 만일 내가 모험을 잘못한다면,

삶은 나를 벌함으로써 나를 도와준다. 그러나 내가 아무런 모험도 하지 않는다면, 그럼 누가 나를 돕겠는가? 더구나 만일 내가 가장 고상한 의미에서(그리고 고상한 의미에서 모험을 한다는 것은 곧 자신을 자각하게 된다는 것이다) 모험을 하지 않고 비굴하게 모든 세속적 이익을 얻는다고 하면, 그리고 나 자신을 상실한다면 큰일이지 않은가!7)

유한성의 절망이란 바로 이러한 것이다. 사람은 이런 종류의 절망에 빠져 있기 때문에 세상에서 아주 잘 살아갈 수 있고, 정말 훨씬 잘 살아갈 수가 있으며, 사람처럼 보일 수 있고 모든 세속적인 일에 종사하면서 공적으로 칭찬도 받고 명예도 얻고 존경도 받을 수 있다.8) 사실 세속적 정신이라고 불리는 것은 말하자면 자신들을 세상에 저당 잡히는 그러한 사람들로 단순하게 구성되어 있다. 그들은 자신의 재능을 이용하고 돈을 모으고 세속적인 사업을 벌이고 기민하게 계산하는 등등으로 아마 역사에 이름을 남긴다. 그러나 그들은 그들 자신이 아니다. 정신적으로 말해서 그들은 자기가 없고, 자신을 위해 모든 것을 걸 수 있어도 자기가 없으며, 신 앞에서 자기가 없다. 아무리 달리 자신을 추구한대도 말이다.

b. 가능성/필연성에 의해 규정된 절망

가능성과 필연성은 생성에 똑같이 본질적이다(그리고 자기는 자유롭게 자신이 되는 과제를 지니고 있다). 자기에는 유한성과 무한

---

7) "사람이 온 세상을 얻는다 해도 제 목숨을 잃으면 무슨 소용이 있겠느냐? 사람의 목숨을 무엇과 바꾸겠느냐?" 「마태오의 복음서」, 16장 26절.
8) *Pap*. VIII^2 B 150: 7.

성(ἄπειρον/πέρας)이 속해 있듯이 가능성과 필연성도 속해 있다.[9] 어떤 가능성도 갖고 있지 않은 자기는 절망에 빠져 있다. 마찬가지로 어떤 필연성도 갖고 있지 않은 자기도 절망에 빠져 있다.

α. 가능성의 절망은 필연성을 결여하고 있는 것이다

이것이 그렇다는 것은 이미 말한 바 있지만, 〔종합으로서의 자기에 고유한〕 변증법에 기인한다.

유한성이 무한성에 대한 관계에서 한정하는 축이듯이, 필연성은 가능성에 대한 관계에서 한정하는 것이다. 자기는 유한성과 무한성의 종합으로 성립되고 **잠재적이므로**(κατὰ δύναμιν), 자신이 되기 위해서 자기는 상상을 매개로 자신을 반성하며 그럼으로써 무한한 가능성이 명백해진다. **잠재적으로**(κατὰ δύναμιν) 자기는 필연적인 것만큼 가능적이다. 왜냐하면 자기는 자신이기 때문이다. 그러나 자기는 자신이 되는 과제를 안고 있다. 자기가 자신인 한에서 자기는 필연적이다. 그리고 자기가 자신이 되는 과제를 안고 있는 한에서 자기는 가능성이다.

그러나 만일 가능성이 필연성을 뛰어넘고 그 결과 자기가 가능성에 있어서 자신으로부터 이탈한다면, 자기는 자신이 돌아가야 할 필연성을 소유하지 못한다. 이것이 가능성의 절망이다. 이런 자기

---

[9] 아페이론은 무한한 것, 한정되어 있지 않은 것, 페라스는 한정하는 것, 한정 등의 의미이다. 플라톤은 이 양자의 혼합에 의해 생성이 생긴다고 설명하고 있다. 거기에는 무한한 것, 즉 비존재가 한정에 의해 비로소 존재가 된다고, 생성한다고 설명한다. 플라톤, 『필레부스』, 30 a; 『플라톤 전집』(*Platonis Opera*), III, 316쪽.

는 추상적 가능성이 된다. 자기는 가능성 안에서 지칠 때까지 발버둥치지만, 자기가 있는 곳에서 벗어나지도 못하고 그 어떤 곳에도 도달하지 못한다. 왜냐하면 필연적인 것은 문자 그대로 그런 장소이기 때문이다. 자신이 된다는 것은 문자 그대로 그런 장소로부터 벗어나는 운동이다. 생성된다는 것은 그런 장소로부터 벗어나는 운동이다. 그러나 자신이 된다는 것은 그런 장소 안에서의 운동이다.

그래서 가능성은 자기에게 더욱더 커 보인다. 더욱더 많은 것이 가능해진다. 왜냐하면 아무것도 현실적이지 않기 때문이다. 결국 모든 것이 가능한 것처럼 보인다. 그러나 정확히 이것은 심연이 자기를 삼켜버리는 그 지점이다. 개개의 작은 가능성이 현실성이 되려면 시간이 필요하다. 그러나 결국에는 현실에 사용되는 시간이 더욱더 짧아진다. 모든 것이 더욱더 순간적이 된다. 가능성은 더욱더 강렬해진다. 그러나 현실성의 의미에서가 아니라 가능성의 의미에서 그렇다. 왜냐하면 현실성의 의미에서 강렬함은 가능성의 어떤 것을 현실화한다는 것을 의미하기 때문이다. 어떤 것이 가능해 보이는 순간에 새로운 가능성이 나타난다. 마침내 이러한 환영이 계속 빠른 속도로 나타나기 때문에 모든 것이 가능한 것처럼 보인다. 그리고 이것이 바로 마지막 순간, 개인 자신이 신기루가 되는 시점이다.

여기에서 자기가 결여하고 있는 것은 사실 현실성이다. 그리고 역시 일상언어로 우리는 어떤 사람이 비현실적으로 되었다고 말한다. 그러나 자세히 살펴보면 그가 실제로 결여하고 있는 것은 필연성이다. 철학자들은 필연성을 가능성과 현실성의 종합이라고 설명할 때 잘못을 범한다. 그런 것이 아니라, 현실성이 가능성과 필연성의 종합이다.[10] 자기가 이처럼 가능성에서 길을 잃어버리게 될 때, 그것은 다만 힘이 없기 때문만은 아니다. 적어도 이것은 보통의 방식으로 해석되어서는 안 된다. 본질적으로 없는 것은 복종하는 힘이고, 자신의 삶의 필연성에 복종하는 힘이며, 자신의 한계라고 불리는 것에 복종하는 힘이다. 그러므로 비극은 그와 같은 자기가 세상의 어떤 것이 되지 못했다는 것이 아니다. 그런 것이 아니라, 비극은 그가 자신을 자각하게 되지 않았다는 것이며, 그의 자기가 매우 특정한 어떤 것이며 따라서 필연적인 것임을 자각하게 되지 않았다는 것이다. 대신 그는 자신을 상실했다. 왜냐하면 이런 자기는 환상적으로 가능성의 차원에서 자신을 반성했기 때문이다. 거울에서 자신을 볼 때조차 자신을 아는 것이 필요하다. 그렇지 않다면, 사람은 자신을 보는 것이 아니라 한 인간을 볼 뿐이기 때문이다. 가능성의 거울은 보통 거울이 전혀 아니다. 그 거울은 아주 조심스럽게 사용되어야 한다. 가장 심오한 의미에서 그 거울은 진실을 말하지 않기 때문이다. 자기가 자신의 가능성의 차원에서 이러저러하게 보인다는 것은 절반의 진리에 지나지 않는다. 왜냐하면 자신의 가능성과 관련해서 자기란 자신에게서 멀리 떨어져 있으며 자신의 절

---

10) 현실성, 필연성, 가능성의 관계에 관해서는 『철학적 조각들』(SV IV), 237쪽; 『후서』(SV VII), 296쪽 참조. 『철학적 조각들』에서는 가능성과 현실성의 차이가 "존재"에 있다고 주장된다. 다시 말해 필연성은 본질의 규정이기 때문에 가능성과 현실성의 통일이 필연성이 될 수 없고, 만일 그렇게 된다면 생성이 배제되는 결과를 낳을 것이며, 이는 자기모순을 범하는 일이 될 뿐만 아니라 불가능한 일이라는 것이다. "필연성은 가능성과 현실성의 종합으로 규정되어 왔으며, 올바르게 그렇게 규정된다." 헤겔, 『철학백과사전』(Encyclopädie der philosophischen Wissenschaften), 제1부, 「논리학」, 『전집』, VI, 292쪽.

반에 불과하기 때문이다. 따라서 문제는 이런 특수한 자기의 필연성이 그것을 어떻게 더 특수하게 규정하는가 하는 것이다. 가능성은 파티에 어린이를 초대하는 것과 같다. 어린이는 즉시 가고자 하지만, 문제는 부모들이 허락할 것인가 하는 것이다. 그리고 부모의 경우가 필연의 경우와 같다.

가능성의 차원에서는 모든 것이 가능하다. 이런 이유 때문에 가능성 안에서 온갖 종류의 방식으로 길을 잃어버리는 것이 가능하다. 그러나 본질적으로는 두 가지 종류가 있다. 그 하나는 소망하고 열망하는 형태를 취하고, 다른 하나는 우울-공상(희망/공포 또는 불안)의 형태를 취한다. 전설과 동화는, 갑자기 희귀한 새를 보고 처음에 그것이 매우 가깝게 보이기 때문에 그 새를 쫓아가는 기사에 대해 이야기한다. 그러나 그 새는 다시 날아간다. 밤이 되어 그 기사는 친구들과 떨어져서 자신이 지금 있는 황야에서 길을 잃었다는 것을 알게 된다. 소망의 가능성도 마찬가지이다. 가능성을 필연성으로 되돌리는 대신에 그는 가능성을 쫓는다. 그러다 마침내 그는 돌아갈 길을 찾지 못한다. 우울의 경우에서는 그 반대가 동일한 방식으로 일어난다. 우울하게 유혹되어서 개인은 불안의 가능성 중 하나를 쫓는데, 그것은 마침내 그를 자신에게서 멀어지게 하고, 그 결과 그는 불안에 의해 희생되거나 또는 그가 정복되지 않기 위해 염려했던 것에 의해 희생된다.[11]

---

11) *Pap.* VIII² B 150: 8.

β. 필연성의 절망은 가능성을 결여하고 있는 것이다

가능성의 차원에서 자신을 잃어버리는 것이 어린이의 모음 발음에 비유될 수 있다면, 가능성의 결여는 벙어리와 같을 것이다. 필연성은 순수한 자음과 같지만 그것을 발음하기 위해서는 가능성이 있어야 한다. 만일 이것이 없다면, 만일 인간의 실존이 가능성을 결여하고 있는 지점까지 이르게 된다면, 그것은 절망에 빠져 있으며, 그것이 가능성을 결여하고 있는 모든 순간에 절망에 빠져 있다.

일반적으로 특히 희망에 가득 찬 나이가 있다고 생각되거나 또는 우리는 어떤 때에, 삶의 어떤 특별한 시기에 희망도 가능성도 아주 많거나 또는 많았다고 말한다. 그러나 이 모든 것은 진실에 이르지 못하는 인간적인 말하기 방식에 불과하다. 이 모든 희망과 이 모든 절망은 참된 희망도, 참된 절망도 아니다.

결정적인 것은 신에게는 모든 것이 가능하다는 것이다.[12] 이것은 영원히 진리이며 따라서 매 순간 계속해서 진리이다. 이것은 정말 일반적으로 알려진 진리인데, 관습적으로 이렇게 표현되고 있다. 그러나 인간적으로 말해서 가능성이 전혀 없을 때 인간이 극단에까지 이르게 되고서야 비로소 진지한 결단이 나오게 된다. 그 다음에 문제는 그가 신에게는 모든 것이 가능하다는 것을 믿을 것인가, 즉

---

12) "예수께서는 그들을 똑바로 보시며 '그것은 사람의 힘으로 할 수 없는 일이다. 그러나 하느님께서는 무슨 일이든 하실 수 있다' 하고 말씀하셨다."「마태오의 복음서」, 19장 26절; "예수께서 길을 떠나시는데 어떤 사람이 달려와서 그 앞에 무릎을 꿇고 '선하신 선생님, 제가 무엇을 해야 영원한 생명을 얻겠습니까?' 하고 물었다."「마르코의 복음서」, 10장 17절; "이 말을 들은 마리아는 '이 몸은 주님의 종입니다. 지금 말씀대로 저에게 이루어지기를 바랍니다' 하고 대답하였다.「루가의 복음서」, 1장 37절.

그가 **믿을** 것인가 말 것인가 하는 것이다. 그러나 이것은 오성을 상실하기 위한 바로 그 형식이다. 믿는다는 것은 정말 신을 얻기 위하여 오성을 상실하는 것이다. 이런 비유를 들어보자. 무서운 악몽을 상상하는 능력을 가진 사람이 견딜 수 없는 이러저러한 두려움을 자신에게 그리는 것을 상상해보라. 그런데 그것이 그에게 일어난다. 바로 그 두려움이 그에게 일어나는 것이다. 인간적으로 말하면 그의 멸망은 전적으로 확실하다. 그의 영혼은 절망 속에서 절망하는 것을 허락받기 위해 싸우고, 놀랍게도 절망을 향한 평정을 얻기 위해 싸우며, 절망에 대한 모든 인격의 동의를 얻고 절망에 빠지기 위해 싸운다.[13] 따라서 그가 절망하는 것을 방해하려는 시도나 사람보다도 그가 더 저주할 어떤 것도 또 그 어떤 사람도 없다. 시인 중의 시인이 그렇게 화려하고 비교할 수 없을 정도로 그것을 표현하고 있듯이 말이다(「리처드 2세」, 3막 3장).

> 내가 처해 있었던 절망에 이르는 안락한 길에서
> 나를 끌어냈던 그대 조카여, 저주받을지어다!
> (*Verwünscht sei Vetter, der mich abgelenkt*
> *Von dem bequemen Wege zur Verzweiflung.*)

---

13) *Pap.* VIII² B 150: 9; 슐레겔(A.W. Schlegel)·티크(L. Tieck) 옮김, 『셰익스피어의 희곡』(*Shakespeare's dramatische Werke*), I~XII, 베를린, 1839~40, I, 153쪽. 이 독일어 번역본에서는 II, 4가 III, 1이고, 따라서 III, 2가 III, 2이다. "시인 중의 시인"은 말할 것도 없이 셰익스피어를 지칭하는 말이다.

인간적으로 말한다면 이때 구원은 전적으로 불가능하다. 그러나 신에게는 모든 것이 가능하다! 이것이 신앙의 싸움이며, 미친 듯이, 이렇게 말하고 싶다면, 가능성을 위해 싸우는 것이다. 왜냐하면 가능성이 유일한 구원이기 때문이다. 어떤 사람이 기절할 때, 우리는 물, 향수, 냄새나는 소금을 가져오라고 소리친다. 그러나 어떤 사람이 절망하고자 할 때 하는 말은 다음과 같은 것이다. 가능성을 얻으라, 가능성을 얻으라, 가능성이 유일한 구원이다. 하나의 가능성. 그것만 있으면 절망에 빠진 자는 숨을 다시 쉬고 소생한다. 가능성이 없이는 인간은 숨을 쉴 수 없을 것이기 때문이다. 때로는 인간의 공상의 발명의 힘이 가능성을 찾아낼 수 있는 지점까지 확장될 수 있지만 결국에는, 즉 그것이 신앙에 의존할 때는 이것만이 구원이 된다. 즉 신에게는 모든 것이 가능하다는 것만 구원이 된다.

이렇게 싸움은 진행된다. 싸우는 자가 멸망하느냐 안하느냐 하는 것은 오로지 그가 가능성을 얻느냐 얻지 못하느냐, 즉 그가 믿느냐 안 믿느냐에 달려 있다. 그러나 그는 인간적으로 말한다면 자신의 멸망이 전적으로 확실하다는 것을 알고 있다. 이것이 믿음의 변증법이다. 일반적으로 사람은 이러저러한 일이 아마도 자신에게는 일어나지 않을 것이라는 점만을 알고 있을 뿐이다. 그러나 그 일이 일어나면, 그것이 그의 파멸이 될 것이다. 무모한 인간은 이런저런 가능성이 있는 위험 속으로 돌진한다. 그런데 그것이 닥치면 그는 절망하고 파멸한다. 믿는 자는, 인간적으로 말한다면(그에게 일어나는 일에서, 또는 그가 감행하는 일에서), 자신의 파멸을 목격하고 또 이해하고 있다. 그렇지만 그는 믿는다. 이런 까닭에 그는 파멸하지 않는다. 그는 자신이 어떻게 구원될 것인가 하는 것을 전적으로

신에게 맡긴다. 다만 그는 신에게는 모든 것이 가능하다는 것을 믿는다. 자신의 파멸을 믿는 것은 불가능하다. 인간적으로는 그것이 자신의 파멸이라는 것을 알면서도 가능성을 믿는 것이 신앙이다. 그래서 신도 그를 돕는다. 아마 두려움 자체를 통해 어쩌면 그가 두려움을 피하도록 함으로써 말이다. 그리고 여기에서 예기치 않게, 기적적으로, 신적으로 구원이 온다. 기적적으로 말이다. 왜냐하면 1800년 전에만 사람이 기적적으로 구원을 받았다고 주장하는 것은 특유한 종류의 현학이기 때문이다. 어떤 인간이 기적적으로 구원받았는가 여부는 그가 구원이 불가능했다는 것을 오성의 정열로 이해하였는가에 본질적으로 달려 있으며, 그 다음에는 그를 그럼에도 불구하고 구원해준 힘에 대하여 그가 얼마나 성실하였는가에 달려 있다. 그러나 일반적으로 인간은 이것도 저것도 행하지 않는다. 그들은 한 번이라도 오성의 힘을 다하여 구원을 찾으려고 하지도 않은 채 구원은 불가능하다고 소리친다. 그러고는 나중에 배은망덕하게도 거짓말을 한다.

믿는 자는 절망에 대해서 언제나 확실한 해독제를 가지고 있다. 가능성 말이다. 왜냐하면 신에게는 모든 순간에 모든 것이 가능하기 때문이다. 이것이 모순을 해소하는 신앙의 건강이다. 여기에서의 모순은, 인간적으로 말하자면, 파멸이 확실하지만, 그럼에도 불구하고 가능성이 있다는 것이다. 일반적으로 건강은 모순을 해소하는 능력을 의미한다. 예를 들어 육체적인 것 또는 신체적인 것의 영역에서 통풍은 모순이다. 왜냐하면 통풍은 본질적으로 다르게 또는 비변증법적으로 차고 따뜻하기 때문이다. 그러나 건강한 육체는 이 모순을 해소하며 통풍도 느끼지 않는다. 신앙의 경우도 이와 마찬가지이다.

가능성이 결여되어 있다는 것은 인간에게 모든 것이 필연적으로 되었거나, 아니면 모든 것이 하찮게 되었다는 것을 의미한다.

결정론자, 운명론자는 절망에 빠져 있으며 절망자로서 자신의 자기를 상실하고 있다. 왜냐하면 그에게는 모든 것이 필연성이 되었기 때문이다. 그는 모든 음식이 황금으로 바뀌었기 때문에 굶어 죽은 왕과 같다.[14] 인격은 가능성과 필연성의 종합이다. 그것의 연속되는 존재는 들이쉬고 내쉬는 호흡과 같다. 숙명론자의 자기는 호흡을 할 수 없다. 오로지 필연성만을 호흡한다는 것은 불가능한데, 그것은 인간의 자기를 완전히 질식시키기 때문이다. 운명론자는 절망에 빠져 있고 또 신을 잃어버렸으며, 자기를 잃어버렸거니와, 왜냐하면 신을 갖지 않은 자는 자기도 갖고 있지 않기 때문이다. 운명론자에게는 신이 없다. 또는 같은 말이지만 그의 신은 필연성이다. 신에게는 모든 것이 가능하기 때문에, 신은 다음과 같다―즉 모든 것이 가능하다는 것이다. 그러므로 신에 대한 운명론자의 예배는 기껏해야 감탄사이며, 본질적으로 그것은 무언(無言)이자 침묵의 항복이다. 그는 기도할 수 없다. 기도하는 것은 또한 호흡하는 것이기도 하다. 가능성과 자기의 관계는 산소와 호흡의 관계와 같다. 산소만이 또는 질소[15]만이 호흡의 조건일 수 없듯이 가능성만이 또는 필연성만이 기도자의 호흡의 조건일 수 없다. 기도자에게는 신, 자

---

14) 소아시아의 프리지아의 왕 미다스(Midas). 오비디우스, 이윤기 옮김, 『변신이야기』(*Metamorphoses*), 민음사, 2000, 1~3, 2권, 제11부 2; (*Metamorphoses*), XI, 85~145쪽.
15) *Pap.* VIII² 171: 10.

기 그리고 가능성이 있어야 하거나 또는 심오한 의미로 자기와 가능성이 있어야 한다. 왜냐하면 신의 존재는 모든 것이 가능하다는 것을 의미하거나 또는 모든 것이 가능하다는 것은 신의 존재를 의미하기 때문이다. 자신의 존재가 크게 동요되었기 때문에 모든 것이 가능하다는 것을 이해함으로써 정신이 된 자만이, 그런 자만이 신과 관계한다. 신의 의지는 가능성이라는 사실이 나를 기도하게 만든다. 필연성만 있다면, 인간은 본질적으로 동물처럼 말을 할 수 없을 것이다.

그것은 속물적 부르주아 정신성, 즉 본질적으로 가능성이 결여되어 있는 하찮음의 경우는 아주 다르다. 속물적 부르주아 정신성은 무정신성이다. 결정론과 운명론은 정신의 절망이다. 그러나 무정신성 역시 절망이다. 속물적 부르주아 정신성은 정신의 모든 규정을 결여하고 있으며 완전히 개연성으로 감싸여 있는데, 그 안에는 가능성이 들어설 여지가 별로 없다. 그러므로 그것은 신을 자각하게 되는 가능성을 결여하고 있다. 속물적 부르주아 정신성이 항상 그렇듯이, 상상이 없기 때문에, 맥주집 주인이든 수상이든 그런 사람은 세상사가 어떻게 돌아가고 있는가, 무엇이 가능한가, 무슨 일들이 보통 일어나고 있는가와 같은 것에 대한 어떤 사소한 경험의 일람표 속에서 살고 있다. 이렇게 그는 자기 자신과 신을 잃어버리게 된다. 인간이 자기 자신과 신을 자각하기 위해서는 상상이 그를 개연성의 독기(毒氣)보다 더 높이 끌어올려야 하며, 그를 이런 독기에서 떼어 놓아야 하고, 어떤 경험이든 경험의 **충분한 표준**(*quantum satis*)을 넘어서는 것을 가능하게 함으로써 희망하면서 두려워하고, 두려워하면서 희망하는 것을 그에게 가르쳐야 한다. 그러나 속물적 부르주아 정신성은 상상력도 없고, 그것을 가지려고 하지도 않으며, 그것을 싫어하기까지 한다. 따라서 여기에서는 어떤 도움도 주어질 수 없다. 그러므로 만일 실존이 일상적 경험의 앵무새의 지혜를 넘어서는 놀라운 경험을 제시하는 경우가 드물지 않다면, 속물적 부르주아 정신성은 절망할 것이며, 또 그것이 절망이었다는 사실이 명백해질 것이다. 그것은 신의 이름으로 자기를 어떤 파멸로부터 구할 수 있는 신앙의 가능성을 결여하고 있는 것이다.

그러나 운명론과 결정론은 가능성에 대하여 절망하기에 충분한 상상력을 갖고 있고, 불가능성을 발견하기에 충분한 가능성을 갖고 있다. 속물적 부르주아 정신성은 진부하고 빤한 것으로 기운을 얻으며, 또한 세상일이 잘 되든 안 되든 그만큼 절망하고 있다. 운명론과 결정론은 진정과 완화를 위한 가능성, 필연성의 경감을 위한 가능성을 결여하고 있으며, 따라서 완화로서의 가능성을 결여하고 있다. 속물적 부르주아 정신성은 자신이 가능성을 통제한다고 생각하며, 자신이 이 거대한 탄력성을 속여서 개연성의 함정 내지 정신병원에 몰아넣었다고 생각하고, 자신이 그것을 감금하고 있다고 생각한다. 그것은 가능성을 개연성의 우리 안에 넣은 채 끌고 다니며, 구경을 시키고, 자신을 주인이라고 상상하지만, 바로 그렇게 함으로써 자신을 무정신성의 속박에 가두었다는 것과 자신이 가장 비참하다는 것을 깨닫지 못한다. 가능성에서 길을 잃은 사람은 절망의 용기로 날아오른다. 모든 것이 필연성이 된 자는 살면서 자신을 지나치게 긴장시키며 절망으로 망가진다. 그러나 속물적 부르주아 정신성은 무정신적으로 의기양양해한다.

B. 의식에 의해 규정된 절망[16]

절망의 항상 증가하는 강렬함은 의식의 정도에 달려 있거나 또는 그것의 증가에 비례한다. 의식의 정도가 클수록 절망도 더욱 강렬해진다. 이것은 도처에서 나타나고 있지만, 최고도와 최저도에 있는 절망에서 가장 분명하게 나타난다. 악마의 절망은 가장 강렬한 절망인데, 왜냐하면 악마는 단순한 정신이며, 따라서 무제한의 의식이며 투명성이기 때문이다. 악마에게는 누그러뜨리는 용서의 역할을 할 수 있을 어떤 애매함도 없다. 그러므로 악마의 절망은 가장 절대적인 반항이다. 이것이 극대치의 절망이다. 가장 사소한 절망은 어떤 상태이다. 즉 사람이 일종의 순진함에서 자신은 그것이 절망이라는 것조차 알지 못한다고 인간적으로 말하고 싶을지도 모르는 상태이다. 이런 종류의 무의식이 가장 클 때 가장 사소한 절망이 있다. 그런 상태를 절망이라고 부르는 것이 정당화될 수 있는가 아닌가 하는 것은 대체로 변증법적 논쟁거리이다.[17]

a. 절망이라는 것을 알지 못하는 절망, 또는 자기와 영원한 자기를 갖고 있다는 것에 대한 절망적 무지

이런 상태가 그럼에도 불구하고 절망이며, 그렇게 적절하게 절망이라고 명명된다는 사실은 그 말의 가장 좋은 의미에서 진리의 완고함이라고 불릴 수 있는 것을 표현한다. 진리는 자신과 허위의 기준

---

16) *Pap.* VIII² B 171: 12.
17) *Pap.* VIII² B 150: 11.

이다(*Veritas est index sui et falsi*).[18] 그러나 진리의 이런 완고함은 확실히 존중되지 못한다. 마찬가지로 사람들은 진리에 대한 관계, 진리와 관계하는 것을 최고의 선이라고 결코 생각하지 않으며, 소크라테스적으로 그들은 이처럼 오류에 빠져 있는 것을 최악의 불행이라고 결코 생각하지 않는다.[19] 사람들의 감성은 보통 지성보다 훨씬 우세하다. 예컨대 어떤 사람이 행복한 것처럼 보이고, 자신도 행복하다고 상상한다면, 비록 진리의 빛에 비추어 고찰할 때 불행하더라도, 그런 사람은 일반적으로 자신의 오류에서 떨어져 나오기를 결코 바라지 않는다. 오히려 그는 화를 내게 되며, 그렇게 하는 자는 모두 자신의 최악의 적으로 간주하고, 흔히들 말하는 것처럼 그런 일이 행복을 죽인다는 의미에서, 그것을 살인과 맞닿아 있는 공격으로 간주한다. 왜 그런가? 왜냐하면 그는 감성적인 것과 감성적-심령적인 것에 철저히 지배되고 있기 때문이며, 그는 감성적 범주, 즉 쾌, 불쾌 속에서 살고 있기 때문이며, 정신, 진리 등등과 작

---

18) "빛이 자기 자신과 어둠을 명확히 밝히는 것처럼 진리는 자기 자신과 허위의 기준이다." 스피노자, 『윤리학』, II, *Scholium to Propositio* 43; 그프뢰러 (A. Gfroerer) 편집, 『철학전집』(*Opera Philosophica Omnia*), 슈투트가르트, 1830, 331쪽. "분노가 바로 수동적 고통이기 때문에, 만약 이렇게 표현할 수 있다면, 분노의 발견은 이성으로부터가 아니라 역설로부터 나온다. 마치 진리가 '자신과 거짓의 기준이듯이, 역설도 자신과 거짓의 기준이다. 그래서 분노는 자기 자신을 이해하지 못하며, 오직 역설에 의해서만 이해된다." 『철학적 조각들』, 159쪽; (*SV* VII), 217쪽.
19) 디오게네스 라에르티우스(Diogenes Laertius), II, 5, 31;『포도나무 아래의 철학자 디오게네스 라에르티우스』(*Diogenes Laertii De vitis philosophorum*), 라이프치히, 1833, 75쪽;『인생길의 여러 단계』(*SV* VI), 295쪽;『후서』(*SV* VII), 334쪽;『두 시대』(*SV* VIII), 10쪽; *JP* IV 4267(*Pap.* VII¹ A 193).

별을 고했기 때문이며, 너무 감성적이어서 모험을 하거나 정신으로 존재하는 것을 감내할 용기가 없기 때문이다. 아무리 허영심이 많고 자만심이 강하더라도, 사람은 대개 자신에 대한 아주 빈약한 개념을 가지고 있다. 즉 그들은 정신이라는 것에 대한 어떤 개념도 가지고 있지 않으며, 인간이 도달할 수 있는 절대적인 것에 대한 그 어떤 개념도 가지고 있지 않다. 다만 그들은 허영심과 자만심이 강할 뿐이다. 비교에 기초해서 말이다. 층에 따라 거주자들 사이에 신분 차이가 있거나 또는 있는 것으로 생각되도록 설계된, 지하실, 일층, 이층이 있는 집 한 채를 상상해보자. 이제 인간이라는 것이 의미하는 바가 이 집에 비유된다면, 몹시 유감스러운 일이지만 대다수의 사람들에 관한 슬프고도 우스꽝스러운 진실은 자신의 집인데도 그들이 지하실에서 살기를 선호한다는 것이다. 모든 인간은 정신으로 존재하도록 구성된 육체적-심령적 종합이다. 이것이 그 집인 것이다. 그런데 그는 지하실에 사는 것을 선호한다, 다시 말해서 감성적 범주 안에 사는 것을 선호한다. 더욱이 그는 지하실에서 사는 것을 선호할 뿐만 아니라 만일 누군가가 그에게 비어 있으니 마음대로 쓸 수 있는 쾌적한 위층에 올라가 살라고 제안하면 그는 분개할 것인데, 왜냐하면 그는 지하실을 너무나도 사랑하기 때문이며, 요컨대 그 자신의 집에 살고 있기 때문이다.

아니, 오류에 빠져 있다고 하는 것은 아주 비소크라테스적으로, 인간들이 전혀 두려워하지 않는 것이다.[20] 이것을 충분히 예증하는

---

20) 여기에서는 "진리가 현실에 존재하는 참 모습은 오직 진리의 학적 체계일 뿐이다"(『정신현상학』(Phänomenologie des Geistes), 서문)라고 말하면서도 존재 전체를 망라하는 진리의 학적 체계를 수립하는 것을 철학의 목표로 삼

놀라운 사례들이 있다. 어떤 사상가는 거대한 건물, 체계, 전 존재와 세계사 등등을 포괄하는 체계를 세운다. 만일 그의 개인적인 생활을 살펴보면, 놀랍게도 그 자신은 이 거대하고 둥근 천장이 있는 궁전에 살지 않고 그 옆에 있는 헛간이나 개집이나 또는 기껏해야 문지기의 방에나 살고 있다는 섬뜩하고도 우스운 사실이 발견된다. 만일 그가 한 마디의 말로 이 모순을 깨우칠 수 있게 된다면, 그는 모욕감을 느낄 것이다. 왜냐하면 그는 오류 속에 있으면서라도 체계를 완성시킬 수만 있다면, 오류에 빠져 있는 것을 두려워하지 않기 때문이다.

따라서 절망하고 있는 자가 자신의 상태가 절망이라는 것을 모르고 있든 알고 있든 그것은 전혀 차이가 없다. 절망이 당혹(*Forvildelse*)이라면, 절망에 대한 무지는 단순히 절망에 오류(*Vildfarelse*)를 보태는 것이다. 무지와 절망의 관계는 무지와 불안의 관계와 같다(비길리우스 하우프니엔시스의 『불안의 개념』[21] 참조). 무정신성을 특징짓는 불안은 바로 그것의 무정신적 안전감에 의해 인지된다. 그럼에도 불안은 근저에 있다. 마찬가지로 절망도

음으로써 개인을 전체로 용해시키고 개인적 실존, 즉 사상가 자신과 다른 사람들의 실존에 무관심한 헤겔과 그 추종자들의 체계를 비롯한 철학적 체계들이 비유적으로 비판되고 있다. 『철학적 조각들』; (*SV* VII), 217쪽; 『후서』 (*SV* VII), 4~6쪽; *JP* IV 4267(*Pap*. VII[1] A 193).

21) "무정신성에는 불안이 존재하지 않는다. 왜냐하면 무정신성은 불안하기에는 너무나 행복하고, 너무나 만족스러우며, 또 너무나 무정신적이기 때문이다. 그렇지만 이것은 매우 빈약한 이유이다. 그리고 이교(異敎)는 정신을 향하는 쪽으로 규정되지만 무정신성은 정신에서 멀어지는 방향으로 규정된다는 점에서, 이교는 무정신성과 다르다." 임규정 옮김, 『불안의 개념』, 274쪽; (*SV* IV), 364쪽. '무정신성의 불안'에 관해서는 임규정 옮김, 『불안의 개념』, 270~276쪽; (*SV* IV), 363~66쪽 참조.

근저에 있다. 그리고 환각의 황홀경이 끝날 때, 실존이 비틀거리기 시작할 때, 그때에는 절망도 근저에 있던 것으로서 즉시 나타난다.

자신의 절망을 의식하고 있는 사람과 비교해볼 때, 자신의 절망을 모르는 절망자는 그저 진리와 구제로부터 멀리 떨어진 부정성일 뿐이다. 절망 그 자체는 일종의 부정성이다. 절망에 대한 무지는 새로운 부정성이다. 그러나 진리에 이르기 위해서는 모든 부정성을 통과하지 않으면 안 된다. 왜냐하면 마법을 푸는 일에 관한 저 오래된 전설은 사실이기 때문이다. 즉 악곡이 뒤에서부터 연주되어야 하며, 그렇지 않으면 마법이 풀리지 않는다는 전설 말이다.[22] 그러나 자신의 절망에 대해 알지 못하는 자가 그것을 알고 있으면서도 절망에 머물고 있는 자보다 진리와 구원으로부터 훨씬 멀리 떨어져 있다고 하는 것은 다만 하나의 의미, 즉 순수하게 변증법적인 의미에서일 뿐이다. 왜냐하면 다른 의미, 즉 윤리적-변증법적 의미에서 자신의 절망을 의식하면서 절망에 머물러 있는 사람은 절망이 더 강렬하므로 구원으로부터 더 멀리 떨어져 있기 때문이다. 그러나 무지는 절망을 없애거나 또는 절망을 절망이 아닌 것으로 결코 바꾸지 않기 때문에 그것은 사실 절망의 가장 위험한 형태일 수 있다. 타락한 나머지 무지 속에서 절망하는 사람은 자각하는 것에 반해 어느 정도 안전해진다. 즉 그는 절망의 힘 속에서

---

[22] 옛날 스웨덴 서남부에 요정의 왕에 관한 악곡이 있었는데, 이 음악을 듣는 자는 남녀노소를 막론하고, 아니 심지어 바위조차도 춤추지 않을 수 없었다. 그리고 그 음악을 연주하는 사람 역시 그 선율을 끝에서부터 처음까지 역으로 완주할 때 비로소 연주를 마칠 수 있다고 하였다. 크로커(Th. C. Croker), 야콥(Jakob) · 빌헬름 그림(Wilhelm Grimm) 옮김, 『아일랜드의 11편의 동화』(Irische Elfenmärchen), 라이프치히, 1826, lxxxiii쪽.

전적으로 안전하다.

 개인은 자신이 절망하고 있는 것을 알지 못할 때, 자신을 정신으로 의식하는 데서 가장 멀어지게 된다. 그런데 바로 이것, 즉 자신을 정신으로 의식하지 못하는 것이 절망이거니와, 절망은 무정신성이다. 그 상태가 완전한 빈사상태이든, 순전히 식물적 생명이든, 강렬하고 힘찬 생명이든, 어쨌든 무정신성의 비밀은 절망이다. 후자의 경우에 절망에 빠진 사람은 폐결핵 환자와 같다. 병이 가장 심각할 때 그는 정상이라고 느끼고, 자신이 최상의 건강상태라고 생각하며, 아마도 남들에게는 그가 건강을 발산시키는 것처럼 보일 것이다.

 이런 절망의 형태(절망에 대한 무지)는 세상에서 가장 흔한 것이다. 실제로 우리가 세상이라고 부르는 것, 또는 더 정확하게 그리스도교가 세상이라고 부르는 것, 즉 이교와 그리스도교계 안에 있는 자연인, 역사적으로 있었고 현재도 있는 이교(그리스도교계 안에 있는 이교는 바로 이런 종류의 절망이다)는 절망이지만, 그러나 그 사실을 모른다. 확실히 이교와 마찬가지로 자연인도 절망하고 있는 것과 절망하고 있지 않는 것을 구별한다. 즉 그들은 몇 사람만이 절망하고 있는 것처럼 절망에 대해 말한다. 그러나 이 구별은 이교와 자연인이 마치 이 모든 사랑이 본질적으로 자애심이 아닌 것인 양 사랑과 자애심 사이에 두는 구별처럼 기만적이다. 하지만 이교도 또 자연인도 이런 기만적인 구별을 넘어갈 수 없는데, 왜냐하면 절망하고 있다는 것을 모른다는 것이 절망의 특징이기 때문이다.

 이 모든 것으로부터 무정신성의 심미적 개념은 무엇이 절망이고 무엇이 절망이 아닌가를 판단하는 기준을 결코 제시할 수 없다는 것을 알기는 쉽다. 그런데 이것은, 말하자면, 아주 당연하다. 정신은 무엇인가가 심미적으로 규정될 수 없다면, 심미적인 것이 어떻게 심미적인 것에서 전혀 존재하지 않는 문제에 답할 수 있겠는가! 만일 **집단으로서의**(*en masse*) 이교 국가들뿐만 아니라 개인적인 이교도들이 시인들에게 영감을 주었으며 또 영감을 줄 거라는 놀라운 공적을 성취했다는 것을 부정한다면 그것은 아주 어리석은 짓일 것이고, 이교가 심미적으로는 충분히 찬탄의 대상이 될 수 없는 것을 자랑한다는 것을 부정한다면 그것도 어리석은 짓일 것이다. 이교에서 자연인은 주어진 모든 호의를 가장 풍류를 잘 아는 태도로 이용하고, 예술과 학문까지도 자신의 향락을 높이고 늘리고 순화하는 데 기여하게끔 하면서 심미적 향락으로 가득 찬 생활을 영위할 수 있고 또 실제로 영위한다는 것을 부정한다면, 그것 역시 어리석은 짓일 것이다. 결코 그렇지는 않다. 무정신성의 심미적 범주는 무엇이 절망이고 무엇이 절망이 아닌가 하는 것을 재는 기준을 제시하지 않는다. 적용되어야 하는 범주는 윤리적-종교적 범주이다. 정신, 또는 부정적으로는 정신의 결여, 무정신성이다. 자신을 정신으로 의식하고 있지 않거나 신 앞에서 자신을 정신으로 의식하고 있지 않은 모든 인간적인 실존은, 신 안에 투명하게 의존하는 것이 아니라 어떤 추상적인 보편(국가, 국민 등) 또는 자기 자신에 관한 캄캄한 무지에 의존하고 몰입하며, 자신의 재능을 그것들의 근원을 깊이 자각함이 없이 다만 생산력으로 생각할 뿐이며, 자기 자신을, 그것이 본질적인 의미를 가질 수 있다고 하더라도, 규정될 수 없는 것으로 생각하는 모든 인간적인 실존은, 그와 같은 실존은, 그것이 성취하는 것이 무엇이든 아무리 그러한 것이 엄청나게 놀랄 만한 것이라고 하더라도, 그것이 설명하는 것이 무엇이든지 그러한 것이 실존의 전부라 하더라도, 그것이 삶을 아무리 강렬하게 심미적으로 즐긴다 하더라도, 그럼에도 불구하고 그와 같은 모든 실존은 절망이다. 이것이 옛날의 교부들[23)]이 이교도의 덕은 빛나는 죄악이라고 말할 때 의미한 바이다. 그들이 말하고자 한 바는 이교의 심장은 절망이라는 것, 그리고 이교는 신 앞에서 자기를 정신으로 의식하지 못하고 있다는 것이었다. 이것이 (이것을 하나의 사례로 인용해 보자면, 물론 이것은 훨씬 심오한 방식으로 이런 전체적인 탐구와 관련이 있지만) 이교도가 그와 같은 기묘한 무책임성으로 자살을 판단하고 더구나 자살을 칭찬했던 이유인바, 그것은 정신에게는 가장 심각한 죄악이고, 이런 식으로 실존으로부터 탈피하는 것이며, 신에게 반항하는 것이다. 이교도는 자기에 대한 정신의 규정을 결여하고 있으며, 따라서 그들은 자살(Selv mordet)을 그처럼 판단했다. 자살을 그런 식으로 판단했던 바로 그 이교도가 절도, 간음 등등에 대해서는 준엄한 도덕적 심판을 내렸던 것이다.[24)] 이교도는 자살에 대한 관점을 결여하고 있었으며, 신과의 관계와 자기를 결여하고 있었다. 순전히 이교적인 사고에서 자살은 중립적이며, 전적으로 각 개인의 쾌락에 부응하는 것이다. 왜냐하면 자살은 다른 사람의 관심사가 아니기 때문이다. 자살에 대한 훈계가 이교도의

---

23) "옛날의 교부들"은 아우구스티누스 등을 지칭한다. 아우구스티누스는 『신국론』에서 진실한 종교가 없는 곳에는 진실한 덕이 있을 수 없으며, 영혼이 덕이라는 견해에 대해서도 그것이 신과의 관계를 맺고 있지 않으면 덕이 아니라 악덕이라고 주장하고 있다. 아우구스티누스, 『신국론』, XIX, 25.
24) 세네카(Senenca) 등을 지칭하고 있다.

관점에서 주어질 수 있다면, 틀림없이 그것은 자살이 타인에 대한 의무의 관계를 깨뜨린다는 것을 보여주는 먼 우회로 안에 있을 것이다. 자살이 근본적으로 신에 대한 범죄라는 요점은 전적으로 이 교도를 피해간다.[25] 따라서 자살을 절망이라고 말할 수는 없다. 그런 말은 무분별한 전후도치(前後倒置)일 것이기 때문이다.[26] 그러나 이교도에 의한 자살에 대한 그와 같은 판단은 절망이었다고 말할 수 있는 것이다.

그러나 엄밀한 의미의 이교와 그리스도교계 내부의 이교 사이에는 차이가 있고 또 여전히 차이가 남아 있거니와, 그것은 질적 차이이며, 비길리우스 하우프니엔시스[27]가 불안과 관련하여 지적했던 차이, 즉 이교는 정신을 결여하고 있으나 그럼에도 불구하고 정신의 방향으로 규정되는 반면, 그리스도교계 내부의 이교는 정신으로부터의 이탈 내지 타락 속에서 정신을 결여하고 있으며, 따라서 가장 엄밀한 의미에서 무정신성이라는 것이다.

b. 절망이라는 것을 의식하고 있고, 따라서 영원한 것이 있는 자기를 가지고 있다는 것을 의식하는 절망, 그리하여 절망하여 자신이기를 원하지 않거나, 또는 절망하여 자신이기를 원하는 절망

---

25) 이런 자살론은 스토아학파에는 해당되지만, 소크라테스나 플라톤에게는 해당되지 않는다. 플라톤, 『파이돈』, 61~62.
26) Hysteron-Proteron. 논리학 용어로서 전후를 뒤바꾼 오류, 즉 뒤에 두어야 할 것을 맨 앞에 놓는 오류이다. "말 앞에 수레를 두는 오류"라고도 한다. 여기에서는 시대적으로 뒤에 나타난 그리스도교의 관점을 그리스도교 이전의 이교세계에 적용시키는 시대착오를 말하고 있다.
27) 『불안의 개념』, 271~72쪽: (SV IV), 364~65쪽.

여기에서는 물론, 자신의 절망을 의식하고 있는 사람이 절망이란 무엇인가에 대한 참된 개념을 가지고 있는가 아닌가 하는 것에 관한 구별이 이루어져야 한다. 분명히 그가 자신의 절망의 관념에 의거해서 자신이 절망하고 있다고 말한다면, 그는 정말 옳을 것이다. 그는 절망하고 있다는 것에 관해서는 옳을 수 있다. 그러나 그것이 그가 절망에 대한 참된 개념을 갖고 있다는 것을 의미하는 것은 아니다. 만일 그의 삶이 절망의 참된 개념에 의거해서 고찰된다면, 다음과 같이 말해야 할 것이다. 즉 근본적으로 당신은 당신이 알고 있는 것보다 훨씬 더 절망하고 있으며, 당신의 절망은 훨씬 깊은 수준에 있다. (앞의 언급을 상기한다면), 이교도의 경우도 사정은 마찬가지이다. 그가 자신을 다른 사람들과 비교해보고 자신이 절망하고 있다고 생각했을 때, 아마 그는 자신이 절망하고 있다고 하는 것에 관해서는 옳았겠지만 그러나 다른 사람들이 절망하고 있지 않다고 생각하는 점에서는 틀렸다. 즉 그는 절망에 대한 참된 개념을 가지고 있지 않았던 것이다.

한편으로, 그렇다면 절망에 대한 참된 개념은 의식적 절망에 필수불가결하다. 다른 한편으로, 자신에 관한 명료함을 가지는 것이 절대적으로 요구된다. 즉 명료함과 절망의 병존이 생각될 수 있는 한 말이다. 절망하고 있는 자신에 관한 완전한 명료성이 절망하고 있다는 사실과 어느 정도까지 결합될 수 있는가, 즉 인식과 자기인식의 명료함이 인간을 절망으로부터 전혀 구출할 수 없을 것인지, 그로 하여금 자신을 너무 두려워하게 함으로써 그가 절망하고 있는 것을 멈출 것인지를 우리는 여기에서 결정하지 않을 것이다. 우리는 그런 방향으로는 시도하지 않을 것인데, 왜냐하면 이런 전체적인 탐구는 나중에 수행될 것이기 때문이다.[28] 그 관념을 이런 변증법적 극단에까지 추구하지 않은 채, 다만 여기에서 절망이 무엇인가에 대한 의식의 수준이 많이 달라질 수 있듯이, 우리는 자신의 상태가 절망이라는 자신의 상태에 대한 의식의 수준 또한 달라질 수 있다는 것을 지적할 뿐이다. 현실의 삶은 너무 복잡한 탓에 절망하고 있다는 것을 완전히 모르는 절망과 절망하고 있다는 것을 완전히 아는 절망 사이의 대립과 같은 추상적인 대립을 단적으로 지적할 수는 없다. 종종 절망에 빠진 사람이 대체로 자기 자신의 상태에 대한 희미한 관념을 가지고 있는 경우가 적지 않다. 물론 여기에서도 또한 뉘앙스가 다채롭기는 하지만 말이다. 어느 정도 그는 절망하고 있다는 것을 알며, 육체의 병을 안고 산책하는 사람이 느끼는 것과 같은 방식으로 절망을 느낀다. 그러나 그는 그 병의 진짜 본성을 똑같이 알려고 하지 않는다. 어느 순간 그는 자신이 절망하고 있다고 거의 확신한다. 다음 순간에 그는 자신의 언짢은 기분이 어떤 다른 원인, 외적 원인을 갖고 있는 것 같으며, 만일 이것이 바뀐다면 그는 절망하지 않을 것이라고 확신한다. 또는 그는 기분전환을 통해서나 다른 방법으로, 예를 들면 기분전환을 위한 수단으로서의 일과 사업을 통해서 자신의 상태에 관한 캄캄한 무지 속에 자신을 가두려고 노력할 것이다. 자신이 왜 그런 일을 하는지를, 그것이 자신을 어둠 속에 가둘 수 있다는 것을 그가 전혀 모르는 그런 방식으로 말이다. 또는 그는 영혼을 어둠 속에 잠기게 하기 위해 그처럼 일을 하고 있으며, 어떤 예리한 식별력과 영리한 계산으로, 심리학

---

28) *Pap.* VIII² B 171: 13.

적 통찰로 그 일을 수행하고 있다는 것을 알고 있을지도 모른다. 그러나 더 깊은 의미에서 그는 자신이 무엇을 하고 있는지, 자신이 얼마나 절망적으로 행동하고 있는지 등등을 분명하게 의식하지 못한다. 모든 어둠과 무지 속에서 인식과 의지의 변증법적인 합주가 있거니와, 인간을 이해하는 일에서 사람은 인식만을 강조하거나 의지만을 강조함으로써 잘못을 범할 수 있다.

앞에서 언급한 것처럼 의식의 이러한 수준은 절망을 강화한다. 어떤 사람이 여전히 절망에 머물고 있다고 하더라도, 그가 절망에 대한 더 참된 개념을 가지고 있는 그만큼, 그가 절망하고 있다는 것을 더 분명하게 의식하고 있는 그만큼 절망은 더 강렬하다. 자살은 절망이라는 것을 알고 그만큼 절망의 본성에 대한 참된 개념을 가지고 있으면서도 자살하는 사람은 자살이 절망이라는 분명한 관념 없이 자살하는 사람보다 더 강렬하게 절망에 빠져 있다. 반대로 절망에 대한 그의 관념이 참되지 않을수록 그의 절망은 덜 강렬하다. 한편, 더 분명한 자기에 대한 의식(자기의식)을 지니고 자살하는 사람은 그 영혼이 비교적 혼란과 어둠에 빠져 있는 사람보다 더 강렬하게 절망에 빠져 있다.[29]

이제 나는 의식적 절망의 두 가지 형태를 고찰하려고 한다. 절망의 본성에 대한 의식과 자신의 상태가 절망이라는 의식에서의 상승, 또는 결국 동일하고 현저한 요점이지만 자기의 의식에서의 상승을 지적하는 그와 같은 방식으로 말이다. 절망하고 있다는 것의 반대는 신앙을 가지고 있다는 것이다. 그러므로 절망이 전혀 존재

---

29) *Pap.* VIII² B 151, 152, 153: 1.

하지 않는 상태를 기술하는, 위에서 제시된 공식은 또한 신앙의 공식이기도 하다. 자신과 관계하고 자신이기를 원하면서 자기는 자신을 정립했던 힘에 투명하게 의존한다(A, A. 참조).

α. 절망하여 자기 자신이기를 원하지 않는 경우: 연약함의 절망

이 형태의 절망을 연약함의 절망이라고 부르는 것은 자신이기를 원하는, 절망에 빠져 있는 두 번째 형태, β를 반성하는 것이다. 그러므로 이 대립은 상대적일 뿐이다. 전혀 반항이 수반되지 않는 절망은 없다. 사실 "원하지 않는다는 것"은 반항을 내포한다. 반대로 절망의 최상의 반항조차 실제로는 어느 정도의 연약함을 수반한다. 따라서 이 구별은 상대적일 뿐이다. 하나의 형태는 말하자면 여성적 절망이고, 또 하나의 형태는 남성적 절망이다.*

---

* 현실 생활에 대한 간헐적인 심리학적 관찰은 이 관념이, 이것은 사유의 차원에서 건전하며 그 결과 올바르다는 것이 드러날 것이고 또 드러나야 하는데, 사실 올바르다는 것이 드러난다는 점을 확증할 것이며, 그것은 이런 분류가 절망의 전체적 현실태를 포함한다는 것을 확증할 것이다. 왜냐하면 절망이 아니라 다만 나쁜 기질만이 어린이와 관련되기 때문인데, 우리에게는 영원성이 어린이에게 잠재적으로(κατὰ δύναμιν) 나타나 있다고 추측할 자격이 있을 뿐이며, 영원성을 가지고 있지 않으면 안 된다는 것은 타당한 어른에게 요구하는 것처럼 어린이에게 영원성을 요구할 자격이 없는 까닭이거니와, 어른들에게는 영원한 것을 가지고 있지 않으면 안 된다는 주장이 적용되는 것이다. 나는 여성도 남성적인 절망의 여러 형태를 가질 수 있으며, 반대로 남성 역시 여성적 절망의 형태를 가질 수 있다는 것을 결코 부정하지 않는다. 그러나 이것은 예외이다. 물론 이상적인 것은 역시 드문 일이며, 남성적인 절망과 여성적인 절망의 이런 구분은 이상적으로만 전적으로 진리이다. 여성이 남성보다 아무리 더 부드럽고 섬세하다고 하더라도, 여성은 자기에 대한 자기 본위적 개념을 가지고 있지도 않고, 결정적인 의미에서 지성을 가지고 있지도 않다. 그러나 여성의 본질은 헌신, 베풂이다. 만일 여성의 본질이 그렇지 않다면, 그것은 비여성

(1) 지상적인 것, 또는 지상적인 어떤 것에 대한 절망

이것은 순수한 직접성이거나 또는 양적 반성을 포함하는 직접성이다. 여기에는 자기에 대한, 절망이 무엇인지에 대한, 절망의 상태로서의 조건에 대한 그 어떤 무한한 의식도 없다. 절망은 단지 수난

적이다. 말하기는 이상하지만, 그 누구도 여성보다 그렇게 수줍음을 탈 수 없으며(그리고 이 말은 특히 여성을 위해서 만들어졌다), 그 누구보다 여성을 즐겁게 하는 것이 거의 잔인할 정도로 어렵다. 그래도 본질적으로 여성은 헌신이다. 그리고 (이것이 바로 여성의 놀라움인데) 이러한 모든 것이 실은 여성의 본질이 헌신이라는 것을 표현한다. 바로 여성은 자신의 존재 속에 이런 총체적인 여성적 헌신을 지니고 있기에, 자연은, 비교해보면 가장 우월한 남성적인 반성도 무(無)와 다름없을 만큼 그렇게 섬세한 본능을 여성에게 애정을 다하여 갖추게 해주었기 때문이다. 여성의 이러한 헌신, 즉 그리스적으로 말한다면, 이런 신의 선물과 보물은 너무 큰 미덕이어서 맹목적으로 버려질 수 없다. 그러나 어떤 명민한 인간적인 반성도 그것을 올바르게 사용할 만큼 예리하게 보지 못한다. 이것이 자연이 여성을 보살펴온 이유이다. 눈가리개를 하고서도 여성은 본능적으로 가장 명민한 반성보다 더 명료하게 본다. 본능적으로 여성은 찬탄해야 하는 것만을 보며, 헌신해야 하는 것만 본다. 헌신은 여성이 지닌 독특한 특성이다. 그리고 그것은 자연이 여성의 보호자를 자임했던 이유이기도 하다. 또한 그것은 여성성이 변모를 통해서만 생기는 이유이다. 여성성은 여성의 한없는 수줍음이 스스로를 여성적인 헌신으로 표현할 때 생긴다. 그러나 본질적으로 여성의 헌신은 또한 절망과 관계를 맺으며, 본디 절망의 양식(樣式)이다. 헌신에서 여성은 자신을 상실한다. 그러나 그럴 때에만 여성은 행복하고, 그럴 때에만 여성은 자신이다. 헌신 없이, 즉 자신을 바치지 않고 행복한 여성은, 그녀가 그 무엇에 헌신을 하더라도, 전적으로 비여성적이다. 남성도 역시 헌신을 한다. 헌신하지 않는 남성은 불쌍한 종류의 인간이다. 그러나 남성의 자기는 헌신이 아니며(이것은 여성적인 본질적 헌신에 대한 표현이다), 여성이 다른 의미에서 그러는 것처럼 헌신으로 자신을 얻지도 않는다. 남성은 자신을 갖고 있다. 남성은 헌신을 한다. 그러나 그의 자기는 헌신에 대한 침착한 자각으로서 뒤에 남아 있다. 반면에 여성은 진심에서 우러난 여성성으로 자신을 포기하고, 그녀가 헌신하는 것에 자신을 던진다. 이 헌신을 제거해보라. 그러면 여성의 자기도 사라지며, 여성의 절망, 즉 자신이기를 원하지 않는 것이 있게 된다. 남성은 이런 식으로는 헌신

일 뿐이며, 외부적 요인의 압박에 굴복하는 것일 뿐이다. 그것은 결코 행동으로서 안으로부터 나오지 않는다. 직접성의 언어에 "자기"와 "절망"과 같은 말들이 나타나는 것은, 그렇게 말하고 싶다면, 순진한 언어의 남용, 말장난에 기인하는 것이며, 아이들의 병정놀이와 같은 것이다.

직접성의 인간은 (실제로 아무 반성도 없는 직접성이 존재할 수 있는 한) 영적으로 규정되어 있을 뿐이다. 그의 자기, 그 자신은 시간성, 세속성의 차원 안에 있으며 "다른 것"(το ἕτερον)과 직접적인 관계를 맺고 있는 동반하는 무엇이다. 그리고 그에게는 자신 안에 영원한 어떤 것을 지니고 있다는 환상적 현상만이 있을 뿐이다. 자기는 욕망하고 갈망하며 향락하면서 직접적으로 다른 것에 깊이 관여하고 있지만, 수동적으로 그렇다. 갈망하면서 이 자기는 아이의 "나에게"와 같은 여격이다.[30] 그것의 변증법은 쾌락과 불쾌이고 그것의 개념은 행운, 불행, 운명이다.

이제 이 직접적인 자기를 들이치고 그를 절망으로 만들어버리는 일이 일어난다. 다른 의미에서 절망은 이 시점에서 일어날 수 없다.

하지 않는다. 그러나 절망의 두 번째 형태는 역시 남성적 형태, 즉 자신이기를 원하는 절망에 빠져 있는 남성적 형태를 표현한다.

이상이 남성적 절망과 여성적 절망 사이의 관계에 속한다. 이것은 제2부에서 고찰될 신이나 신관계에 대한 헌신에 대해서는 언급하고 있지 않다는 것이 기억되어야 한다. 남성과 여성의 차이가 사라지는 신관계에서는 헌신이 자기이며, 헌신으로 자기가 획득된다는 것은 남성과 여성 모두에게 타당하다. 대부분의 경우에 여성은 남성을 통해서만 실제로 신과 관계한다는 것이 아마도 진실이겠지만 말이다.

30) "나에게 주세요"에서의 "나에게"의 여격으로 욕구를 표현하고 "나는 욕구하지 않는다"에서의 "나는"의 주격을 사용하지 않는 의미, 즉 주체적으로, 의식의 차원에서, 욕구하지 않는다는 의미이다.

자기는 어떤 반성도 하고 있지 않기 때문에 절망의 외적 동기가 있어야만 하며, 그래서 절망은 굴복에 불과하다. "운명의 타격"에 의해 직접성의 인간에게 그의 전 생명인 것이, 또는 그가 사소한 반성을 지니고 있는 한, 그가 특히 집착하고 있는 그것의 부분이 그에게서 떨어져 나간다. 간단히 말해 그가 그렇게 부르듯 그는 불행해진다. 즉 그의 직접성은 스스로 회복할 수 없을 만큼 궤멸적인 타격을 받는다. 그는 절망한다. 또는 이것은 현실에서는 드물게 나타나지만 그것은 변증법적으로는 아주 당연한데, 직접성의 편에 있는 이런 절망은 직접성의 인간이 대단한 행운이라고 부르는 것에 의해 일어난다. 왜냐하면 직접성 자체는 아주 파괴되기 쉬워서, 직접성에 대한 반성을 요구하는 모든 **지나침**(*quid nimis*)[31]은 직접성을 절망으로 이끌기 때문이다.

  그리하여 그는 절망한다. 즉 그는 기묘한 뒤집힘과 자신에 관한 철저한 기만 속에서 그것을 절망이라 부른다. 그러나 절망하는 것은 영원한 것을 상실하는 것이다. 그러면서도 그는 이 상실에 대해서는 전혀 말도 하지 않고 또 그런 것을 알아차리지도 못한다. 본래 이 세상의 것들을 상실하는 것은 절망하는 것이 아니다. 그러나 이것이 그가 말하는 것이며 이것이 그가 절망이라 부르는 것이다. 어떤 의미에서는 그가 말하는 것이 진실이지만, 그가 그것을 이해하고 있는 방식에서는 그렇지 않다. 그는 정반대의 처지에 놓여 있다. 그러기에 그가 말한 것은 반대로 해석되지 않으면 안 된다. 그는 서서, 그가 절망이라고 부르지만 절망이 아닌 것을 가리킨다. 그러는

---

[31] 조금이라도 반성이 가해지면 그럼으로써 직접성이 절망에 빠진다는 의미이다.

사이에 정말이지 절망은 몰래 그의 바로 뒤에 와 있다. 그것은 마치 시청과 재판소의 건물을 외면하고 있는 어떤 사람이 앞을 똑바로 가리키며 이렇게 말하는 것과 같다. 저기에 시청과 재판소의 건물이 있다. 그는 옳다. 그것은 거기에 있다. 만일 그가 돌아서기만 하면 말이다.[32] 그는 절망하고 있지 않다. 이것은 진실이 아니다. 그러나 그가 그렇게 말할 때 그는 옳다. 그는 자신이 절망하고 있다고 주장하며, 자신을 죽었다고 생각하고, 스스로를 자신의 그림자라고 생각한다. 그러나 그는 죽은 것이 아니다. 이렇게 말할 수 있다면, 아직도 사람 내부에 생명이 있는 것이다. 만일 모든 것, 모든 외적인 것이 갑자기 변하면, 그리고 만일 그의 욕망이 채워진다면, 그에게는 다시 생명이 되돌아오고, 자발성과 직접성이 다시 상승할 것이며, 그는 다시 한 번 살기 시작할 것이다. 이것은 직접성이 알고 있는 유일한 투쟁 방식이며, 또 그것이 알고 있는 유일한 방식인바, 그것은 절망하고 실신하는 것이다. 그러나 그가 거의 알지 못하는 것은 절망이다. 그는 절망하고 실신한다. 그런 다음에 그는 마치 죽은 듯이 아주 조용히 누워 있는데, 그것은 마치 죽은 것을 연기하는 것과 같은 속임수이다. 직접성은 조용히 누워서 죽은 시늉을 하는 것 이외의 아무런 무기나 수단도 갖고 있지 않은 어떤 하등동물을 닮았다.

    그러는 사이에 시간이 흐른다. 도움이 밖으로부터 오면 절망에 빠진 자는 다시 살아나며, 그는 그가 그만둔 곳에서 시작한다. 그는 자기가 아니었고, 자기가 되지도 않았다. 그러나 그는 계속 살아가

---

32) *Pap.* VIII^2 B 154: 3.

며, 직접성으로만 규정된다. 아무런 외적 도움이 없다면, 그 밖의 일이 현실 생활에서 자주 일어난다. 모든 것에도 불구하고 이 사람의 내부에는 아직도 생명이 있다. 그러나 그는 "자기는 결코 자신이 되지는 않겠다"고 말한다. 이제 그는 인생에 대해 약간 이해하게 되며, 다른 사람들을 모방하는 것을 배우고, 그들이 살아나가는 방법을 배운다. 이제 그는 계속 똑같이 살아간다. 그리스도교계에서 그는 또한 그리스도교인으로서 일요일마다 교회에 나가 목사의 설교를 듣고 그것을 이해한다. 정말 그들은 서로를 이해한다. 그는 죽는다. 그러면 목사는 10달러의 돈으로 그를 영원으로 인도한다. 그러나 그는 자기가 아니었고, 또 자기가 되지도 않았다.

절망의 이 형태는 절망하여 자기 자신이기를 원하지 않는 것이다. 또는 더 낮게는 절망하여 자기 자신이기를 원하지 않는 것이다. 또는 가장 낮게는 절망하여 다른 사람이고자 하는 것, 새로운 자기를 소망하는 것이다. 직접성은 실제로 자기를 갖고 있지 않으며, 자기를 알지 못한다. 따라서 그것은 자신을 인식할 수가 없으며, 그래서 일반적으로 환상 속에서 끝난다. 직접성이 절망할 때, 그것은 자신이 되어보지 못했던 것이 되어보기를 소망하거나 꿈꿀 만큼 충분한 자기를 가지고 있지 못하다. 직접성의 인간은 다른 방법으로 스스로를 돕는다. 즉 그는 다른 사람이 되기를 소망한다. 이것은 직접적인 사람들을 관찰해보면 쉽게 검증된다. 그들이 절망할 때, 그들이 다른 사람이었다는 것, 또는 다른 사람이 되었다는 것보다 더 바라는 것은 아무것도 없다. 어쨌든 이렇게 절망하는 사람을 보고, 인간적으로 말해서 또 절망하고 있음에도 불구하고 아주 순진한 사람을 보고 웃음을 참기는 어렵다. 보통 이렇게 절망하는 사람은 아주 희극적이다. 자기를 상상해보라(신 다음으로는 자기만큼 영원한 것이 없다). 그리고 나서 자기가 자기와 다른 사람이 될 수도 있을 것이라는 생각이 갑자기 드는 것을 상상해보라. 그러나 이처럼 절망하는 사람은, 그 유일한 소망이 광적인 변형 중에서 가장 광적인 것인바, 이런 변화가 마치 옷을 바꾸어 입듯이 쉽게 일어날 수 있다는 환상에 혹해 있다. 직접성의 인간은 자신을 알지 못한다. 문자 그대로 그는 오직 자신이 입고 있는 옷을 보고서야 자신을 알며, 그는 외면성으로 자기를 가지고 있다는 것을 안다(여기에 또한 무한히 희극적인 것이 있다). 이보다 더 우스운 오류란 없다. 왜냐하면 자기는 외면성과는 무한히 다르기 때문이다. 그렇기에 직접성의 사람에게 외면성이 완전히 변해서 그가 절망할 때, 그는 한 걸음 더 나아간다. 그는 다음과 같은 것을 생각하며, 그것이 그의 소망이 된다. "내가 다른 사람이 되어 새로운 자기를 얻게 되면 어떨까." 글쎄, 만일 그가 다른 사람이 되었다면 어떤 일이 일어날까? 나는 그가 자기를 인식할 것인지 궁금하다. 한 켤레의 양말과 구두를 사고 술을 마실 만큼의 돈을 가지고 도시에 간 농부에 관한 이야기가 있다.[33] 그런데 그는 취한 상태에서 집으로 가는 길을 찾다가 길 한가운데 쓰러져 잠이 들었다. 한 대의 마차가 다가왔다. 그리고 마부는 길을 비켜주지 않으면 발 위로 지나가겠다고 소리쳤다. 취한 농부는 일어나 자신의 발을 보았는데, 양말과 구두 때문에 자신의 발을

---

33) 유트란 광야의 동쪽에 위치한 몰르라는 섬에서 전해 내려오는 단순하고 우둔하기 짝이 없는 한 농부에 관한 이야기. 한 농부가 시장에서 새 바지를 사 입고 집에 가다 취해서 자고 있는 사이에 도적이 그의 바지를 벗기고 자신의 헌 바지를 입혀 두었다. 그러자 한참 후에 잠에서 깬 농부는 바지가 바뀐 것을 보고는 자기 다리가 아니라고 생각했다는 것이다.

알아보지 못하고, "지나가시오, 그건 내 발이 아니니까"라고 말했다. 직접성의 인간이 절망할 때, 희극적 기술이 아니라면 그에 대한 참된 기술을 한다는 것은 불가능하다. 내가 그것을 그렇게 말할 수 있다면, 자기에 관해서 또 절망에 관해서 이런 용어로 말한다는 것은 곧 일종의 묘기이다.

직접성이 어떤 반성을 지니고 있다고 생각될 때, 절망은 좀 변경된다. 자기에 대한 좀더 정도가 더해진 의식이 생겨나고, 그에 따라서 절망의 본성과 절망으로서의 인간의 상태에 대한 의식이 생겨난다. 그러한 개인이 절망하고 있다는 것에 대해 말하는 것은 무언가를 의미한다. 그러나 그 절망은 본질적으로 연약함의 절망이며 하나의 고통이다. 그것의 형태는 자신이기를 원하지 않는 절망이다.

순수한 직접성을 넘어서는 진전은, 절망이 타격에 의하여, 사건에 의하여 항상 일어나는 것이 아니라 사람의 반성 역량에 의해 일어날 수 있기 때문에 절망은, 그것이 현존할 때, 단순히 외적 사정에 대한 고통, 패배가 아니라 어느 정도까지는 자기 활동이자 행동이라는 사실에서 곧바로 나타난다. 정말 어느 정도의 반성이 여기에 현존하며, 그 결과 자기에 대한 어느 정도의 성찰이 현존한다. 이 어느 정도의 반성과 함께 분리 작용이 시작되고, 그것에 의해 자기는 자신이 환경과 외적 사건, 그리고 자신에 대한 그것들의 영향과 본질적으로 다르다는 것을 자각하게 된다. 그러나 그것은 어느 정도로만 그럴 뿐이다. 자기가 내면에서 어느 정도 자기반성하면서 자기를 책임지고자 할 때, 그것은 자기의 구조에서, 자기의 필연성에서 이런저런 어려움에 부딪힐 수 있다. 왜냐하면 어떤 인간의 육체도 완전할 수 없듯이 어떤 자기도 완전하지 않기 때문이다. 이런 어려움은 그것이 무엇이든 간에 그로 하여금 뒤로 물러나게 만든다. 또는 반성이 그랬던 것보다 훨씬 심각하게 그의 내면의 직접성과 단절하는 무엇이 그에게 일어난다. 또는 그의 상상은, 만일 그런 일이 일어난다면, 직접성과 단절하게 될 가능성을 발견한다.

이렇게 그는 절망한다. 자기 주장의 절망과는 반대로 그의 절망은 연약함의 절망이며 자기의 고통이다. 그러나 그는 자기가 갖고 있는 상대적인 반성의 도움으로 자신의 자기를 유지하고자 노력한다. 그리고 이것이 순수하게 직접적 삶을 사는 인간과의 다른 차이를 형성한다. 그는 자기를 포기하는 것이 거래라는 것을 알고 있다. 따라서 그는 타격을 받을 때 직접적인 인간처럼 중풍에 걸리지는 않는다. 반성은 그가 자기를 상실하지 않고서도 상실할 수 있는 것이 많다는 것을 이해하도록 도와준다. 그는 인정한다. 그는 그렇게 할 수 있다. 왜 그런가? 그는 어느 정도까지는 자신의 자기를 외면성에서 분리시켰기 때문이며, 자기 안에 영원한 것이 있을 수 있다는 희미한 생각을 가지고 있기 때문이다. 그러나 그의 싸움은 헛되다. 그가 부딪히고 있는 어려움은 직접성과의 총체적 단절을 요구하지만, 그는 이 요구에 대한 자기반성이나 윤리적 반성을 하지 않는다. 그에게는 모든 외면성으로부터의 무한한 추상에 의해 얻어지는 자기 의식이 결여되어 있는데, 이처럼 벌거벗은 추상적 자기는 직접성의 온전히 옷을 입은 자기와 비교해볼 때 무한한 자기의 첫 번째 형태이며 전체 과정의 추진력인바, 그것에 의해 자기는 모든 난점과 이점을 가진 자신의 현실적 자기에 무한히 책임을 지게 된다.

그러므로 그는 절망한다. 그리고 그의 절망은 자신이기를 원하지 않는 것이다. 그러나 확실히 그는 다른 사람이기를 원하는 우스운 생각은 하고 있지 않다. 그는 자신의 자기에 대한 관계를 유지하고 있다. 반성은 그 정도까지 그를 자기와 결부시켜주고 있다. 자기에 대한 그의 관계는 어떤 사람이 자신의 집에 대해 가질 수 있는 관계와 같다(희극적 양상은 사람이 집에 대해 가지는 관계처럼 자기가 자신에 대해 우연한 관계를 확실히 가지고 있지 않다는 것이다). 그런데 그의 집은 연기나 또는 그것이 무엇이든 간에 다른 것 때문에 혐오스러워진다. 그래서 그는 집을 떠난다. 그러나 그는 이사를 가지도 않고, 새 집을 짓지도 않는다. 계속해서 그는 그 낡은 집을 자신의 거주지로 여긴다. 그는 문제가 사라질 것이라고 생각한다. 절망에 빠진 사람의 경우도 마찬가지이다. 그는 어려움이 계속되는 한, 속담이 신랄하게 표현하듯이 감히 "자신에게로 돌아오려고" 하지 않는다. 그는 자신이기를 원하지 않는다. 아마 이것은 지나갈 것이며, 아마도 변화가 일어날 것이다. 그리고 이런 어두운 가능성은 아마 잊혀질 것이다. 그것이 계속되는 한, 말하자면 그는 변화가 시작되었는지를 알아보기 위해 가끔씩만 자신을 방문할 뿐이다. 변화가 시작되는 순간, 그는 다시 집으로 돌아가 그가 말하듯 "다시 자신이 된다." 그러나 그것은 다만 그가 중단했던 곳에서 시작하는 것을 의미할 뿐이다. 그는 어떤 지점까지는 자기였지만, 그 이상 나아가지를 못했다.

  만일 변화가 없다면, 그는 다른 구제책을 찾는다. 진실로 자기가 되기 위해 내면의 길로 전진했어야 하는데도 그는 내면의 길에서 완전히 벗어난다. 더욱 심오한 의미에서 자기에 관한 전체 문제가 자신의 영혼의 뒤편에서 그 뒤에 아무것도 없는 일종의 가짜 문이 되어버린다. 그는 그의 말로 자신의 자기라고 부르는 것, 즉 어떤 능력이든 어떤 재능이든 그가 가지고 있는 것을 사유(私有)한다. 그런데 이 모든 것을 그는 사유한다. 그러나 외부로 향하는 방향으로, 생활을 향하는 방향으로, 사람들이 말하듯 현실적이고 활동적인 생활을 향하는 방향으로 사유한다. 그는 자신의 내부에 지니고 있는 아주 조그만 반성으로 인해 매우 조심스럽게 행동한다. 그가 배후에 지니고 있는 것이 다시 나타날까봐 두려워하면서 말이다. 조금씩 그는 그럭저럭 그것을 잊어버린다. 세월이 흐르면서, 특히 그가 현실생활에 대한 감각과 수완을 가진 다른 유능하고 활동적인 사람들과 교제할 때, 그는 그것이 대체로 우스꽝스럽다는 것을 알게 된다. 얼마나 매력적인가! 그는 소설에서처럼 이제 몇 년 동안 행복한 결혼생활을 해왔으며 활동적이고 진취적인 남자이며, 아버지이자 시민이고, 어쩌면 중요한 사람이기도 하다. 집에서는 하인들이 그를 "주인님"이라고 부르며, 시내에서는 "명사"이다. 그의 행동은 사람들의 존경에 근거하거나, 또는 다른 사람들이 사회적 지위에 따라서 사람을 보고 판단하는 방식에 근거한다. 그리스도교계에서는 그는 그리스도교인이며[34](이교에서는 그는 이교도일 것이고, 네덜란드에서는 네덜란드인일 것이라는 바로 그와 같은 의미에서), 교양 있는 그리스도교인 중 한 사람이다. 불멸의 문제가 가끔 그를 사로잡으며,[35] 목사에게 그런 불멸성이 존재할 수 있는지, 또는 사람은 실제로 자신을 인식할 수 있는지를 여러 번에 걸쳐 묻

---

34) 『후서』(SV VII), 37~38쪽; JP I 372, 407(Pap. VII¹ A 392; XI¹ A 503).
35) 당시에는 1830년에 익명으로 발표된 포이어바흐(Feuerbach)의 『죽음과 불멸에 관한 고찰』로 촉발된 영혼불멸에 관한 사회적 논쟁의 열기가 뜨거웠다고 한다.

곤 한다. 확실히 그것은 그에게 매우 특별한 관심사임에 틀림없다. 왜냐하면 그는 자기가 없기 때문이다.

어느 정도 풍자의 솜씨 없이는 정확하게 이런 종류의 절망을 묘사한다는 것은 불가능하다. 그가 절망하고 있다는 것에 관해 말하기를 원한다는 것은 희극적이다. 절망의 극복 후에, 그의 견해에 따르면, 그의 상태가 사실은 절망이라는 것은 섬뜩한 일이다. 이상적으로 이해된다면, 세상에서 아주 찬양받고 있는 세속적 지혜의 근저에는, "기다렸다가 보라," "걱정하지 말라," "그것을 잊어라"와 같은 좋은 충고와 현명한 표현의 저 모든 악마적 풍요의 근저에는 위험이 실제로 어디에 있고 위험이 실제로 무엇인가에 관한 철저한 어리석음이 있다는 것은 극히 희극적이다. 또다시 무서운 것은 이런 윤리적 어리석음이다.

지상적인 것에 대한 절망 또는 지상적인 그 무엇에 대한 절망은 절망의 가장 일반적인 형태이다. 특히 두 번째 형태, 즉 양적 반성을 수반하는 직접성에서 그렇다. 절망이 철저해지면 철저해질수록 그것은 더욱더 드물게 보이며, 더욱더 드물게 세상에 나타난다. 이것은 대부분의 인간이 절망하고 있지 않다는 것을 증명하는 것이 결코 아니다. 그것은 그들이 절망에 아주 깊이 빠져들지 않았다는 것을 입증할 뿐이다. 비슷하게나마 정신의 규정 안에서 사는 인간은 거의 없다. 정말 이런 생활을 해보려는 사람도 많지 않으며, 시도하는 사람들의 대부분도 곧 그만두고 만다. 그들은 두려워하는 것을 배운 적도 없거니와, 무슨 일이 일어나든 일어나는 일에 좌우되지 않고 "……해야 한다"는 것을 배운 적도 없다. 그러기에 그들은 그들에게 이미 모순으로 나타나는 것, 주변 세계에 반영될 때 더욱 빛나는 것을 참지 못한다. 그 결과 자기의 영혼에 대해 염려한다는 것과 정신이고자 한다는 것은 이 세상에서는 시간낭비로, 정말이지 가능하다면 민법으로 처벌되어야 하는 변호의 여지가 없는 시간낭비로, 인류에 대한 일종의 반역으로, 미쳐서 시간을 허송하는 반항적인 광기로, 어떤 경우에든 경멸과 조소로 처벌받아야 하는 시간낭비로 보이는 것이다. 그들이 내면으로 향하기 시작하는, 그들의 인생에서의 순간이 온다. 아아, 이것이 그들의 최선의 시간이다. 그리하여 그들이 자신들의 첫 번째 어려움과 마주칠 때, 그들은 방향을 틀어버린다. 그들에게는 이 길이 황량한 사막으로 이어진 것처럼 보인다. 주위엔 아름답고 푸른 풀밭이 널려 있는데도 말이다(*und rings umher liegt schöne grüne Weide*).36) 그래서 그들은 떠나버리며 곧 그 시간, 그들의 인생의 최선의 시간을 잊어버린다. 아아, 그것이 한 조각의 유치함인 것처럼 잊어버린다. 그들은 목사에게 구원을 보장받는 그리스도교인들이다. 앞에서 말한 바와 같이 이런 절망은 가장 일반적인 것이며, 아주 일반적이기 때문에 이것만이, 절망은 젊다는 것의 일부이며 젊을 때에만 나타나는 것이고 분별의 연령에 이른 성숙한 사람에게는 발견되지 않는 것이라는 일반적 견해를 설명한다. 이것은 절망적인 오류이다. 또는 더 정확히 말해서 이것은, 근본적으로 대부분의 인간이 유년기와 청년기에 있

---

36) 괴테(Johann Wolfgang von Goethe), 정서웅 옮김, 『파우스트』(*Faust*), 민음사, 1977, 비극 제1부, 「서재」, 88쪽(1830); 『괴테 전집』(Goethes Werke), I~LV, 슈투트가르트/튀빙겐, 1828~33, XII, 91쪽. 메피스토펠레스와 계약을 맺은 후에도 파우스트가 서재에서 머뭇거리자 메피스토펠레스가 세상으로 나가자고 유혹하며 하는 말이다.

던 상태, 즉 소량의 반성이 혼합된 직접성을 실제로 넘어서지 않았다는 사실을 간과하는 절망적인 오류이다. 이것은 오호라, 훨씬 나쁜 일인데, 그것이 간과하는 것은 대체로 사람들에 관해서 이야기될 수 있는 최선이라는 사실을, 더 나쁜 일이 자주 일어나기 때문에 간과하는 절망적인 오류이다. 아니, 확실히 절망은 청년에게만 일어나는 것은 아니며, "사람이 성장하여 환상에서 벗어나듯이" 당연하게 벗어나는 것은 아니다. 사람은 그것을 믿을 만큼 어리석을 수 있지만, 그것은 사실이 아니다. 그와는 반대로 어떤 젊은 사람의 것과 같은 유치한 환상을 가지고 있는 남자들과 여자들 그리고 노인들을 자주 만날 수 있다. 우리는 환상은 본질적으로 두 가지 형태, 즉 희망의 환상과 추억의 환상이 있다는 사실을 간과한다. 청년은 희망의 환상을 가지고 있다. 성인은 추억의 환상을 가지고 있다. 그러나 바로 이런 환상을 가지고 있기 때문에, 또한 그는 희망의 환상만이 있다는 철저하게 편향된 생각을 가지고 있는 것이다. 물론 그는 희망의 환상으로 고통받는 것이 아니라, 아마 환상이 없는 더 높은 관점에서 청년의 환상을 내려다본다는 기묘한 환상으로 무엇보다도 고통받는다. 청년은 환상을 품고 있다. 그는 환상을, 인생과 자신에게서 비롯된 비범한 그 무엇에 대한 희망을 가지고 있다. 성인은 보상으로 자신의 청춘의 추억에 관한 환상을 가지고 있다는 것이 가끔 발견된다. 아마 모든 환상을 버린 한 노파가 한 소녀로서의 자신에 대한 추억, 즉 그 시절에 얼마나 행복했고 얼마나 아름다웠던가에 관해서 소녀처럼 환상적으로 착각에 사로잡혀 있는 경우가 가끔 눈에 띈다. 우리는 이러이러했다는 것(*fuimus*)[37]은 노인들에게서 흔히 듣는 말인바, 미래에 관한 청년들의 환상과 마찬가지로 커다란 환상이다. 그들은 모두 거짓말을 하거나 또는 소설을 쓰고 있는 것이다.

절망이 청년에게만 속하는 것이라는 그릇된 생각은 전혀 다른 점에서 역시 절망적이다. 더욱이 인간은 정신이며 그저 동물이 아니라는 것을 헤아리지 못하고, 신앙과 지혜가 그렇게 쉽게 오고 이빨, 수염 등등처럼 세월이 지남에 따라 자연스럽게 나오는 것이라고 생각하는 것은 매우 어리석을 뿐 아니라 그저 정신이 무엇인지에 관한 판단의 결여를 보여줄 뿐이다. 아니, 인간이 자연스럽게 도달할 수 있는 것이 무엇이든, 자연스럽게 찾아오는 것이 무엇이든, 신앙과 지혜는 분명히 그것들에 속하지 않는다. 사실 정신적 관점에서 보면, 인간은 세월이 지남에 따라 자연스럽게 어떤 것에 도달하는 것이 아니다. 이런 개념은 정확히 정신과 정반대이다. 반대로 세월이 흐름에 따라 자연스럽게 어떤 것을 내버려두고 가는 것은 매우 쉽다. 세월이 흐름에 따라 개인은 자신이 지녔던 보잘것없는 정열, 감정, 상상, 소소한 내면성을 버릴 수도 있으며, 자연스럽게 사소한 것들의 관점에서 인생을 이해할 수도 있다(그러한 것들은 자연스럽게 찾아오기 때문이다). 확실히 세월이 흐름에 따라 찾아오는 이런 개선된 상태를 그는 절망에 빠져 좋은 일로 생각한다. 그는 절망하는 일은 자신에게 일어날 수 없을 것이라고 쉽게 장담한다(그리고 어떤 풍자적인 의미에서 이보다 더 확실한 것은 없다). 아니, 그

---

37) fuimus는 라틴어의 '있다' 동사의 완료형. 여기에서는 1인칭 복수형으로 제시되고 있다. 예컨대 "Fuimus Troes"(우리는 트로이 사람이었습니다). 베르길리우스(Publius Vergilius Maro, 기원전 70~19), 『아이네이스』(*Aeneis*), II, 325.

는 스스로를 지킨다. 그러나 그는 절망하고 있으며, 정신을 상실한 채 절망하고 있는 것이다. 아니면 소크라테스가 왜 청년을 사랑했겠는가! 왜냐하면 그는 인간을 알았기 때문이다.

세월이 흐름에 따라 개인이 공교롭게도 이런 가장 사소한 종류의 절망에 빠지지는 않는다 하더라도, 절망이 단지 청년에게만 속한다는 결론은 결코 나오지 않는다. 만일 인간이 실제로 세월이 흐름에 따라 발전한다면, 만일 인간이 자기에 대한 본질적인 의식에서 성숙한다면, 인간은 더 높은 형태로 절망할 수 있다. 그리고 만일 인간이 세월이 흐름에 따라 본질적으로 발전하지 않는다면, 비록 인간이 전적으로 사소함에 빠져버리지는 않는다 하더라도, 즉 만일 인간이 청년이라는 것보다 더 진보하지 않는다면, 비록 그 결과 청년기의 좋은 점을 간직한 채 인간이 어른, 아버지, 백발이 된다고 하더라도, 인간은 청년처럼 지상적인 것이나 또는 지상적인 어떤 것에 대하여 절망하기 쉬울 것이다.

이와 같은 성인의 절망과 청년의 절망 사이에는 차이가 있을 것이다. 그러나 그것은 순전히 우연적인 것이지 본질적인 것은 아니다. 청년은 미래에 대하여 **미래의**(*in futuro*) 현재처럼 절망한다. 미래에는 그가 떠맡지 않으려고 하는 것이 있으며, 따라서 그는 자신이기를 원하지 않는 것이다. 성인은 과거에 대해 더 멀리 과거로 물러나는 것을 거부하는 **과거의**(*in præterito*) 현재처럼 절망한다. 왜냐하면 그의 절망은 그가 그것을 완전히 잊어버리는 데 성공할 정도는 아니기 때문이다. 이런 과거는 후회가 정말 관리해야만 하는 것인지도 모른다. 그러나 만일 후회하게 되면 처음에 실질적인 절망, 근본적인 절망이 있어야만 하며, 그 결과 정신의 생명이 밑바

닥에서 솟구쳐 오를 수 있는 것이다. 그러나 그는 절망하고 있어도, 감히 그와 같은 결단을 내리지 못한다. 그는 그 자리에 언제까지나 서 있는데, 시간은 흐른다. 만일 더욱 절망에 빠져 그가 과거를 잊어버림으로써 그것을 치유하는 데 성공하지 못한다면, 참회자가 되는 대신에 그는 자신이 도둑맞은 물건을 부당하게 취득하는 장물아비(*Hœler*)가 되는 것이다. 그러나 본질적으로 청년의 절망과 노인의 절망은 동일하다. 자기의 내면에 있는 영원한 것에 대한 의식이 터져 나와서 절망을 더 높은 형태로 강화하거나, 아니면 신앙에 이르게 되는 싸움이 시작될 수 있게 만드는 변형은 결코 없는 것이다.

그러나 지금까지 동일하게 사용된 두 개의 표현, 즉 지상적인 것(전체의 범주)에 대해 절망하는 것과 지상적인 어떤 것(개별적인 것)에 대해 절망하는 것 사이에는 어떤 본질적인 차이도 없는 것인가? 정말로 차이가 있다. 상상에 빠진 자기가 무한한 정열로 이 세상의 어떤 것에 절망할 때, 이 무한한 정열이 이 개별적인 것, 이 어떤 것을 **전부**(*in toto*) 지상적인 것으로 바꾼다. 즉 전체의 범주가 절망하는 사람에게 내재하며, 절망에 빠진 사람에게 속하는 것이다. 지상적인 것과 시간적인 것 자체는 바로 개별적인 것들, 또는 어떤 개별적인 것으로 붕괴되거나 분해되는 것이다. 모든 지상적인 것의 상실이나 박탈은 실제로 불가능하다. 왜냐하면 전체의 범주는 사유 범주이기 때문이다. 따라서 자기는 현실적인 상실을 무한히 확대하고, 그런 다음 지상적인 것 **전부에**(*in toto*) 대해 절망한다. 그러나 이 차이(지상적인 것에 대한 절망과 지상적인 어떤 것에 대한 절망 사이의)가 본질적으로 옹호되어야만 하는 순간에, 또한 자기의 의식에서 본질적인 진보가 있는 것이다. 그래서 이 형식, 지상적인 것에 대해 절망한다는 것은 절망의 다음 형태를 위한 변증법적인 최초의 표현이다.

(2) 영원한 것의, 또는 자신에 대한 절망

지상적인 것에 대한 절망, 또는 지상적인 어떤 것에 대한 절망은 그것이 절망인 한, 본래 영원한 것과 자신에 대한 절망이다. 왜냐하면 이것이 정말 모든 절망의 공식이기 때문이다.* 그러나 위에서 묘사된 절망하는 개인은, 말하자면 그의 뒤에서 일어나고 있는 일을 자각하지 못한다. 절망하는 사람은 지상적인 어떤 것에 대해 절망하고 있으며 또 절망하는 것에 대해 늘 이야기한다고 생각하지만, 그는 영원한 것에 대해 절망하고 있다. 왜냐하면 그가 지상적인

---

* 그러므로 언어적으로 지상적인 것(기연〔機緣〕)에 관하여 절망하고, 영원한 것에 대하여 절망하고, 자신에 관하여 절망한다고 말하는 것이 옳다. 왜냐하면 이것은 다시 절망의 기연에 대한 다른 표현이기 때문이다. 그런데 그 표현은 그 개념에 따르면 항상 영원에 관하여이다. 반면에 사람이 그에 대하여 절망하는 대상은 매우 다양할 수 있다. 우리는 우리를 절망 속에 묶어놓는 것에 대하여, 즉 불운, 지상적인 것, 재산의 상실 등에 대하여 절망한다. 그러나 우리는 정확히 이해된다면, 우리를 절망으로부터 풀어주는 것에 관하여, 즉 영원한 것, 구원, 우리 자신의 힘 등에 관해서 절망한다. 자신과 관련해서 우리는 두 가지를, 즉 자신에 대하여라고도 말하고, 자신에 관하여라고도 말한다. 왜냐하면 자기는 이중으로 변증법적이기 때문이다. 이것은 애매한 것이지만, 이러한 애매함은 특히 비교적 낮은 형태의 절망의 내부에서, 그리고 절망에 빠진 거의 모든 사람에게서 찾아볼 수 있으며, 따라서 절망에 빠진 사람은 자신이 절망하는 것에 대하여는 그렇게 정열적이고 명료하게 알고 있지만, 자신이 무엇에 관하여 절망하고 있는가는 알아차리지 못하고 있다. 치유의 조건은 항상 이런 …에 관한 뉘우침(Omvendelse, 回心, 轉向—옮긴이)이라는 것이다. 그런 까닭에 순수하게 철학적으로 말하자면, 사람이 절망에 빠져 자신이 …에 관하여 절망하는 대상을 온전히 자각하는 것이 가능한가 하는 것은 미묘한 문제일 것이다.

것에 그처럼 큰 가치를 부여한다는 사실은, 또는 이것을 더 자세히 말한다면 그가 지상적인 어떤 것에 그와 같은 큰 가치를 부여한다는 것, 또는 그가 처음에 지상적인 것을 전 세계로 만들고 그런 다음 지상적인 것에 그와 같은 큰 가치를 부여한다는 사실은 실로 영원한 것에 대해 절망하는 것이기 때문이다.

이런 절망은 의미 있는 진전이다. 이제까지의 절망이 **연약함의 절망**이라면, 이것은 **자신의 연약함에 대한 절망**이다. 이것은 반항의 절망(β)과는 다른 연약함의 절망이라는 범주 안에 아직도 머물러 있지만 말이다. 따라서 상대적인 차이가 있을 뿐이다. 즉 처음의 형태는 연약함의 의식을 그것의 마지막 의식으로 갖고 있지만, 여기에서 의식은 그것에서 멈추지 않고 새로운 의식, 자신의 연약함에 대한 의식이 된다는 차이가 있다. 절망에 빠진 사람 자신은 지상적인 것을 그처럼 중요시하는 것, 절망하는 것이 연약함이라는 것을 이해하고 있다. 그러나 절망에서 신앙으로 확실하게 돌아서서 자신의 연약함을 탓하며 무릎을 꿇는 대신에, 절망 속에 빠져들어 자신의 연약함에 대해 절망한다. 이렇게 하여 그의 전체적인 관점이 뒤바뀐다. 이제 그는 자신의 절망을, 그가 영원한 것에 대해 절망하고 있다는 것을, 그가 자신에 대해 절망하고 있다는 것을, 너무 나약해서 지상적인 것에 그렇게 큰 의미를 부여하고 있다는 것을 더욱 분명하게 의식하게 되는데, 이것이 이제 그에게 그가 영원한 것과 자신을 상실하였다는 절망적인 표시가 되는 것이다.

그 진전은 다음과 같다. 자기의식이 처음으로 나타난다. 왜냐하면 영원한 것에 대해 절망한다는 것은 자기의 개념, 즉 자기 안에 영원한 무엇이 있다거나, 또는 자기가 자기 안에 영원한 무엇을 갖고 있었다는 개념을 지니지 않고서는 불가능하기 때문이다. 사람이 자신에 대해 절망하려 한다면, 자신에게는 자기가 있다는 것을 자각해야만 한다. 그는 이것에 대해 절망하고 있고, 지상적인 것이나 지상적인 어떤 것에 대해서가 아니라 자신에 대해서 절망하고 있다. 더욱이 여기에는 절망이 무엇인지에 대한 더 강화된 의식이 있다. 왜냐하면 절망은 정말 영원한 것과 자신의 상실이기 때문이다. 물론 사람의 상태가 절망이라는 더 강화된 의식 또한 있다. 그렇다면 여기에서 절망은 단지 고통이 아니고 행위이다. 지상적인 것이 자기로부터 제거되고 사람이 절망할 때, 절망은 항상 자기에게서 오는 것이지만 밖에서 오는 것 같다. 그러나 자기가 자신의 절망에 대해 절망할 때, 그 새로운 절망은 자기에게서 오며, 반대 압력으로서 직-간접적으로 자기로부터 온다. 그 점에서 그것은 자기로부터 직접적으로 오는 반항과는 다르다. 마지막으로, 그럼에도 이것은 다른 의미에서이긴 하지만 진보이다. 단순히 이 절망이 더 강렬하기 때문에, 그것은 어떤 의미에서 구원에 더 가깝다. 그러한 절망을 잊는다는 것은 불가능하다. 그것은 너무 깊다. 그러나 절망이 열려 있는 모든 순간에는 구원의 가능성 또한 있는 것이다.

그럼에도 불구하고 이 절망은 절망하여 자신이기를 원하지 않는 절망의 형태로 분류된다. 아들을 폐적하는 아버지처럼 자기는 그처럼 나약해진 뒤로는 자신을 자각하기를 원하지 않는다. 절망하여 자기는 이 연약함을 잊을 수가 없다. 자기는 얼마간 자신을 미워한다. 자기는 자신을 회복하기 위해 믿음으로 자신의 연약함을 탓하며 무릎을 꿇으려 하지 않는다. 아니, 절망하여 자기는 말하자면, 자신에 관한 어떤 말도 듣고 싶어하지 않으며, 말하는 어떤 것도 알지 못한다. 그러나 망각의 도움을 받는다는 것에 대해, 또는 망각의 도움으로 무정신성의 범주에 빠져 다른 사람들이나 그리스도교인들처럼 사람이나 그리스도교인이 된다는 것에 대해 어떤 의심도 없다. 아니, 그렇게 되기에는 자기는 너무나도 지나치게 자기이다. 자신의 아들을 폐적한 아버지에게 흔히 일어날 수 있는 일이지만, 외적 상황은 별로 도움이 안 된다. 그렇게 한다고 해서 그가 아들에게서 벗어나는 것은 아니며, 적어도 그의 머리 속에서는 그렇다. 사랑하는 자가 자신이 싫어하는 사람(애인)을 저주할 때, 그것이 별로 도움이 되지 않는다는 것은 흔한 일이다. 대체로 그것은 더욱 그를 사로잡는다. 그리고 그것은 자신에 관해 절망하는 자기에게도 마찬가지이다.

 질적으로 이 절망은 앞에서 기술된 것보다 더 깊은 최고의 깊이이며, 세상에 드물게 나타나는 절망에 속한다. 그 뒤에 아무것도 없는, 앞에서 말한 저 가짜 문은 여기에서는 진짜 문이지만 조심스럽게 닫힌 문이고, 그 뒤에는 자기가 앉아서, 말하자면 자신을 지켜보며, 자신이기를 원하지 않는 데에 몰두하거나 시간을 보낸다. 자신을 사랑하기에 충분한 자기이면서 말이다. 사람들은 그것을 은폐(*Indesluttethed*)라고 부른다. 이제부터 우리는 은폐를 논의할 것인바, 은폐는 직접성의 정반대이며, 특히 사유의 측면에서는, 다른 것들 중에서 직접성을 아주 경멸한다.

 하지만 그러한 자기를 지닌 사람은 현실의 세계에서는 존재하지 않는 것인가? 그는 현실로부터 사막, 수도원, 정신병원으로 도망친 것인가? 그는 다른 사람처럼 옷을 입고, 보통 외투를 입은 현실의 인간이 아닐까? 물론이다. 왜 그렇지 않겠는가! 그러나 그는 자기에 대한 이런 문제를 누구와도, 또는 어떤 사람과도 공유하지 않는다. 그는 그렇게 할 충동을 느끼지 않거나, 또는 그는 그것을 억제하는 것을 배워 알고 있다. 그 자신이 그것에 대해 말하는 것을 들어보자. "사실, 정신의 범주에서 어린아이와 거의 똑같은 수준에 있는 자는, 아주 매력적인 구속을 받지 않음으로 말미암아 모든 것을 말하는 자는 순전히 직접적인 인간뿐이다. 어떤 것도 억제할 수 없는 자는 순전히 직접적인 인간뿐이다. 가끔 커다란 자부심으로 자신을 '진실이라고, 정직하다고, 진실을 있는 그대로 말하는 정직한 인간'이라고 부르는 것은 이런 종류의 직접성이다. 이것은 진실이다. 성인이 육체적인 충동에 굴복하지 않을 때에는 이것이 비진실인 것과 마찬가지로 말이다. 그럼에도 조금이라도 반성을 하고 있는 자기는 자기를 억제하는 방법을 알고 있다." 그리고 우리의 절망자는 자기에 대한 이런 문제를, 그것에 관해 아는 일에 아무 관심도 없는 어떤 사람, 다른 말로 하면 모든 사람으로부터 멀리 떼어 놓을 만큼 충분히 자기 은폐적이다. 외면적으로 그는 어느 모로 보나 "현실적인 인간"이지만 말이다. 그는 대학 졸업자이며, 남편이고, 아버지이며, 각별히 유능한 관리이고, 존경받는 아버지이며, 유쾌한 친구이고, 아내에게 매우 상냥하며, 자녀에게 자상하다. 그리고 그리스도교인가? 물론 그는 그리스도교인이다. 하지만 그는 그것에 관해 이야기하는 것을 좋아하지 않는다. 그는 동경하는 듯한 기쁨으로 아내가 자신의 향상을 위해 종교에 몰입되어 있는 것을 보기 좋아하지만 말이다. 그는 교회에는 거의 나가지 않는다. 왜냐하면 그는 대부분의 목사가 자신들이 이야기하는 것을 실제로는 모른다고 생각하기 때문이다. 그는 한 사람의 목사를 예외로 취급하

는데, 그 목사는 자신이 이야기하는 것을 알고 있다는 것을 인정한
다. 그러나 그에게는 이 목사의 말을 듣고 싶어하지 않는 또 다른
이유가 있는데, 그가 너무 멀리 이끌려 가는 것을 두려워하기 때문
이다. 다른 한편으로, 그는 자주 고독을 원하는데, 고독은 그에게
때로는 호흡하는 필연성과 같은, 때로는 잠자는 필연성과 같은 생
명의 필연성이다. 이것이 대다수의 사람들 이상으로 그에게 생명의
필연성이라는 것은 또한 그의 더 깊은 본성을 나타낸다. 일반적으
로 고독에 대한 소망은 인간의 내면에 여전히 정신이 있다는 표시
이며, 무슨 정신이 있는지에 대한 척도이다. "아주 피상적인 비인
간과 집단 인간들"은 고독에 대한 필요성을 별로 느끼지 못하므로
그들은 혼자 있어야만 하는 때에는 모란잉꼬처럼 곧 죽어버린다.
어린아이가 잠들기 위해서 자장가를 들어야만 하듯이, 이러한 사람
들은 먹고, 마시고, 잠들고, 사랑에 빠지는 것 등등을 하기 위해 사
회적 삶을 달래는 자장가를 필요로 한다. 중세처럼 고대에도 고독
에의 이런 소망에 대한 자각과 그것이 의미하는 것에 대한 존경심
이 있었다. 그러나 우리 시대의 끊임없는 사교에서는 고독으로부터
우리가 그것을 범죄자에 대한 형벌로밖에는 사용할 줄 모르는 지점
까지 오그라든다(이 얼마나 훌륭한 경구인가!). 정신을 소유한다는
것은 우리 시대에는 범죄이기 때문에, 그러한 사람들, 고독을 사랑
하는 사람들을 범죄자와 함께 분류하는 것은 실로 당연한 일이다.

 자기 은폐적 절망자는 매 시간마다(*horis succesivis*) 계속 살아간
다. 영원을 위해 살지는 않지만,[38] 그의 시간은 영원한 것과 어떤
관계를 맺고 있으며 자신에 대한 자기의 관계와 관련이 있다. 그러
나 그는 사실 그런 것을 넘어서지 못한다. 그것이 행해질 때, 고독

에 대한 그의 소망이 충족될 때, 그는 밖으로 나간다. 말하자면 그가 처자에게로 가거나 또는 처자에 둘러싸일 때에도 말이다. 그를 그렇게 상냥한 남편과 자상한 아버지로 만드는 것은, 그의 선천적인 선량함과 의무감 이외에 그가 그의 은폐된 가장 깊숙한 존재 속에서 그 자신에게 했던 자신의 연약함에 대한 고백이다.

어떤 사람이 그의 은폐의 비밀을 공유하는 것이 가능하다고 하더라도, 그리고 사람이 그에게 "그것은 오만이다. 너는 정말 너 자신을 자부하고 있다"라고 말하려 하더라도, 아마 그는 다른 사람에게는 고백하지 않을 것이다. 자기 혼자 있게 되면, 그는 그 말에 일리가 있다는 것을 틀림없이 고백할 것이다. 그의 자기는 자신의 연약함을 정열을 가지고 이해하는바, 그 정열은 그것이 아마 오만일 수는 없다는 믿음으로 그를 곧바로 이끌고 갈 것이다. 왜냐하면 그가 절망하고 있는 것은 사실 자신의 바로 그 연약함이기 때문이다. 마치 연약함을 그렇게 크게 강조한다는 것은 오만이 아니며, 그가 연약함에 대한 이런 의식을 견딜 수 없는 것이 그가 자신의 자기를 자부하고 싶어하는 것은 아니기 때문이라는 듯이 말이다. 누군가가 그에게 이렇게 말한다고 하자. "이것은 묘한 혼란이고, 묘한 종류의 매듭이야. 정말 전반적 불행은 생각이 뒤얽힌 상태이기 때문이지. 그렇지 않다면 그것은 정상적이야. 사실 이것이 바로 네가 가야 할 길이야. 너는 자신에 대한 절망을 통해 자기로 돌아가야 해.[39] 너는 연약함에 관해서는 아주 옳지만, 그것이 네가 절망해야만 하

---

38) 신테니스(C. F. Sintenis, 1750~1820)의 기도서 『영원을 위해 살던 시절』(*Stunden für Ewigkeit*)을 가리킨다. 『관점』(*SV* XIII), 546쪽.
39) *Pap.* VIII² B 157: 3.

는 것은 아니야. 자기는 자기가 되기 위해 깨져야만 하는 거야. 그것에 대해 절망하지 마라." 만일 누군가가 그에게 그처럼 말한다면, 그는 정열을 상실한 순간에는 그 말을 이해할 것이다. 그러나 정열은 곧 다시 잘못 볼 것이며, 한 번 더 그는 방향을 잘못 잡아 절망에 빠질 것이다.

　이미 말한 바와 같이 이러한 종류의 절망은 세상에 아주 드물다. 만일 그것이 거기에 멈추어 서서 다만 그곳에서 제자리걸음을 한다면, 만일 다른 한편으로 절망에 빠진 사람이 그를 신앙을 향한 올바른 길로 미는 들어올림을 경험하지 않는다면, 이런 종류의 절망은 더 높은 형태의 절망으로 강화되어 은폐로 계속 남아 있거나, 또는 그 속에서 그처럼 절망에 빠진 사람이 마치 익명인처럼 살아왔던 외적 치장을 찢고 파괴할 것이다. 후자의 경우에는 이런 종류의 절망에 빠진 사람은 생활 속으로, 아마 큰 사업의 기분전환 속으로 뛰어들 것이다. 그는 불안한 정신이 될 것이고, 그 정신의 삶은 그것의 흔적, 잊기를 원하는 불안한 정신을 확실히 남긴다. 그리고 내적인 소란이 그에게 벅찰 때 그는 강력한 조처를 취할 텐데, 이는 물론 리처드 3세가 어머니의 저주를 듣지 않으려고 사용했던 것과는 다른 종류의 조처이지만 말이다.[40] 또는 그는 관능에서, 아마 방탕한 삶에서 망각을 구할 것이다. 절망에 빠져 그는 직접성으로 돌아

---

40) 리처드 왕이 자신이 형과 자식을 살해한 것에 대해 자신의 어머니가 퍼붓는 저주의 소리를 듣지 않으려고 "나팔을 불어라! 나팔을! 북을 쳐라! 북을 울려라. 입 더러운 여인이 왕을 욕하는 소리가 하늘에 들리지 않게 북을 쳐라, 북을 울려라!"고 명령하는 것을 가리키고 있다. 『리처드 3세』, IV, 4; 슐레겔·티크 옮김, 『셰익스피어 희곡』, III, 339쪽.

가기를 원한다. 항상 자기의 의식을 지니고 있지만 말이다. 그런데 그는 자기이기를 원하지 않는 것이다. 첫 번째 경우 절망이 강화되면 그것은 반항이 된다. 그리고 연약함의 이런 전반적인 문제에는 얼마나 비진실이 많은가 하는 것이 이제 분명해진다. 반항의 첫 번째 표현은 그의 연약함에 대한 바로 이런 절망이라는 것이 얼마나 변증법적으로 옳은가 하는 것이 분명해진다.

결론적으로, 자신의 은폐의 내부에서 제자리걸음을 하는 은폐의 인간을 또 한 번 잠깐 들여다보자. 이 은폐가 모든 면에서 완전하게 (*omnibus numeris absolute*) 유지된다면, 그의 가장 커다란 위험은 자살이다. 물론 대다수의 사람은 그러한 은폐의 인간이 견딜 수 있는 것을 알지 못한다. 만일 그들이 안다면 깜짝 놀랄 것이다. 그렇다면 완전히 은폐된 인간에게 위험은 자살이다. 하지만 단 한 사람에게라도 마음을 연다면, 그는 아마 너무 긴장이 풀리거나 기가 죽을 것이므로 자살이 은폐의 결과로 일어나지 않을 것이다. 한 사람의 친구가 있는 그러한 은폐의 인간은 완전히 은폐된 사람과 비교하면 전(全) 음정만큼 부드러워진다. 아마 그는 자살을 피할 것이다. 그러나 그가 다른 사람에게 마음을 열었기 때문에 그가 그렇게 했다는 것에 대해 절망하는 일이 일어날 수 있다. 그에게는 그가 한 사람의 친구를 갖는 것보다 침묵 속에서 훨씬 더 오랫동안 버티는 것이 좋았을 것이라는 생각이 들지도 모른다. 친구를 발견함으로써 절망으로 던져진 은폐의 인간들의 사례들이 있다. 이런 경우에도 자살이 그 결과로서 일어난다. 시적 처리에서는 대단원이 (시적으로[*poetice*] 그 사람이, 예컨대 왕이거나 황제였다고 가정한다면) 친구가 살해되도록 구성될 수도 있을 것이다. 그런 악마적인 폭군을 상상할 수 있다. 자신의 고뇌에 관해 누군가와 말하기를 갈망하지만 연쇄적으로 엄청난 수의 사람을 죽이는 폭군 말이다. 왜냐하면 그의 친구가 된다는 것은 확실한 죽음을 의미하기 때문이다. 폭군이 그의 면전에서 말하는 순간, 그는 살해되고 만다. 친구 없이 살 수도 없고 친구를 가질 수도 없는, 악마의 고뇌에 찬 자기모순에 대한 이런 해결을 묘사하는 것이 시인의 과제일 것이다.[41]

β. 절망하여 자기 자신이기를 원하는 경우: 반항

앞에서 말한 것처럼 α의 절망은 여성적이라고 불릴 수 있을 것이다. 비슷하게 이 절망은 남성적이라고 불릴 수 있다. 따라서 그것은 앞서 말한 것과 관련하여 정신의 규정 하에서 고찰된 절망이다. 그런데 그렇게 이해된다면 본질적으로 남성은 정신의 규정에 속한다. 반면에 여성은 더 낮은 종합이다.

α(2)에서 서술된 절망의 종류는 사람의 연약함에 대한 것이었다. 절망하는 개인은 자신이기를 원하지 않는다. 그러나 만일 절망하는 인간이 변증법적으로 한 걸음 나아간다면, 만일 그가 왜 자신이기를 원하지 않는가를 안다면, 거기에는 변동이 있고, 반항이 있다. 절망하여 그가 자신이기를 원하는 바로 그 이유 때문에 그렇다.

지상적인 것, 또는 지상적인 어떤 것에 대한 절망이 먼저 오고, 그 다음에 영원한 것, 자신에 대한 절망이 온다. 그 다음에 반항이 오는데, 반항은 정말 영원한 것의 도움을 받은 절망이고, 절망하여 자신이 되기를 원하는 자기의 내부에 있는 영원한 것의 절망적인

---

41) *Pap.* VIII^2 B 158.

남용이다. 그러나 곧 반항은 영원한 것의 도움을 받은 절망이기 때문에, 어떤 의미에서 진리에 매우 가깝다. 그리고 반항은 진리에 매우 가깝기 때문에, 진리로부터 무한히 멀리 떨어져 있다. 신앙으로 향하는 통로인 절망은 영원한 것의 도움을 받아 온다. 영원의 도움을 받아 자기는 자신을 얻기 위해 자신을 상실할 용기를 가진다. 그러나 여기에서 자기는 자신을 상실하는 일부터 시작하려고 하지 않고, 자신이기를 원한다.

절망의 이런 형태에서 자기에 대한 의식의 상승이 있으며, 따라서 절망이란 무엇인지에 대한 그리고 자기의 상태가 절망이라는 것에 대한 의식의 상승이 있다. 여기에서 절망은 자신을 하나의 행위로 의식한다. 그것은 외부의 압박을 받은 고난처럼 밖으로부터 오는 것이 아니라, 직접 자기로부터 온다. 따라서 반항은 자기의 연약함에 대한 절망과 비교해보면 정말 새로운 규정이다.

절망하여 자신이기 위해서는 무한한 자기에 대한 의식이 있어야 한다. 그러나 이 무한한 자기는 정말 자기의 가장 추상적인 형태, 가장 추상적인 가능성일 뿐이다. 그리고 절망에 빠진 사람이 자기를 설정한 힘에 대한 모든 관계로부터 자기를 끊어서 떼어버리고, 그러한 힘이 있다는 관념으로부터 자기를 끊어서 떼어버리면서 되고자 하는 것은 바로 자기이다. 이 무한한 형태의 도움으로 절망에 빠진 자기는 자신의 주인이기를, 자신을 창조하기를, 자기를 자신이 되고자 원하는 자기로 만들기를, 그의 구체적인 자기의 내부에 갖고자 하거나 갖지 않으려 하는 것을 결정하고 싶어한다. 그의 구체적인 자기, 또는 그의 구체성은 확실히 필연성과 한계를 갖고 있으며, 관계 등의 이런 특정적인 구체성 속에서 이러한 자연적 능력,

성향 등을 가진, 이런 매우 특정적인 존재이다. 그러나 무한한 형태, 부정적인 자기의 도움으로 그는 그것으로 자신이 원하는 그런 자기를 만들어내기 위해 무엇보다도 이 모든 것을 변형하는 결단을 내리고 싶어하는바, 이런 자기는 부정적 자기의 무한한 도움을 받아 산출된다. 이렇게 그는 자신이기를 원하는 것이다. 다시 말해서 그는 다른 사람들보다도 좀더 일찍 시작하기를 원한다. 즉 그는 시초에서, 시초와 더불어서가 아니라 "태초에서"[42] 시작하기를 원하는 것이다. 그는 자신의 자기라는 옷을 입고 싶어하지 않으며, 그의 주어진 자기를 그의 과제로 보고 싶어하지 않는다. 그는 무한한 형태라는 것에 의해 그의 자기를 구성하고 싶어한다.

이런 절망의 일반적인 명칭이 공모된다면, 그것은 스토아주의[43]라고 불릴 수 있을 것이다. 그러나 그것은 그 한 학파만을 지칭하는 것이 아닌 것으로 이해될 수 있을 것이다. 이러한 종류의 절망을 더 정확히 설명하기 위해 행동적인 자기와 수동적인 자기를 구별하고, 자기가 행동할 때에는 자신을 자신에게 어떻게 관계시키는가를 보여주고, 자기가 수동적일 때에는 영향을 받는 가운데 자신을 자신에게 어떻게 관계시키는가를 보여주는 것이 가장 좋다. 그 다음에 형식은 항상 절망하여 자신이기를 원하는 것임을 보여주는 것이 가장 좋다.

---

42) "한 처음에 하느님께서 하늘과 땅을 지어 내셨다."「창세기」, 1장 1절. 사람이 하느님의 지으심을 받아들이지 않고, 하느님이 천지를 창조한 것처럼 스스로 자신을 창조하려는 것을 빗대어 말하고 있다.
43) 헤겔이『정신현상학』에서 자기의식의 추상적 보편성의 단계를 스토아주의라고 지칭한 것을 풍자하고 있다.

절망에 빠진 자기가 **행동적인** 자기라면, 아무리 대단하다고 하더라도, 아무리 놀랍다고 하더라도, 아무리 끈질기게 추구된다고 하더라도, 그것이 무엇을 시도하든 간에, 자기는 끊임없이 단지 상상적 구성을 위해서만 자신을 자신에게 관계시킨다. 자기는 자신을 능가하는 어떤 힘도 인정하지 않는다. 그러므로 자기가 자신의 상상적 구성에 최고의 주의를 기울일 때조차도, 자기는 근본적으로 진지함을 결여하고 있으며, 진지함의 겉모양만을 불러낼 수 있을 뿐이다. 이것은 가장된 진지함이다. 신에게서 불을 훔친 프로메테우스처럼 이것은 신이 사람에게 주의를 기울인다는 사유를 신에게서 훔치는 것이다. 그런데 그 사유는 진지함이다. 대신 절망하는 자기는 자신에게 주의를 기울이는 데 만족하는데, 그것은 자신의 기획에 무한한 관심과 의의를 부여하는 것으로 생각된다. 그런데 그의 기획을 상상적 구성으로 만드는 것은 바로 이것이다. 왜냐하면 비록 자기가 상상적으로 구성된 신이 될 만큼 절망에 깊이 빠지지 않는다 하더라도, 어떤 파생적인 자기도 자신에게 주의를 기울이는 것에 의해 본래의 자기 이상의 것을 자기에게 줄 수는 없기 때문이다. 자기는 처음부터 끝까지 자신으로 남는다. 자기의 이중화(二重化) 속에서 자기는 자신 이상도 이하도 되지 않는다. 절망 속에서 자신이려고 노력하는 자기가 자신을 정반대로 만들어버리는 한, 그것은 정말 자신이 되지 않는다. 자기가 행동하는 범위인 전체적 변증법에서 확고한 것은 아무것도 없다. 어느 순간에도 자기는 확고하지 않다. 즉 영원히 확고하지 않다. 자기의 부정적인 형태는 구속하는 힘을 행사할 뿐만 아니라 풀어주는 힘을 행사한다.[44] 어느 순간에나 자기는 아주 자의적으로 다시 시작할 수 있다. 하나의 생각이 아무리 오랫동안 추구된다 해도, 전체적 행동은 가설 안에 있다. 자기는 성공적으로 더욱더 자신이 되기는커녕, 자기가 가설적인 자기라는 사실이 차츰 분명해질 뿐이다. 이 자기는 자신의 주인이며, 이른바 절대적으로 자신의 주인이다. 그런데 바로 이것이 절망이지만, 또한 자기가 자신의 쾌락과 기쁨이라고 생각하는 것이다. 그러나 좀더 자세히 관찰하면, 이 절대적인 지배자는 나라가 없는 왕이며, 실제로 아무것도 통치하지 않는 왕이다. 그의 지위, 그의 지배는 어느 순간에도 반란이 합법적이라는 변증법에 예속되고 있다. 결국 이것은 자의적으로 자기 자신에 근거하고 있다.

따라서 절망하는 자기는 허공에 성을 짓고 있을 뿐이며, 결정적인 행동을 피하고 있을 뿐이다. 상상적으로 구성된 이런 모든 미덕들은 자기를 화려하게 보이도록 만든다. 한 편의 동양의 시처럼 그것들은 순간적으로 흥미를 끈다. 그러한 자제력, 그러한 침착성, 그러한 부동심[45] 등등은 사실상 동화와 경계를 접하고 있다. 정말 그렇다. 그리고 전체의 토대는 무이다. 절망 속에서 자기는 자신을 자신으로 만들고, 자신을 발전시키고, 자신이라는 것의 총체적인 만족을 즐기고 싶어한다. 자기는 이런 시적인 명인다운 구성, 자기가 자신을 이해하는 방식을 명예로 삼기를 원한다. 그러나 마지막 분석에서 자기가 자신으로 이해하는 것은 수수께끼이다. 자기가 건물

---

44) " '……또 나는 너에게 하늘나라의 열쇠를 주겠다. 네가 무엇이든지 땅에서 매면 하늘에도 매여 있을 것이며 땅에서 풀면 하늘에도 풀려 있을 것이다' 하고 말씀하셨다."「마태오의 복음서」, 16장 19절.
45) Ataraxia. 고대 스토아 철학자들은 욕망을 누르고 자연의 법에 따라 그 무엇에 의해서도 동하지 않는 마음가짐을 부동심(不動心)이라고 명명하고, 이 부동심을 덕의 이상, 최고선으로 생각했다.

을 완성했다는 것에 가장 근접했다고 보이는 순간에, 자기는 자의적으로 모든 일을 무로 해체시킨다.[46]

절망하는 자기가 **수동적이라면**, 그 절망은 절망하여 자신이기를 원하는 것이다. 절망하여 자신이기를 원하는 그러한 상상적으로 구성하는 자기는 잠정적으로 자신의 구체적인 자기로 향하는 동안 이런저런 어려움을, 그것이 무엇이든 그리스도교인들이 십자가, 근본적인 결함이라고 부르는 것을 만난다. 부정적인 자기, 자기의 무한한 형태는 아마 이런 결함을 완전히 거부할 것이며, 그것이 존재하지도 않고, 자신과 아무 관계도 없는 것인 양 가장할 것이다. 그러나 그것은 성공하지 못한다. 상상적 구성에 있어서 그것의 능숙함은 그렇게 멀리 가지 못하며, 추상에 있어서 그것의 능숙함조차도 그렇다. 프로메테우스처럼[47] 무한한 부정적인 자기는 자신이 이런 예속에 못박혀 있다고 느낀다. 결국 그것은 수동적인 자기이다. 그러면 이런 절망, 즉 자신이기를 원하는 절망의 표현은 무엇인가?

앞에서 지상적인 것, 또는 지상적인 어떤 것에 대하여 절망하는 절망의 형태는 근본적으로 영원한 것에 대한 절망이라고 이해되었

---

46) "그대는 다정한 양치기 소녀에게는 수줍은 듯이 손을 내밀고, 그 순간에는 순간적으로 재빨리 양치기의 감정이 서린 가면을 뒤집어쓴다. 상대가 존경하는 정신적인 교부(敎父)인 경우에는, 그대는 형제적인 사랑이 넘치는 입맞춤 따위로 상대를 속인다. 그대 자신은 무(無)나 다름이 없다." 임춘갑 옮김, 『이것이냐 저것이냐』 제2부/하, 8쪽; (*SV* II), 145쪽.
47) 아직 인간에게 불이 없어 고통을 겪던 시절, 이를 불쌍하게 여긴 프로메테우스는 제우스에게서 불을 훔쳐 인간에게 가져다주었다. 화가 난 제우스는 프로메테우스를 카프카스 산에 쇠사슬로 붙들어 매놓고 매일매일 독수리에게 그의 간(肝)을 쪼아 먹도록 하였다. 그러면 밤 사이에 간이 소생하기 때문에 그의 고통은 끝이 없었다.

으며, 그것 또한 자신을 그렇게 표현하고 있는바, 영원한 것에 대한 절망이란 영원한 것으로 위로를 받거나 치유되기를 원치 않는 것이며, 영원한 것이 어떤 위로도 될 수 없을 정도의 이 세상 것들에 대한 과대평가이다. 그러나 이것은 절망의 한 형태이며, 지상적인 곤궁, 세속적인 십자가가 종말을 고할 수 있다는 가능성을 기대하기를 원하지 않는 것이다. 절망하여 자신이기를 원하는 절망자는 그렇게 하려고 하지 않는다. 그는 이 육체의 가시[48]가 너무 깊이 박혀있어서 그것을 뽑을 수 없다고(그것이 실제로 그러하든, 또는 그의 정열이 그에게 그것을 그렇게 보이게 하든*) 확신한다. 따라서 그는 말하자면 그것을 영원히 간직할 수도 있다. 그는 그 가시에 걸려

---

48) "내가 굉장한 계시를 받았다 해서 잔뜩 교만해질까봐 하느님께서 내 몸에 가시로 찌르는 것 같은 병을 하나 주셨습니다. 그것은 사탄의 하수인으로서 나를 줄곧 괴롭혀 왔습니다. 그래서 나는 교만에 빠지지 않게 되었습니다." 「고린토인들에게 보낸 둘째 편지」, 12장 7절. 임춘갑 옮김, 『관점』, 86, 104쪽; (SV XIII), 560, 569쪽.

* 더욱이 이런 관점에서 볼 때 사람이 세상에서 체념이라는 이름으로 분장되어 있는 것의 다수는 일종의 절망임을 알게 될 것이라는 점을 간과하지 않도록 하자. 여기서 일종의 절망은 절망하여 스스로의 추상적 자기이려고 하는 것이며, 절망하여 영원한 것을 만족스럽게 만들려고 하는 것이고, 그럼으로써 지상적인 것과 속세적인 것의 고통에 반항하거나 그것을 무시할 수 있고자 하는 것이다. 체념의 변증법은 본질적으로 이런 것이다. 스스로의 영원한 자기이려고 하는데, 자기가 자신에게 고통을 주는 특정한 것과 부딪힐 때에는 그것이 영원에서는 사라질 것이라는 생각에서 위안을 받으며, 따라서 그것을 속세에서 받아들이지 않으면 정당하다고 느끼면서 자신이기를 원하지 않는 것이다. 그것 때문에 고뇌하고 있으면서도 그럼에도 자기는 그것이 자기의 일부라는 것을 인정하려 하지 않는다. 즉 자기는 그 아래 무릎을 꿇으려고 하지 않는다. 따라서 절망으로 간주되는 체념은 절망하여 자신이기를 원하지 않는 절망과 본질적으로 다르다. 왜냐하면 절망하여 사람은 자신이기를 원하기 때문이다. 그러나 특별한 것의 예외가 있는데, 그것과 관련하여 절망자는 자신이기를 원하지 않는다.

넘어지며, 또는 더 정확히는 그는 그 가시를 모든 실존에서 걸려 넘어지는 계기로 삼는다. 그는 반항적으로 자신이기를 원하며, 가시를 무릅쓰지 않는, 또는 가시가 없는 자신이기를 원한다(그것은 정말 가시를 뽑아내는 것이리라. 그런데 그는 그런 일을 할 수가 없다. 또는 그것은 체념으로 향하는 운동일 것이다). 아니, 모든 실존에 대한 심술로, 또는 모든 실존에 대한 반항으로 그는 가시가 박힌 자신이기를 원하며, 가시를 지니고 다니지만, 대체로 자신의 고뇌를 비웃는다. 희망의 가능성에 대한 기대, 특히 신에게는 모든 것이 가능하다는 불합리의 힘에 의한 가능성에 대한 기대를 그는 원하지 않는다. 그는 다른 사람에게 도움을 구하는 것을 결코 원하지 않는다. 도움을 구하는 것보다 그는, 필요하다면 지옥의 모든 고뇌를 지닌 자신이기를 더 좋아한다.

"물론 고통을 당하는 자는 누군가가 자신을 도울 수 있다면 도움을 받기를 원한다"는 대중(大衆)의 생각은 실제로 그렇지 않으며 결코 진실이 아니다. 그 반대의 경우가 위의 경우만큼 항상 절망에 깊이 빠져 있는 것은 아니지만 말이다. 이것이 사실이다. 고통스러운 자는 자신이 도움받기를 원할 수 있는 하나 또는 여러 방법을 보통 지니고 있다. 그가 이러한 방법들로 도움을 받게 된다면, 그는 기꺼이 도움을 받으려고 한다. 그러나 도움을 받지 않으면 안 된다는 것이 심각하게 진지한 문제가 될 때에는, 특히 그것이 훨씬 높은 것, 또는 최상의 것에 의해서 도움을 받는 것을 의미할 때에는─ 무조건 어떤 종류의 도움을 받아야 한다는 것에 대한, 모든 것이 가능한 "구원자"의 손 안에서는 무(無)가 된다는 것에 대한 굴욕감이 있으며, 또는 간단히 다른 사람에게 굽혀야 한다는 것에 대한, 그가 도움을 구하는 한, 자신이기를 포기하는 것에 대한 굴욕감이 있다. 그러나 틀림없이 많은 고통, 심지어 지루하고 고뇌에 찬 고통이 있는데, 자기는 그런 고통 속에서도 그처럼 시달리지는 않는다. 따라서 근본적으로 자기는 자신이기를 유보하면서 그 고통을 선호한다.[49]

절망하여 자신이기를 원하는 이러한 고통스러운 자에게 의식이 더해지면 더해질수록, 그의 절망은 더욱 강렬해지며 악마적인 것[50]이 된다. 악마적인 것의 기원은 보통 다음과 같다. 절망하여 자신이기를 원하는 자기는 자신이 자신의 구체적인 자기로부터 떨어지거나 분리되는 것을 허용하지 않는 이런저런 심적 고통으로 시달린다. 그래서 이제 그는 바로 이 고통을 자신의 모든 정열의 대상으로 만들며, 마침내 이 정열은 악마적인 분노가 된다. 이쯤 되면 하늘의 신과 모든 천사들이 그를 그 속에서 구하려고 구원의 손을 내민다 하더라도 그는 그것을 원하지 않는다. 이제는 너무 늦었다. 예전에는 이 고뇌에서 벗어나기 위해서라면 그는 기꺼이 모든 것을 바쳤을지도 모른다. 그러나 그는 기다릴 수밖에 없었다. 이제 너무 늦었다. 이제 그는 모든 것에 대하여 분노할 것이며, 전 세계와 전 생명의 부당한 취급을 받은 희생물이려고 한다. 그가 손에 고통을 거머쥐고 있으며 아무도 그에게서 그것을 빼앗지 못한다는 것을 확인하는 것은 그에게 각별히 중요한 일이다. 왜냐하면 그렇다면, 그가 옳

---

49) *Pap*. VIII² B 159: 4.
50) "악마적인 것"(det Dæmoniske)은 그리스어 daimon에서 파생된 것으로 다이몬은 신과 인간과의 중간적 존재로서 초인간적인 것으로 생각되었다. 따라서 이것은 현실세계에 존재하는 것이 아니고 이른바 하나의 이상으로 상정되고 있다. 시인은 이것을 창작의 인물의 힘을 빌려 표현하고 있다.

다는 것을 자신에게 증명할 수도 없고, 납득시킬 수도 없기 때문이다. 이것이 종국에는 병적 애착이 되어서 극히 이상한 이유 때문에 그는 영원을 두려워하며, 그것이 그의 악마적으로 이해된, 다른 사람들에 대한 우월감으로부터, 지금의 그라는 것에 대한 악마적으로 이해된, 그의 정당화로부터 그를 떼어놓을 것임을 두려워한다. 그 자신은 그가 되고자 하는 것이다. 그는 자기의 무한한 추상으로 시작하였다. 그런데 이제 그는 마침내 너무 구체적이 되어서 그런 의미에서 영원하게 된다는 것은 불가능할 것이다. 그럼에도 불구하고 그는 절망하여 자신이기를 원한다. 얼마나 악마적인 광기인가! 그를 매우 격노케 하는 생각은 영원이 그의 불행을 그로부터 빼앗으려 한다는 생각을 할 수 있으리라는 것이다.

  이런 종류의 절망은 세상에서 보기 드물다. 그와 같은 인물들은 정말 시인들에게서만, 즉 악마적 관념성을, 그 말을 순전히 그리스적 의미에서 사용하면서 자신들의 작품에 항상 부여하는 진짜 시인들에게서만 등장한다. 그럼에도 이와 같은 절망은 현실에서도 나타난다. 그러면 그런 절망에 대응하는 외형(外形)은 무엇인가? 글쎄, 대응하는 외형, 즉 은폐에 대응하는 외형은 자기모순인 만큼, 대응하는 것은 없다. 왜냐하면 외형이 대응한다면, 그것은 사실상 은폐를 드러내기 때문이다. 그러나 은폐, 또는 자물쇠가 채워진 내면성이라고 불릴 수 있는 것이 주목의 특별한 대상임에 틀림이 없는 여기에서는 이런 경우의 외형은 전혀 중요하지 않다. 절망의 가장 낮은 형태는, 그것에서는 정말 내면성이 전혀 없거나, 또는 어떤 경우에도 언급할 가치가 있는 것이 없는바, 절망의 가장 낮은 형태는 절망에 빠진 사람의 어떤 외적 양상을 묘사하거나 또는 논의하는 것에 의해서 제시될 수 있다. 그러나 절망이 정신적으로 될수록, 내면성이 은폐 속에서 자신만의 독자적인 세계가 될수록, 절망이 그 밑에 숨는 외형은 더 대수롭지 않게 된다. 그러나 절망이 정신적으로 될수록, 그것은 악마적인 지혜를 가지고 절망을 은폐 속에 가두어 두려는 데 더 주의를 기울이며, 외형을 가능한 한 무의미하고 대수롭지 않게 만들면서 외형을 무력화하는 데 더 주의를 기울인다. 동화 속의 거인이 아무도 볼 수 없는 좁은 틈으로 사라지듯이,51) 절망도 마찬가지이다. 절망이 정신적으로 될수록, 그 뒤에서 아무도 보통은 절망을 찾는 것에 대해 생각하지 않을 외면 안에 사는 것이 더 절박해진다. 이런 비밀은 정신적인 것이며, 말하자면 현실의 배후에 있는 울-타리(*Inde* lukke), 즉 **오로지 자신만을 위한 세계**(*ude lukkende*), 절망하는 자기가 쉴 새 없이 그리고 고통스럽게 탄탈로스처럼52) 자신이려고 하는 일에 몰두하는 세계를 갖고 있다는 것을 보증하는 안전장치의 하나이다.

---

51) 산신령 이야기에 나오는 세 번째 전설에 대한 언급으로 생각된다. 무조이스 (I. A. Musäus), 『독일 동화』(*Volksmärchen der Deutschen*, I~V, Gotha, 1826, II, 62~63쪽.
52) 제우스의 아들로서 부유한 왕이었으나 천상계에서 신들의 음식을 훔쳐서 인간에게 주었기 때문에—일설에 의하면 신들의 지혜를 시험해보려고 아들 펠롭스를 죽여 신들의 식탁에 바쳤기 때문이라고도 한다—지옥에 떨어져 영겁의 벌을 받았다. 그 벌이란, 늪 속에 목까지 잠겨 있는데 머리 위에 잘 익은 과일이 열려 있는 나뭇가지가 늘어져 있어서 손을 뻗쳐 따려고 하면 나뭇가지는 위로 올라가고 물을 마시려고 하면 물이 입 아래로 내려가 영원한 굶주림과 갈증으로 고통을 받고 있다고 한다. 혹은 머리 위에 큰 바위가 매달려 있어 영원한 공포의 벌을 받고 있다고도 한다. 여기에서는 신들에게 반항하여 영원의 벌을 감수해야 했던 탄탈로스와 그의 반항으로 인한 끝없는 고통을 빗대어 인용되고 있다.

우리는 α(1)에서 절망의 가장 낮은 형태, 즉 절망하여 자신이기를 원하는 것으로부터 시작했다. 악마적인 절망은 절망의 가장 강렬한 형태, 즉 절망하여 자신이기를 원하는 것이다. 사실 스토아학파의 자기 심취와 자기 신격화 속에서 이런 절망이 자신이기를 원하는 것은 아니다. 확실히 허위로, 그러나 어떤 의미에서는 자신의 완전성에 따라서 자기를 희구하는 것이 그러는 것처럼, 자기가 자신이기를 원하지는 않는다. 아니, 실존에 대한 증오에서 그는 자신이기를 원하며, 자신의 비참함에 따라서 자기이기를 원한다. 자기는 반항 속에서 또는 반항적으로 자신이기를 원하는 것이 아니라, 심술 때문에 자신이기를 원한다. 자기는 반항 속에서 자기를 설정했던 힘으로부터 자신을 떼어내고 싶은 것이 아니라, 심술 때문에 자신을 그 힘에 밀어붙이며, 반항적으로 그것에 참견하며, 악의적으로 그것에 집착한다. 물론 악의적인 비난은 무엇보다도 그것이 비난하는 것에 집착하기 위해 고심해야만 한다. 모든 실존에 반역하면서 자기는 모든 실존에 반하는, 그것의 선에 반하는 증거를 가지고 있다고 느낀다. 절망에 빠진 사람은 자기 자신이 그 증거라고 믿는다. 그리고 그것이 그가 되기를 원하는 것이다. 그러므로 그는 자신이기를 원하며, 자신의 고통 속에서, 이런 고통으로 모든 실존에 항의하기 위해 자신이기를 원한다. 절망에 빠진 연약한 사람이 영원이 그를 위해서 가지고 있는 어떤 위안에 관해 어떤 것도 들으려 하지 않듯이, 그런 절망에 빠진 사람도 그것에 대해 그 어떤 것도 듣고 싶어하지 않는다. 그러나 그것은 다른 이유에서이다. 즉 바로 이 위안은 모든 실존에 대한 비난처럼 그의 파멸의 원인이 될 것이다. 비유적으로 말하면, 그것은 실수가 어떤 저자의 저술에 생기고, 그 실수가 자신을 실수로서 의식하게 되는 것과 같다. 아마 그것은 실제로 실수가 아니라 더 높은 의미에서 전체 작품의 본질적인 일부였을 것이다. 이제 이 실수는 저자에 대한 증오로 저자가 정정하는 것을 방해하면서, 광기에 찬 반항 속에서 다음과 같이 말하며 저자에게 반란을 일으키기를 원한다. "안 돼, 나는 삭제되는 것을 거부한다. 나는 너에게 불리한 증인으로, 네가 이류 저자라는 것에 대한 증인으로 서 있겠다."

제2부

절망은 죄이다

A 절망은 죄이다

죄는 이것이다. 즉 죄는 하느님 앞에서, 혹은 하느님에 대한 생각으로, 절망에 빠져서 자기 자신이기를 원하지 않는 것, 혹은 절망에 빠져서 자기 자신이기를 원하는 것이다. 따라서 죄는 강화된 연약함 혹은 강화된 반항이며, 죄는 절망의 강화이다. 강조가 주어지는 부분은 하느님 앞에서이거나 하느님에 대한 생각으로이다. 변증법적으로, 윤리적으로, 그리고 종교적으로 죄를 법률가들이 "악화된" 절망이라고 부르는 것으로 만드는 것은 하느님에 대한 생각이다.

비록 여기 제2부에는, 특히 이 절에는 더 말할 것도 없고, 심리학적 묘사를 할 공간이나 기회가 없겠지만, 여기에서 절망과 죄 사이의 가장 변증법적인 경계선, 종교성에 근접해 있는 시인-실존이라고 부를 만한 것,[1] 하느님에 대한 관념이 있다는 점을 제외하고는 체념의 절망과 뭔가를 공유하고 있는 실존은 언급될 수 있을 것이

---

1) 이에 관해서는 *Pap*. VIII² B 158 참조. 그리고 "이렇게 시인은 말합니다. 얼핏 귀를 기울이면 그것은 복음의 말씀과 거의 똑같은 말같이 들립니다. 정말이지 시인은 가장 강한 표현으로 새와 백합의 행복을 찬양하고 있기 때문입니다." 그러나 좀더 들어봅시다. "그러므로 복음이 백합과 새를 본으로 내세우고

다. 그러한 시인-실존은, 범주들의 정립과 연결, 관련에서 확인할 수 있는 것처럼 가장 뛰어난 시인-실존이 될 것이다. 그리스도교적으로 이해하건대, 모든 시인-실존은 (미학에서는 여하튼 간에) 죄이며, 존재하지 않고 시화(詩化)하는 죄, 선과 진리로 존재하는 대신 혹은 그것이고자 실존적으로 분투노력하는 대신 상상을 통해 선과 진리와 관계하는 죄이다. 여기에서 논구되고 있는 시인-실존은 그것이 하느님에 대한 생각을 포함하고 있다는, 혹은 하느님 앞에 있다는 사실에 의해서 절망과는 다르지만, 그것은 대단히 변증법적이며, 죄라는 것을 모호하게 의식하고 있는 정도와 관련해서는 마치 불가해한 변증법적 미궁에 있는 것과도 같다. 그와 같은 시인은 매우 심오한 종교적 갈망을 품고 있을 수 있으며, 하느님에 대한 생각은 그의 절망 속으로 녹아들어 있다. 그는 특히 하느님, 그의 은밀한 고통 속에서 유일한 위로가 되는 하느님을 사랑하지만, 그는

'너도 그래야 한다'라고 말한다면 그야말로 무자비한 짓이다―아, '나는 공중의 새, 들의 백합과 같았으면' 하고 이렇게 진실하게, 이렇게 진실하게, 이렇게 진실하게 바라고 있는데, 하지만 나는 도저히 그렇게 될 수가 없어. 그것은 불가능한 일이야. 바로 그렇기 때문에 그 소원은 내 마음 속에서 그처럼 진실하고 애처롭고 참으로 불같이 뜨거운 것이다. 그러니 나에게 그렇게 말하는 복음은 얼마나 무자비한가? 복음이 나에게 그렇게 되어야만 한다고 한다면, 그것은 나보고 미치라는 것이나 다름없다. 나는 내가 그렇지 않으며 그렇게 될 수 없음을 너무나도 절실히 느끼기 때문에 그렇게 간절하게 소원하는 것이다. 나는 복음을 이해할 수가 없다. 나와 복음 사이에는 언어의 차이가 있다. 내가 만일 복음을 이해하게 된다면 그것은 나를 죽이고야 말 것이다." 표재명 옮김, 『들의 백합 공중의 새』, 종로서적, 2000, 108쪽; (SV XI), 21쪽 참조. 이 구절에 나오는 시인은 키르케고르 자신이다. 다시 말해 키르케고르는 자신의 삶을 시인-실존으로 이해했다. 그러나 이 책이 저술되기 전에 그는 시적 실존을 결연히 단념하였으며 시를 끝장내기 위한 시로 들의 백합과 공중의 새에 관한 『세 편의 강화』를 발표하였다.

그 고통을 사랑하며, 또 그 고통을 포기하려고 하지 않는다.[2] 그는 그렇기 때문에 하느님 앞에서 자신이기를 간절히 원하지만, 그러나 자기가 경험하는 이 확고부동한 점은 배제한 채 그럴 뿐이다. 거기에서 절망에 빠진 채 그는 자기이기를 원하지 않는다. 그는 영원성이 그것을 없애주기를 바라고, 여기 시간 안에서는 그 밑에서 아무리 많은 고통을 겪을지라도 고통을 떠맡을 결심을 할 수 없으며, 믿음 안에서 고통 아래로 스스로를 낮출 수 없다. 그런데도 그는 여전히 하느님-관계 안에 머물러 있으며, 이것이 그의 유일한 구원이다. 하느님 없이 지내야 한다는 것은 그에게는 엄청나게 두려운 일이며, "그것은 사람을 절망 속으로 몰아넣기에 충분할 것이지만," 그런데도 그는 실제로는 하느님을 본래의 모습과 상당히 다른 모습으로, 오로지 아이의 모든 소망에만 지나치게 집착하는 사랑 넘치는 아버지와 아주 많이 흡사한 모습으로 감히—아마도 무의식적으로—시화(詩化)한다. 불행한 연애사건을 겪고 시인이 되어서 관능적 사랑의 행복을 환희에 넘쳐 찬양하는 사람과 같은 방식으로 그는 종교성의 시인이 된다. 그는 종교생활에서 불행해지며, 자신이 이 고통을 포기해야 한다는 것을, 다시 말해서 믿음 안에서 그 고뇌 아래로 스스로를 낮추고 고통을 자기의 일부분으로 떠맡아야 한다는 것을 희미하게나마 이해하고 있다. 왜냐하면 그는 고통을 자신에게서 떼어내기를 원하며, 또 바로 이렇게 함으로써 고통을 고수하기 때문이다. 그렇기는 하지만 그는 그 결과 그것으로부터 가능한 한 멀리 떨어지게 될 거라고, 인간적으로 가능한 대부분 고

---

[2] 『금요일 성찬식의 세 편의 강화』(*SV* XI), 254~55쪽.

통을 포기하게 될 거라고 확신하고 있다(이것은 절망에 빠진 사람의 다른 모든 말처럼 정반대의 의미에서 옳으며 결과적으로 반대로 이해되어야 한다). 그렇지만 믿음 안에서 고통을 떠맡는 것, 이것을 그는 할 수 없거니와, 다시 말하자면 본질로서 그는 하고 싶지 않거나 혹은 여기에서 그의 자기가 애매해진다.[3] 그런데도 관능적 사랑에 대한 다른 시인의 묘사처럼 종교성에 대한 이 시인의 묘사는, 그 어떤 기혼자나 그 어떤 목사의 묘사에서도 찾아볼 수 없는 매력을, 서정적인 열정을 지니고 있다. 그가 말하는 것이 거짓은 아니며, 결단코 아니다. 그의 묘사는 그저 그의 더 행복한 자기, 더 나은 자기일 뿐이다. 종교성에 대한 그의 관계는 불행한 연인의 관계이지, 엄밀한 의미에서 믿는 자의 관계가 아니다. 그는 다만 절망이라는 믿음의 첫째 요소를 지니고 있을 뿐이며 절망 안에서 종교성에 대한 강렬한 갈망을 품고 있을 뿐이다. 그의 갈등은 본질적으로 다음과 같은 것들이다. 그는 소명되었는가? 그의 육체의 가시는 그가 특별한 데 쓰일 예정이라는 것을 의미하는가? 하느님 앞에서 그 가시는 그가 현재 되어 있는 특별한 존재로 있기 위함인가? 아니면 이 육체의 가시 아래로 그는 보편적 인간성을 획득하기 위해 낮아져야 하는가?[4] 그런데 이것으로 충분하다. 나는 정말 힘주어 진실로 물을 수 있다, 나는 누구에게 말하고 있는가? 누가 이처럼 강력

---

[3] 1848년의 키르케고르의 상황이 바로 이러하였다.
[4] 이 구절 전체는 사적인 뉘앙스가 강력해서, 키르케고르가 자신의 일지에 기록하고 있는 것처럼, 그 자신의 개인적인 경험을 연상시키지만, 여기에서 자기 자신에 관해 이야기하고 있다는 것을 아무도 짐작하지 못할 것이라는 강한 확신이 깃들어 있다.

한 심리학적 탐구들로 극도로 골머리를 앓겠는가? 성직자들이 그리는 뉘른베르크 그림책이 이해하기가 더 쉽다. 온통 그것은 사람들의 일반적인 모습을 기만적으로 닮아 있으며, 정신적으로 이해될 때는 아무것도 닮지 않았다.

제1장 자기의식의 단계들("하느님 앞에서"라는 조건)[5]

앞에서는 자기의식의 단계적 변화가 집중적으로 지적되었다. 맨 처음 영원한 자기를 소유하는 것에 대한 무지가 나왔으며(C. B, a), 다음에는 영원한 어떤 것이 포함되어 있는 자기를 소유하는 것에 대한 앎이 나왔고(C, B, b), 이것에 따라서 그 다음에는 (α 1-2, β) 단계적 변화들이 지적되었다. 이러한 전체의 고찰은 이제 변증법적으로 새로운 방향을 취해야 한다. 요점은 앞에서 고찰된 자기의식의 단계적 변화가 인간의 자기의 범주 안에, 혹은 그 척도를 인간으로 삼고 있는 자기 안에 있다는 사실이다. 그렇지만 이 자기는 그것이 직접 하느님 앞에 있는 자기라는 사실에 의해 새로운 성질 내지 조건을 획득한다. 이 자기는 더 이상 단순한 인간적 자기가 아니라 내가, 오해되지 않기를 바라건대, 신학적 자기라고 부르고자 하는 바이며, 직접 하느님 앞에 있는 자기이다. 그런데 이 자기는 하느님 앞에 실존함으로써, 하느님을 척도로 하는 인간의 자기가 됨으로써 얼마나 무한한 실재[6](*Realitet*)를 획득하는가! 직접 자

---

[5] 『후서』(*SV* VII), 462~63쪽; 『금요일 성찬식의 세 편의 강화』(*SV* XI), 265~67쪽.

신의 가축 앞에 있는 자기인(만일 이것이 가능하다면) 목자는 매우 낮은 자기이며, 비슷하게 직접 자기 노예 앞에 있는 자기인 주인은 실제로는 자기가 아니다. 왜냐하면 두 경우 모두 기준이 결여되어 있기 때문이다. 이전에는 오직 자기 부모만을 기준으로 삼았던 아이는 국가를 기준으로 삼음으로써 성인으로서의 자기가 되지만, 하느님을 기준으로 삼음으로써 자기에게 얼마나 무한한 강조가 주어지는가! 자기의 기준은 언제나 아이가 그 앞에서 자기인 바로 그런 것이거니와, 이것이 이제 "기준"의 정의이다. 같은 종류의 실체들만 더해질 수 있는 것처럼 모든 것은 질적으로 그것을 측정하는 기준이며, 그것의 질적 기준(*Maalestok*)인 것이 윤리적으로는 그것의 목적(*Maal*)이다. 기준과 목적은 뭔가를 정의하는 것, 그 무엇의 본래의 것인바, 자유세계에서는 그 조건이 예외인데, 이곳에서는 질적으로 그의 목적과 그의 기준인 것이 아니면 사람은 틀림없이 이러한 자격 박탈을 당하기에 충분했을 것이다. 따라서 목적과 기준은 아직도 식별할 수 있을 정도로 동일한 것으로 남아 있으면서, 사람이 무엇이 아닌가를, 무엇이 사람의 목적과 기준인가를 밝힌다.

    그것은 매우 건전한 생각, 옛날의 교의학[7]에서 그처럼 자주 나타나곤 하던 바로 그 생각인데 반해, 후대의 교의학[8]은 이해와 센스

---

6) "실재"(Realitet)에 관해서는 *JP* III, 900~03쪽 참조.
7) 예컨대 루터(Luther)·멜란히톤(Melanchthon), 『아우크스부르크 신앙고백』(*Apologia Confessionis Augustanae*), 1530, 항목 II, IV. "죄의 원인은 죄를 범하는 자들의 의지, 즉 악마와 불경한 자들의 의지이다. 그 의지는 신의 도움을 받지 않고, 신을 등지는 것이다"에서 표현되고 있는 교의학의 죄에 대한 개념.
8) 주로 칸트에게 영향을 받은 교리론, 『실천이성비판』에서 칸트가 노력법칙은

가 부족한 탓에 너무나 자주 생각에 이의를 제기하였다. 그것은 매우 건전한 생각이었다. 비록 가끔 잘못 적용되었긴 하지만 말이다. 죄를 그처럼 무서운 것으로 만드는 생각은 죄가 하느님 앞에 있다는 것이다. 그것은 지옥에서의 영원한 벌을 증명하는 데 이용되었다. 후에 사람들이 더 영악해지자 그들은 말했다. "죄는 죄이다. 죄는 하느님을 거역하거나 혹은 하느님 앞에 있다고 해서 더 큰 것이 아니다." 이상한 일이다! 심지어 법조인조차도 가중범죄라는 말을 한다. 심지어 법조인조차도, 예컨대, 공무원에 대한 범죄와 민간인에 대한 범죄를 구별하고, 존속살해죄에 대한 처벌과 단순 살인죄에 대한 처벌을 구별한다.

아니, 옛날의 교의학은 죄가 하느님을 거역하기 때문에 무한히 커진다고 주장한 점에서는 옳았다. 그들의 잘못은 하느님을 외적 존재로 간주했다는 것, 또 표면적으로는 아주 가끔 사람들이 하느님을 거역해서 죄를 짓는다고 생각했다는 것이다. 그러나 하느님은 경찰관이 외적 존재라는 것과 같은 의미의 외적 존재가 아니다. 여기에서 주목해야 할 점은 자기는 하느님에 대한 생각을 품고 있다는 것, 그런데도 하느님이 원하는 대로 원하지 않으며, 그렇게 반항

인간의 합리적 의식, 인간의 준법능력에서 비롯된다는 것을 주장하면서, 인간이 자신의 의무를 인식할 수 있기 위해서 꼭 신의 개념을 필요로 하는 것은 아니며, 하느님의 의지가 도덕법칙을 규정하는 것도 아니라고 주장하였을 때, 죄가 "하느님 앞에" 있음에 의해 규정된다는 생각은 암암리에 폐기되었다. 한편, 슐라이어마허(F. E. D. Schleiermacher)는 "그리스도교 믿음"에서의 죄를 "감각적인 기능의 독자적 활동에 의해 영혼의 규정력이 저지되는 것"으로 보고 있다. 『그리스도교의 믿음』(*Der Christliche Glaube*), 622쪽. 특히 키르케고르가 여기에서 염두에 두고 있는 것은 칸트 철학의 영향 아래서 이러한 정의를 일반적으로 무시한 당대의 신학자들이다.

적이라는 것이다. 사람이 오직 간헐적으로만 하느님 앞에서 죄를 범하는 것이 아닌데, 왜냐하면 모든 죄는 하느님 앞에 있기 때문이며, 아니 더 정확하게 말하자면, 실제로 사람의 범죄행위를 죄로 만드는 것은 범죄를 저지른 자가 하느님 앞에서 실존하고 있다는 의식을 가지고 있다는 사실이기 때문이다.[9]

절망은 자기의식과 비례하여 강화되지만, 자기는 자기에 대한 기준과 비례하여 강화되며, 하느님이 그 기준일 때 무한히 강화된다. 사실 하느님에 대한 생각이 더해질수록 자기도 더해지며, 자기가 더해질수록 하느님에 대한 생각도 더해진다. 이렇게 특정한 외톨이인 개인으로서의 자기가 하느님 앞에서 실존한다는 것을 의식할 때, 오직 그때 그것은 비로소 무한한 자기이며, 그리고 그때 이 자기는 하느님 앞에서 죄를 범한다. 따라서 그것에 관해 이야기할 수 있는 모든 것에도 불구하고, 이교의 이기성은 그리스도교계의 그것처럼 여기에도 또한 이기성이 있는 한, 그렇게 거의 가중적인 것은 아닌데, 왜냐하면 이교도에게는 직접 하느님 앞에 있는 그의 자기가 없기 때문이다. 이교도와 자연인은 그들의 척도로 단순한 인간적 자기를 가지고 있을 뿐이다. 그렇기 때문에 더 높은 관점에서는 이교가 죄 속에 깊이 빠져 있다고 보는 것이 옳을 수도 있지만, 그러나 이교의 죄는 본질적으로 하느님에 대한, 하느님 앞에서 실존하는 것에 대한 절망적인 무지이다. 이교는 "세상에서 하느님 없이 있는 것"이다.[10] 그렇기 때문에 또 다른 관점에서는 엄밀한 의미에

---

9) 키르케고르가 제시한 죄책감과 죄의 차이에 관해서는 『후서』(SV VII), 458쪽 참조.

서 이교도는 죄를 범하지 않았다는 것은 사실인데, 왜냐하면 이교도는 하느님 앞에서 죄를 지은 게 아니고, 또 모든 죄는 하느님 앞에서 있기 때문이다. 게다가 이교도는 바로 그의 천박한 펠라기우스적 개념[11]에 의해 구원받았기 때문에 세상 속으로 아무 잘못도 없이 미끄러지듯 들어가는 데 자주 도움을 얻는다는 것 또한 어떤 의미에서는 사실이다. 그렇지만 그 경우 그의 죄는 어떤 다른 것, 즉 그의 천박한 펠라기우스적 해석이다. 다른 한편으로 그리고 다른 측면에서는 자주 그리스도교 신앙 안에서 엄격하게 양육됨으로써, 사람은 어떤 의미에서는 이미 죄 속에 던져졌다는 것 또한 확실히 맞는 말이다. 왜냐하면 전체적인 그리스도교적 견해는 그런 사람에게는, 특히 그의 유년기에는 너무나 진지한 것이기 때문이다.[12] 그렇지만 그 경우 죄가 무엇인가에 대한 이러한 훨씬 심오한 이해에는 그에게 어떤 도움이 되는 것이 있기도 한다.

 죄는 하느님 앞에서 절망하여 자신이기를 원하지 않는 것, 혹은 하느님 앞에서 절망하여 자신이기를 원하는 것이다. 이 정의는, 비록 다른 측면들에서는 장점들이 있다는 것이 인정될 수 있을지 몰

---

10) "그때 여러분은 그리스도와는 아무 관계도 없었고 이스라엘 시민권도 없는 외국인으로서 약속의 계약에서 제외된 채 이 세상에서 희망도, 하느님도 없이 살아온 사람들이었습니다."「에페소인들에게 보낸 편지」, 2장 12절.

11) 임규정 옮김, 『불안의 개념』, 145쪽; (SV IV), 300쪽. 5세기경의 신학자 펠라기우스(Pelagius)는 하느님의 은총과 원죄설을 부정하고 인간 의지의 자유와 책임을 강조하였으며, 신앙과 율법의 실현은 인간 자신의 힘에 의해 이루어져야 한다고 주장하였다. 펠라기우스는 인간 자신의 자연적 능력을 신뢰한 그의 방법이 경박하다는 이유로 431년 에페소스 공의회에서 이단으로 단죄되었다.

12) 이것은 바로 키르케고르 자신의 경우이다.

라도(그리고 그런 모든 장점 중에서 가장 중요한 것은 그것이 유일한 성경적 정의라는 것인데, 왜냐하면 성경은 언제나 죄를 불순종이라고 정의하기 때문이다), 지나치게 정신적인 것은 아닐까? 이것에 대한 맨 처음의 대답은 죄의 정의가 지나치게 정신적인 것일 수 없다는 것이어야 하는데(죄의 정의가 너무나 정신적인 것이 되어서 죄를 없애지 않는 한), 왜냐하면 죄는 특히 정신의 조건이기 때문이다. 다시금 죄의 정의는 어째서 지나치게 정신적인 것으로 생각되는가? 죄의 정의가 살인, 절도, 간통 등등에 관해 언급하지 않기 때문인가? 그렇지만 죄의 정의가 이것들에 관해 언급하고 있지 않은가? 이것들 역시 하느님을 거역하는 강퍅함, 하느님의 계명에 반항하는 불복종이 아닌가? 다른 한편으로, 만일 죄를 고찰하면서 우리가 오직 그런 죄들만 언급한다면, 우리는 인간적으로 말해서 그런 모든 것들이 어느 정도는 합당할 수도 있으나, 그러면서도 삶 전체가 죄, 익숙한 죄일 수도 있다는 것을 아주 쉽게 망각할 수 있다. 인간적 자기의 모든 은밀한 소망이나 생각과 관련해서, 이러한 자기에 대한 하느님의 의지에 관한 하느님으로부터의 모든 사소한 암시까지도 기꺼이 듣고 이해하려는 자세 및 그 암시에 따르고자 하는 용의와 관련해서, 하느님에 대해 복종하는 인간적 자기의 훨씬, 훨씬 깊은 의무에 대해 무정신성에서 혹은 뻔뻔하게도 계속해서 무지하거나 혹은 무지하기를 원하는 겉만 번지르르한 악덕과 강퍅함이 바로 그런 죄이다.[13] 육체의 죄는 비천한 자기의 강퍅함이다. 그러나 한 악마의 도움으로 다른 악마를 쫓아냈지만, 나중 상태

---

13) *JP* VI 6689 (*Pap.* X^3 A 551).

가 처음 상태보다 더 나쁘게 되는 경우가 그 얼마나 많던가.[14] 왜냐하면 그것은 이 세상에서 흔히 일어나는 일이기 때문이다. 처음에 사람은 연약함과 허약함 때문에 죄를 범하며, 그 다음에는(그렇다, 그 다음에는 아마도 하느님에게로 도망쳐서 모든 죄에서 구해주는 믿음의 도움을 받는 것을 배울 테지만, 그러나 여기에서는 이것을 논의하지 않을 것이다), 그 다음에는 자신의 연약함에 절망해서, 절망에 빠진 채 일종의 법적 정의를 다루는 바리사이파 사람이 되거나, 아니면 절망한 채 또다시 죄 속에 빠진다.

그렇기 때문에 이 정의는 상상할 수 있는 모든 형식과 현실적인 모든 형식의 죄를 포괄한다. 사실 이 정의가 죄는 절망이며(왜냐하면 죄는 살과 피의 광란이 아니라 살과 피의 광란에 대한 정신의 동의이기 때문이다) 하느님 앞에 있다는 결정적인 점을 강조하는 것은 옳은 일이다. 그것의 정의가 수학적[15]이기 때문에, 내가 이 작은 책자에서 특정의 죄들을 묘사하기 시작하는 것은 적절하지도 않으려니와, 더군다나 그런 시도는 실패할 것이다. 여기에서 중요한 점은 명백히 그 정의가 그물처럼 모든 형식을 포괄한다는 것이다. 그

---

14) "그러나 바리사이파 사람들은 이 말을 듣고 '그는 마귀의 두목 베엘제불의 힘을 빌려 마귀를 쫓아내고 있는 것이다' 하고 헐뜯었다."「마태오의 복음서」, 12장 24절;「루가의 복음서」, 11장 15절; "다시 나와 자기보다 더 흉악한 악령 일곱을 데리고 들어가 자리 잡고 살게 된다. 그러면 그 사람의 형편은 처음보다 더 비참하게 된다."「루가의 복음서」, 11장 26절.

15) 키르케고르의 저작들은 다양한 형식으로 되어 있는데, 예컨대『이것이냐 저것이냐』(*SV* I)의 "디압살마타"(Diapsalmata).『공포와 전율』의 부제인 "변증법적 서정시" 등은 서정적 표현의 형식을 취하고 있고,『불안의 개념』『철학적 조각들』그리고『죽음에 이르는 병』등은 대수학적 형식을 취하고 있다. 그 용어는 후기 저작들의 치밀한 변증법적 성격을 상징한다. *JP* VI 6137(*Pap*. VIII¹ A 652).

리고 그것이 모든 형식을 포괄하는 것은 정의의 대립자, 즉 믿음을 제기함으로써 정의를 시험해보면 알 수 있는데, 이 책 전체에서 나는 신뢰할 수 있는 항해 지침처럼 믿음에 의지해 방향을 잡아 나간다. 믿음이란 자기가 그 자신임에서, 그리고 그 자신이기를 원함에서 하느님 안에 투명하게 기초를 두고 있다는 것이다.

그렇지만 죄의 반대는 결코 덕이 아니라는 사실이 너무 자주 간과된다. 부분적으로 이것은 이교적 견해인데, 이교적 견해는 단순히 인간적인 척도로 만족한 채 죄가 무엇인지를, 즉 모든 죄가 하느님 앞에 있다는 것을 모른다. 아니지, 죄의 반대는, 「로마서」 14장 23절에서 말하고 있는바, "믿음에서 우러나오지 않는 행위는 모두 다 죄가 됩니다"처럼 **믿음이다**.[16] 그리고 이것, 즉 죄의 반대는 덕이 아니라 믿음이라는 것이 그리스도교 전체에 대해 가장 결정적인 정의이다.

부론: 죄의 정의는 걸려 넘어짐의 가능성을 포함하고 있다는 것, 걸려 넘어짐에 관한 일반적 고찰

죄/믿음의 대립은 모든 윤리적 개념을 그리스도교적으로 새로 만드는 한편, 그 개념들에 한 가지 부가적인 범위를 부여하는 그리스도교적인 것이다. 이 대립의 근저에는 핵심적인 그리스도교적 조건인 "하느님 앞에서"가 놓여 있는데, 이것은 또 **불합리함, 역설, 걸려 넘어짐**[17]의 가능성 등 그리스도교의 핵심적인 기준들을 포함하고

---

16) *JP* IV 4020(*Pap.* X¹ A 384).

있다.[18] 이것은 그리스도교적인 것에 대한 모든 규정에 의해 예증된다는 점이 매우 중요한데, 왜냐하면 걸려 넘어짐은 모든 사변에 대항하는 그리스도교의 무기이기 때문이다. 그렇다면 여기에서 무엇에 걸려 넘어짐의 가능성이 있는가? 그것은 다음의 사실(*Realitet*), 즉 인간이 한 **개개**의 인간으로서 하느님 앞에 있다는 사실과, 따라서 그 당연한 결과로 인간의 죄는 틀림없이 하느님에게 중요할 거라는 사실에 있다. 하느님 앞에서의 개개의 인간이라는 관념은 결코 사변의 마음속으로는 들어가지 않는다. 사변은 개개의 인간을 환상적으로 인류라는 종으로 그저 보편화할 뿐이다. 그것은 사실상 의심 많은 그리스도교가 죄는 죄일 뿐, 그것이 직접 하느님 앞에서이건 아니건 전혀 차이가 없다고 주장한 이유이기도 하다. 다시 말해서 그리스도교는 하느님 **앞에서**라는 조건을 없애고 싶어했으며 이 때문에 훨씬 높은 지혜를 생각해 냈는데, 그것은 그러나 참 희한하게도, 보다 높은 지혜가 흔히 그런 것처럼 고대의 이교 이상도 이하도 아닌 것이었다.

사람들이 그리스도교에 걸려 넘어지는 것은 그리스도교가 너무 어둡고 우울하기 때문이라거나, 혹은 지나치게 엄격하기 때문이라는 등의 이야기가 오늘날 많지만, 사람들이 그리스도교에 걸려 넘

---

17) 덴마크어로는 forargelse, 독일어로는 Ärgernis, 영어로는 offense이며, "거침돌, 걸려서 넘어질 돌"(「로마 사람에게 보낸 편지」, 9장 32~33절), 또는 "걸리는 돌, 넘어지는 바위"(「베드로의 첫째 편지」, 2장 6절) 등에서 유래된 말이다.
18) 이러한 핵심주제들에 대해서는 *JP* I 5~12; III 3025~40, 3070~3102 참조. 이러한 핵심개념들은 『철학적 조각들』에서 처음 나타났으며, 『후서』에서 상세하게 다루어지고 있다.

어지는 진짜 이유는 그리스도교가 너무 높기 때문이라는 것, 그리스도교의 목적이 인간의 목적이 아니기 때문이라는 것, 그리스도교는 사람을 인간으로서는 도저히 생각조차 할 수 없는 너무나 특별한 존재로 만들기를 원하기 때문이라는 것을 한 번은 설명하는 것이 첫째일 것이다. 걸려 넘어짐의 본질에 대한 극히 간단한 심리학적 탐구만으로도 걸려 넘어짐을 제거하는 방식으로 그리스도교를 변호하는 데 우리가 얼마나 어리석은 짓을 했는지, 얼마나 어리석게 혹은 얼마나 파렴치하게 그리스도 자신의 가르침을 무시했는지를 설명하고 또 보여줄 수 있을 것이다. 그 가르침은 기회 있을 때마다 깊이 염려하는 마음으로 걸려 넘어짐을 피하라고 경고하고 있으며,[19] 다시 말해서, 그리스도는 걸려 넘어짐의 가능성은 현존하고 있으며, 또 영원히 현존해야 한다는 것을 직접 지적하고 있는데, 왜냐하면 만일 그것이 현존하지 않는다고 한다면, 만일 그것이 그리스도교의 영원한, 본질적인 구성요소가 아니라면, 그렇다면 그것을 없애버리는 게 아니라 그 대신 그것 때문에 염려하면서 그것을 피하라고 경고하는 것은 그리스도의 입장에서는 확실히 너무나도 인간적인 난센스이기 때문이다.

가난한 날품팔이와 역사상 유례가 없는 가장 강력한 황제가 있다고 상상해보자. 그런데 이 막강한 황제가 그 날품팔이를 데려올 사

---

[19] "그렇다. 그분에게 실족하지 않는 사람은 복이 있다. 예수 그리스도가 이 지상에서 생존하셨다는 사실을 믿고, 또 비천한 인간이었던 그분이, 그럼에도 불구하고 말씀대로 아버지의 외아들인 하느님이었다는 사실을 믿는 사람은 복이 있다." 임춘갑 옮김, 『그리스도교의 훈련』, 종로서적, 1983, 103쪽; (SV XII), 67~239쪽 참조.

자를 파견할 생각이 들었다면, 그러나 정작 날품팔이는 자기가 있다는 것을 황제가 알고 있으리라고는 꿈에서도 생각해본 적이 없거니와 또 "상상조차 하지 못했다면,"[20] 따라서 만일 그저 한 번만이라도 황제를 보는 것이 허락된다면 자신이 형언할 수 없는 은총을 받았다고 생각할 것이며, 그것을 생애 최대의 사건으로 자자손손 전하게 할 생각이라면, 만일 황제가 이 날품팔이에게 사자를 파견해서 그를 사위 삼기를 원한다는 소식을 그에게 알려준다면 무슨 일이 일어날까? 다분히 인간적으로 그 날품팔이는 이 일 때문에 다소 혼란스럽고, 또 수줍어하면서도 당황할 것이다. 그는 이 일을 인간적으로는 아주 이상하고 별난 일, 아무에게도 감히 말할 수 없는 일로 (그리고 이것이 그 사건에 담겨 있는 인간적 요소이다) 생각할 텐데, 왜냐하면 원근 각처에 있는 그의 이웃들이 이 소식을 접하자마자 곧장 분주하게 입방아를 찧을 거라고, 황제가 그를 놀리고 싶어한다고, 그래서 그를 도시 전체의 웃음거리로 만들고 싶어한다고, 신문마다 그를 풍자하는 그림들이 실릴 거라고, 황제의 딸과 그의 약혼이 가두시인의 만담 주제로 팔릴 거라고 그 자신이 이미 은밀하게 결론을 내렸기 때문이다. 그가 황제의 사위가 된다는 이 계획은 금방 외적 실체를 띠어야 하며, 그럼으로써 황제가 정말로 진

---

20) "눈으로 본 적이 없고/귀로 들은 적이 없으며/아무도 상상조차 하지 못한 일을/하느님께서는/당신을 사랑하는 사람들을 위하여 마련해 주셨다." 「고린토인들에게 보낸 첫째 편지」, 2장 9절 "우리는 모두 이 기적 앞에 서 있다. 나와 당신에 대한 어떤 인간의 언어로도 그 기적의 엄숙한 침묵을 깨뜨릴 수 없으며, 그 기적의 엄숙한 말은 당신과 나에 대한 모든 인간의 다툼을 침몰시키면서, 내가 이런 시를 만들었다는 잘못된 환상을 용서해 주기를 바란다. 그것은 분명히 환상이었다. 그 시는 인간의 어떤 시와도 달라서 그것은 시가 아니라 기적 그 자체였다." 황필호 옮김, 『철학적 조각들』, 123쪽; (SV IV), 203쪽.

심으로 그러는 것인지, 아니면 불쌍한 그를 놀리려는 것뿐인지, 그래서 그를 평생 불행하게 만들어서 결국 정신병원으로 보낼 생각인지가 어떤 구체적인 방법으로 확인될 수 있어야 할 텐데, 왜냐하면 현재 여기에 있는 것은 너무나도 쉽게 정반대로 뒤집힐 수 있는 지나친 행위(*quid nimis*)이기 때문이다. 사소한 호의, 이런 것이라면 이 사내도 이해할 수 있을 것이다. 그런 것이라면 시장[21]에서도 존경받는 교양 있는 대중, 가두시인들, 간단히 말해서 인구 면에서는 확실히 매우 큰 도시이지만 비범한 일에 대한 이해나 감각의 측면에서는 아주 보잘것없는 그런 시장도시에 거주하는 50만 사람들도 이해할 수 있을 것이다. 그러나 그가 황제의 사위가 된다는 이러한, 이러한 계획, 글쎄, 이것은 그 정도가 훨씬 심하다. 이제, 하여튼, 그 계획이 외부세계의 사실이 아니라 내면의 것에 관한 것이어서 사실적 증거들이 그 사내에게 아무런 확신도 주지 못하고, 믿음 그 자체가 유일한 사실성이라고, 그래서 그가 감히 그것을 믿기에 충분한 겸손한 용기를(왜냐하면 뻔뻔스러운 용기는 **믿음**에 아무런 도움이 될 수 없기 때문이다) 가지고 있는지 여부는 순전히 믿음의 문제라고 해보자. 그런 용기가 있는 날품팔이가 도대체 몇 명이나 있을까? 그런 용기가 없는 사람은 걸려 넘어질 것이다. 그런 사람

---

21) Kjøstad. 이 말은 키르케고르가 덴마크의 수도를 자주 경멸적으로 부르면서, 무역항을 뜻하는 쾨벤하운(Kjøbenhavn, 코펜하겐)으로 익살을 부릴 때 사용하는 말이다. 여기에서 그는 당시 이 도시가 주장한 거주인구 50만 명을 언급함으로써 노골적으로 이러한 의도를 드러내고 있다. 참고로 1845년 당시 코펜하겐의 인구는 12만 6787명이었다. 임춘갑 옮김, 『관점』, 119쪽; (*SV* XIII), 581쪽. 여기에서 키르케고르는 자신의 운명이 "시장의 천재"로 존재하는 것이라고 쓰고 있다. 임춘갑이 우리말로 번역한 『관점』에는 이 말이 "씨구려 장터 같은 거리"로 바뀌어 있다.

에게 비범한 일은 그에 대한 조롱처럼 들릴 것이다. 그럴 경우 그런 사람은 아마도 정직하고 솔직하게 다음과 같이 고백할 것이다. "그런 일은 나에게는 너무나 고상해서 나는 그런 일을 이해할 수가 없습니다. 솔직히 말하자면, 나에게 그것은 참 어리석은 생각일 뿐입니다."

그러면 이제 그리스도교의 경우는 어떤가! 그리스도교는, 이 개별적인 인간이, 따라서 모든 외톨이인 개별적 인간이, 그가 누구이건 간에, 남자이건, 여자이건, 하녀이건, 장관이건, 상인이건, 이발사이건, 학생이건, 그 누구이건 간에, 이 개별적인 인간이 하느님 앞에서 실존한다는 것을, 평생 단 한 번이라도 왕과 이야기한 적이 있다면 아마도 그걸 자랑으로 여길 이 개별적인 인간, 이러저러한 사람과 막역한 사이로 지낸다는 착각을 추호도 하지 않는 이 사람, 이런 사람이 하느님 앞에 실존하고 있으며, 원하기만 하면 언제라도 하느님과 대화를 나눌 수 있고, 또 그의 말에는 하느님이 확실히 귀를 기울인다고 가르친다. 간단히 말해서 이런 사람이 하느님과 가장 친하게 지내자는 초대를 받았다는 것이다! 더욱이 이 사람 때문에, 그리고 또 바로 이 사람을 위해서, 하느님이 세상에 와서, 인간의 몸으로 태어나서, 수난을 당하고 죽으며, 이 고통받는 하느님, 그분이 그 사람에게 제시된 도움을 받아들일 것을 그에게 거의 간청하다시피 하고 또 애원하다시피 한다는 것이다! 진실로 만일 사람의 오성을 잃게 만드는 것이 있다면, 이것이 바로 그것이다! 감히 그것을 믿을 겸손한 용기가 없는 사람은 모두 걸려 넘어진다. 그런데 어째서 걸려 넘어지는가? 그것이 그에게는 너무 높기 때문에, 그의 정신이 그것을 이해할 수 없기 때문에, 그것에 직면해서 담대한 확신을 얻을 수 없으며 따라서 그것을 없애버리고 하찮은 것, 무의미한 것, 어리석은 것이라고 속여 넘겨야 하기 때문인데, 왜냐하면 마치 그것이 그를 질식시킬 것처럼 보이기 때문이다.

무엇 때문에 걸려 넘어지는가? 걸려 넘어짐은 불행한 경탄이다. 따라서 그것은 질투와 관련이 있지만, 그러나 그것은 그 사람 자신을 향한 질투이며, 그 자신에게 충돌하는 훨씬 심각하게 악화된 질투이다. 자연인은 그의 무자비함 때문에 하느님이 그를 위해 예비해둔 특별한 것을 받아들일 수가 없다. 그래서 그는 걸려 넘어진다.

걸려 넘어짐의 정도는 경탄이 얼마나 정열적인가에 달려 있다. 훨씬 단조로운 인간, 상상력도 또 정열도 없고 따라서 특별히 경탄의 능력이 없는 사람, 그런 사람도 걸려 넘어질 수 있지만, 그러나 그들은 "그런 것을 나는 이해할 수 없을 따름이다. 그런 일에는 상관하지 않는다"라고 말하는 데 그칠 뿐이다. 이런 사람은 회의론자이다. 그렇지만 더 많은 정열과 상상력이 있을수록, 따라서 어떤 의미에서는(즉 가능성 안에서는) 믿을 수 있는 데 접근할수록, 주의하라(nota bene), 흠모하면서 특별한 것 아래로 몸을 낮추는 데 근접할수록 걸려 넘어짐은 더욱더 정열적인데, 이런 걸려 넘어짐은 이 특별한 것을 뿌리째 뽑아서 없애버린 다음 흙속에 짓밟아 뭉개기 전에는 만족할 수 없다.

걸려 넘어짐을 이해하려면 인간의 질투를 연구할 필요가 있는 바,[22] 인간의 질투라는 이 영역을 나는 고찰할 필요가 없는 것으로 제안하거니와, 나는 그것을 철저하게 연구했다고 자부한다. 질투는

---

22) 『두 시대』(*SV* VIII), 76~89쪽.

은밀한 경탄이다. 질투에 빠진 탓에 행복해질 수 없다고 느끼는 경탄자는 그가 경탄하는 대상에 대해 질투할 것을 선택한다. 그래서 그는 또 다른 언어를 말하는데, 이 언어로는 그가 실제로 경탄하는 대상은 사소한 것, 몹시 어리석고 무미건조하고 과장된 것이 된다. 경탄은 행복한 자기 포기이며, 질투는 불행한 자기 주장이다.

걸려 넘어짐의 경우도 이와 같은데,[23] 왜냐하면 사람과 사람 사이에서 경탄/질투인 것이 하느님과 사람 사이에서는 경배/걸려 넘어짐이기 때문이다. 모든 인간적 지혜의 **총체**(*summa summarum*)는 이 "황금의"(아마도 "도금한"이라고 말하는 것이 더 정확할 것이다) **중용**,[24] 즉 **도를 넘어서는 것은 안 된다**(*ne quid nimis*)이다. 너무 적거나 너무 많은 것은 모든 것을 망친다. 이것이 사람들 사이에서는 지혜로 일컬어지며, 또 경탄과 존중의 대상이 되는데, 그것의 교환 가치는 절대 변하는 법이 없으며, 전 인류가 그것의 가치를 보증한다. 때때로 그것을 얼마간 넘어서는 천재가 있는데, 지각 있는 사람은 그를 미친 사람으로 단언한다. 그런데 그리스도교는 이러한 **도를 넘어서는 것은 안 된다**(*ne quid nimis*)를 넘어서서 불합리성 안으로 엄청나게 거대한 일보를 내딛는다. 그것이 그리스도교

---

23) *Pap.* VIII² B 164: 5.
24) 플라톤과 아리스토텔레스는 중용을 윤리설에 포함시킨다. 그것을 키케로는 『의무에 대하여』에서 지나침과 모자람의 중간에 있는 중용이라고 말하고 있다. 아리스토텔레스, 『니코마코스 윤리학』, 1108 c~1109 c. 키르케고르는 그리스어판, 라틴어판, 독일어판 그리고 덴마크어판 등의 아리스토텔레스 전집을 소유하고 있었다. 호라티우스(Horatius, 로마의 서정시인, 기원전 65~8), 『송시집』, II권, X, 5; 『호라티우스 전집』(*Q. Horatii Flacci: Opera*), 라이프치히, 1828 참조. 그리고 "도금한"에 대한 그 이전의 사용에 대해서는 『두 시대』(*SV* VIII), 64쪽 참조.

가 시작하는 지점이다. 그리고 걸려 넘어짐도 거기에서 시작된다.

우리는 이제 그리스도교를 변호하는 것이 얼마나 엄청나게 어리석은 일인지(그래서 특별한 그 무엇의 흔적만 남아 있을 것이다), 그런 짓이 얼마나 인간 본성에 대한 보잘것없는 지식을 드러내는지, 그리고 그런 행위는 그리스도교가 결국은 투사에 의해 구조되어야 하는 어떤 불쌍하고 비참한 것이라고 주장함으로써 얼마나 걸려 넘어짐과, 비록 무의식적일지언정 공모하는 것인지를 알게 될 것이다. 그렇기 때문에 그리스도교계에서 그리스도교를 변호한다는 생각을 처음으로 생각해낸 사람이 **사실상**(*de facto*) 제2의 유다라는 것은 확실하며 진실이다. 오직 그의 배신만이 어리석음의 배신이라는 것을 제외하면, 그도 역시 입맞춤으로 배신한다.[25] 뭔가를 변호한다는 것은 언제나 그것의 명예를 해친다는 것이다. 어떤 사람이 금화로 가득 찬 창고를 소유하고 있다고 하자. 그리고 그 돈을 모두 가난한 사람들에게 나눠주려고 한다고 하자. 그런데 이에 덧붙여서, 그는 너무나 어리석은 탓에 자신의 이러한 자선행위를 세 가지 근거를 들어 자신의 행위를 정당화하는 변론으로 시작한다고 하자. 사람들은 그가 도대체 좋은 일을 하기는 하는 것인지 십중팔구 의문을 품게 될 것이다. 그리스도교에 대해서 말하자면! 그렇

---

25) "배반자는 그들과 미리 암호를 짜고 '내가 입 맞추는 사람이 바로 그 사람이니 붙잡아라'고 일러두었던 것이다. 그는 예수께 다가와서 '선생님, 안녕하십니까!' 하고 인사하면서 입을 맞추었다."「마태오의 복음서」, 26장 48~49절; "예수께서는 '유다여, 입을 맞추어 아들을 잡아 넘기려느냐?' 하고 말씀하셨다."「루가의 복음서」, 22장 48절. 유다가 애정의 표시인 입맞춤을 예수를 배신하는 표시로 악용한 것처럼 그리스도교의 변증을 하려는 자들 역시 그리스도교에 대한 애정을 표시하면서 사실은 그리스도교를 배신하고 있다는 것이다.

다. 그리스도교를 변호하는 자는 결코 그것을 믿은 적이 없다. 만일 그가 믿는다면, 그렇다면 믿음의 정열은 변론이 아니며, 절대 아니다. 그것은 공격과 승리이다. 믿는 자는 승리자인 것이다.

그리스도교와 걸려 넘어짐의 경우도 사정은 같다. 걸려 넘어짐의 가능성은 죄에 대한 그리스도교적 정의에 적절하게도 포함되어 있다. 그것은 이것, 즉 "하느님 앞에서"이다. 이교도, 자연인은 죄가 존재한다는 것을 기꺼이 인정하지만, 실제로 죄를 죄로 만드는 이러한 "하느님 앞에서"는 그에게는 감당할 수 없는 것이다. 그에게 이것은 (물론 여기에서 지적되는 것과는 다른 방식에서이긴 하지만) 인간이라는 것을 지나치게 감당할 수 없는 것으로 만든다. 정도를 조금만 낮추면, 그는 기꺼이 그것에 동의할 것이다—"그렇지만 지나친 것은 지나친 것이다."

제2장 죄에 대한 소크라테스적 정의

죄는 무지이다.[26] 이것은 잘 알려진 대로 죄에 대한 소크라테스적 정의로서, 모든 소크라테스적인 것처럼 언제나 주목할 만한 권위가 있는 견해이다. 그렇지만 이 점과 관련해서 다른 많은 소크라

---

26) 이것은 앎은 덕이자, 영혼의 소유이기 때문에 사람이 알면서 부정을 행할 수는 없다는 소크라테스 명제에 대한 부정적 형식이다. 소크라테스에 의하면 올바른 것, 선한 것을 알고 있는 자는 이것을 행하게 되어 있다. 올바른 것을 행하지 않고 선한 것을 실천하지 않는 자는 정의와 선을 제대로 알지 못하기 때문이라는 것이다. 즉 부정과 불의를 행하는 자는 무지한 탓이다. 그렇기 때문에 소크라테스에 의하면 덕은 지이며, 무지는 부덕이다. 『아이러니의 개념』(*SV* XIII), 155쪽, 234쪽, 290쪽.

테스적인 것들에서 그런 것처럼 사람들은 더 나아가고 싶은 충동을 느끼게 되었다. 추측건대 얼마나 셀 수 없이 많은 사람이 자신들이 소크라테스적 입장에 머무는 것이 불가능하다고 느꼈을 것이며 따라서 소크라테스적 무지보다 더 나아가고 싶은 충동을 느껴왔을 것인가! 왜냐하면 모든 것에 관한 무지를 실존적으로 표현하는 것을, 심지어 단 한 달 동안이라도 견딜 수 있는 사람이 각 세대마다 얼마나 있겠는가?

결코, 그렇기 때문에, 나는 소크라테스적 정의에서 멈출 수 없다는 이유로 그것을 버리려는 것은 아니지만, 그리스도교를 **염두에** (*in mente*) 두면서, 나는 이러한 소크라테스적 정의를 이용해 그리스도교를 철저하게 밝히고자 한다. 왜냐하면 소크라테스적 정의는 더할 나위 없이 진짜 그리스적이기 때문이다. 그리고 여기에서, 가장 엄밀한 의미에서 그리스도교적인 것이 아닌 모든 다른 정의(다시 말해서 모든 중간적인 정의)에서 늘 그런 것처럼 그 무의미함이 명백해진다.

소크라테스적 정의에서의 단점은 이 정의가 무지 그 자체가 어떻게 더 명확하게 이해되어야 하는가와 관련해서, 그리고 그 기원 등등과 관련해서 애매하다는 것이다. 다시 말하자면 비록 죄가 무지라고 하더라도(혹은 아마도 그리스도교는 오히려 어리석음이라고 부르겠지만), 이는 한 가지 의미에서는 부정될 수 없거니와, 이것은 원초적 무지인가, 아니면 지금까지 진리에 관해서 아무것도 알지 못했고 또 알 능력도 없었던 사람의 상태인가, 혹은 파생물, 즉 이차적 무지인가? 만일 그것이 파생물 혹은 이차적 무지라면, 죄는 본디 무지가 아닌 다른 어떤 것에 그 근거를 두고 있어야 한다. 무지는 자신의 앎을 흐리게 하려는 사람의 노력에 들어 있지 않으면 안 된다. 이런 전제를 가정하면, 저 완고하고 끈질긴 애매성이 다시 나타난다. 그것은 즉 사람이 자신의 앎을 흐리게 하기 시작할 때 과연 그가 자신의 행위를 분명하게 의식하는 것인가 하는 문제이다. 만일 그가 이것을 명확하게 의식하고 있지 않다면, 그의 앎은 그가 흐리는 것을 시작하기도 전에 이미 어느 정도 흐려진 것이며, 문제는 그저 반복해서 발생한다. 만일, 그렇지만 그가 자신의 앎을 흐리기 시작할 때 그가 자신이 하고 있는 바를 분명하게 의식하고 있다고 가정한다면, 그렇다면 죄는 (설령 그것이 무지라고 하더라도 이것이 결과인 한에 있어서) 앎에 있는 게 아니라 의지에 있으며, 이제 필연적으로 앎과 의지의 상호관계와 관련된 문제가 제기된다. 이런 모든 문제들에(며칠이고 계속해서 이런 문제들을 제기할 수 있을 것이다) 소크라테스적 정의는 실제로 관여하지 않는다. 소크라테스는 확실히 윤리가였고, 그가 그 나름대로 최초이고 또 여전히 최초로 남아 있는 것처럼 최초였지만(사실 고대가 무조건 주장하는 것처럼 윤리학의 창시자이다), 그러나 그는 무지로써 시작한다. 지적으로, 그는 무지를 향해서, 아무것도 알지 못하는 처지를 향해서 나아간다. 윤리적으로 그는 무지를 어떤 매우 다른 것으로 해석하고 그것으로 시작한다. 다른 한편으로, 소크라테스는 당연하게도 본질적으로 종교적인 윤리가는 아니며, 하물며 그리스도교적 교의학자는 더욱 아니다. 그렇기 때문에 그는 그리스도교가 시작할 때 처음 행하는 탐구 전체로는 실제로 들어가지 않으며, 죄가 그 자체를 전제하고 있는 상태이자 그리스도교에서 유전적 죄의 교리에 의거해서 설명되고 있는 **선행적 상태**(*prius*)로는 들어가지 않거니와, 우리의 고찰은 그저 원죄 교리의 경계선을 다룰 것이다.

그렇기 때문에 소크라테스는 실제로 죄의 범주에는 도달하지 않는데, 이것은 죄의 정의를 위해서는 확실히 미덥지 않은 것이다. 어째서 그런가? 만일 죄가 무지라면 죄는 실제로 존재하지 않는데, 왜냐하면 죄는 정말로 의식이기 때문이다. 만일 죄가 옳은 것에 대한 무지함이라면, 그래서 부정을 행한다면 죄는 존재하지 않는다. 만일 이것이 죄라면, 소크라테스와 함께, 무엇이 옳은 것인지를 알면서도 부정한 것을 행한다든지, 혹은 어떤 것이 그릇된 것이라는 것을 알면서도 그것을 행하는 경우는 존재하지 않는다고 전제된다. 결과적으로, 만일 소크라테스적 정의가 건전하다면 어떤 죄도 결코 존재하지 않는다. 그리스도교적으로 이것은 당연하며, 훨씬 심오한 의미에서 전적으로 옳다는 것에 주의하라. 그리스도교를 위해 그것은 **예증되었어야 하는 것**(*quod erat demonstrandum*)이다. 가장 결정적으로 그리스도교를 이교와 질적으로 구별지어주는 것은 특히 죄의 개념, 죄에 대한 가르침이며, 이것은 또 그리스도교가 이교나 자연인은 죄가 무엇인지를 알지 못한다고 일관되게 전제하는 까닭이기도 하다. 사실 그리스도교는 죄가 무엇인지를 보여주기 위해서는 하느님의 계시가 있어야 한다고 생각한다. 이교와 그리스도교의 질적 차이는 피상적인 고찰이 추측하는 것과는 달리 구원의 교리가 아니다. 아니다, 출발은, 그리스도교가 실제로 하고 있는 것처럼, 훨씬 더 심오하게, 죄에서, 죄의 교리에서 시작해야 한다. 만일 그리스도교가 옳은 것이라고 인정해야 할 죄의 정의가 만일 이교에게 있다면 그것이야말로 그리스도교에 대한 얼마나 위험한 반론이겠는가![27]

그렇다면 죄의 정의에서 소크라테스에게 부족한 것은 어떤 요소인가? 그것은 의지, 반항이다. 그리스인들의 지성은 너무나 행복하고, 너무나 소박하고, 너무나 심미적이고, 너무나 반어적이고, 너무 재치 있고, 너무 죄에 젖어 있는 탓에, 그 누구라도 알면서 선을 행할 수 없다는 것을, 혹은 알고서, 무엇이 옳은지를 알면서, 잘못된 것을 행할 수도 있다는 것을 이해할 수 없었다. 그리스적 정신은 지적 정언명법을 정립하는 것이다.[28]

이 정의에 깃들어 있는 진리는 결코 간과되어서는 안 될 뿐만 아니라, 공허하고 과장되고 무익한 지식의 홍수 속에서 길을 잃어버린 지금과 같은 시대에는 의심의 여지 없이 강조될 필요가 있거니와, 지금, 소크라테스 시대처럼, 아니 그 이상으로 사람들이 소크라테스적으로 어느 정도는 굶주리는 것이 필요한 점까지는 말이다. 그것은 비극적-희극적이거니와, 많은 사람들이, 어떤 의미에서는 제법 정확하게, 그것을 해설하는 법을 **추상적으로**(*in abstracto*) 알아볼 수 있는 감식력에 더해서 가장 고귀한 것을 이해하고 또 파악했다는 이러한 모든 선언들——이런 모든 지식과 이해가 인간의 삶

---

27) 왜냐하면 그와 같은 죄의 정의를 만일 이교가 가지고 있다면 이교는 그리스도교와 같은 의식단계에 있는 셈이며, 그렇게 될 경우 그리스도교에서 죄를 명확히 하는 계시는 폐기될 것이기 때문이다. 설령 계시가 나타난다고 하더라도 그것은 인간이 자기 자신의 이성과 진리로 주장할 수 있는 계시일 뿐이며 인간의 이성을 초월한 그리스도교적 계시는 아니다. 다시 말해 하느님 앞에서라는 것도, 또 믿음이라는 것도 사라져버린다.
28) 도덕률은 어떤 다른 목적을 위해서가 아니라 그 자체를 위해 절대적으로 지켜져야 한다는, 칸트 윤리학의 핵심개념으로서, 행위의 격률의 주된 기준으로서의 보편적 적용 가능성을 구현하고 있거니와, "해야 한다"는 "할 수 있다"를 함축하고 있다는 것을 전제하고 있다.

에 전혀 아무런 힘도 행사하지 못한다는 사실, 사람들의 삶이 그들이 이해한 바를 희미하게라도 표현하지 못하고 오히려 그 반대를 표현한다는 사실은 비극적-희극적이다. 사람들은 이러한 비극적-희극적인 모순을 보게 되면 자기도 모르게 소리를 지른다. "그런데 도대체 어떻게 그들이 그것을 이해했을 수가 있는가? 그들이 이해했다는 것이 사실일 수 있단 말인가?" 여기에서 저 옛날의 반어가이자 윤리가[29]는 이렇게 대답한다. "결코 그것을 믿지 말게, 내 친구여. 그들은 그것을 이해하지 못했다네. 왜냐하면 만일 그들이 진실로 그것을 이해했다면, 그들의 삶 또한 그것을 표현했을 것이며, 그렇다면 그들은 자신들이 이해한 바를 행했을 것이기 때문이라네."

이것은, 그렇다면, 이해하는 것과 이해하는 것은 다른 두 가지인가? 그것들은 확실히 다른 것이며, 이것을 이해한 사람은—그러나 부디 주의하라. 첫 번째 이해의 의미에서가 아니다—아이러니의 모든 신비스러운 비밀 속으로 **그렇기 때문에**(*eo ipso*) 발을 들여놓은 셈이다. 실제로 무엇인가에 대해 무지한 사람을 희극적이라고 간주하는 것은 매우 저급한 형태의 해학이며 아이러니의 가치가 없다. 지구가 정지해 있다고 생각한 사람들이—그런데 그들은 그 이상 알지 못했다—한때 살았다는 사실에는 그 어떤 특별한 우스꽝스러움도 없다. 물리적 세계에 대한 훨씬 많은 지식을 소유하고 있는 시대와 비교해본다면 아마 우리 시대도 사정은 마찬가지일 것이다. 현저한 차이는 두 상이한 시대 사이에 존재하는 것이며, 훨씬

---

29) 소크라테스를 지칭한다.

깊은 일치점에서 파악되지만, 그런 차이는 본질적인 것이 아니며, 따라서 본질적으로 우스꽝스러운 것도 역시 아니다. 전혀 아니다. 그렇지만 어떤 사람이 일어서서 옳은 것을 말하고, 그래서 결과적으로 그것을 이해했다면, 그런데 그가 실천에 옮길 때 잘못을 행한다면, 그래서 그가 그것을 이해하지 못했다는 사실을 보여준다면—그렇다, 그것이 바로 우스꽝스러운 것이다. 어떤 사람이, 눈물을 흘릴 정도로 감동해서, 땀과 눈물을 자신의 얼굴에 팥죽처럼 흘리면서, 앉아서 자기 부정에 관한, 진리를 위하여 목숨을 바친 숭고함에 관한 해설을 읽거나 들을 수 있다면—그리고 그러더니 다음 순간에는 하나, 둘, 셋(*ein, zwei, drei, vupti*) 하고 순식간에 돌변해서, 아직도 눈에는 눈물이 가득한데, 한창 신이 나서, 이마에 땀을 뻘뻘 흘리며, 별것도 없는 능력을 다 동원해서, 거짓이 승리하는 데 일조한다면 이것이야말로 엄청나게 우스꽝스러운 일이다. 연설가가, 진심 어린 목소리와 표정으로, 자신도 깊이 감격하고 또 남들에게도 깊은 감동을 주면서, 가슴을 울릴 정도로 절절하게 진리를 묘사하고, 담대하게, 자신감 있는 태연자약한 태도로, 용감하게, 탄성을 자아낼 정도로 적절한 자세로 모든 악과 모든 지옥의 권능을 대적할 수 있는데, 그런데 거의 동시에, 극히 사소한 마음의 불편이 있다고 해서 사실상 아직 "실내복을 벗지도 않은 채"[30] 비겁

---

30) Adriennen paa. 이것은 키르케고르가 루드비그 홀베르(Ludvig Holberg)의 통속적인 희곡 『정치적 사상가』(*Den politiske Kandstøber*), IV, 2쪽에서 여러 번 인용한 표현이다. 이 희곡에 등장하는 목사가 자주 입고 나온, 대학교수의 가운과 같은 외투를 실내복이라고 풍자하고 있다. "아아, 싸구려 장터 같은 거리여! 그대가 그대의 익살맞은 실내옷을 차려입고서도 거룩해질 수

하게 덜덜 떨면서 도망칠 수 있다면 이것이야말로 무한히 희극적이다. 누군가가 이 세계가 얼마나 천박하고 탐욕스러운지 등등에 관한 모든 진리를 이해할 수 있다는 것, 그가 이것을 이해할 수 있는데 다음 순간에는 자신이 이해한 바를 다시 인식할 수 없다는 것, 왜냐하면 거의 같은 순간에 그 자신이 바깥으로 사라져서 바로 그 천박함과 탐욕 속으로 뛰어들어, 그것 때문에 존경을 받고 또 그 존경을 받아들이고, 즉 그런 탐욕과 천박함을 시인하기 때문이라는 것은 무한히 희극적이다. 어떻게 그리스도가 비천한 종의 형상으로,[31] 가난하고 멸시받고 조롱당하는 자의 형상으로, 그리고 성경이 우리에게 알려주는 것처럼 침 뱉음을 당하는 자의 형상[32]으로 돌아다녔는지를 자신은 완벽하게 이해했다고 단언하는 사람[33]을 볼 때, 바로 그 사람이 세속적인 지혜의 기준에서 좋다고 생각되는 곳으로 기를 써서 나아가고,[34] 가능한 한 신중을 기해 적응하는 것을 볼 때, 그가 오른쪽 혹은 왼쪽에서 불어닥치는 모든 불리한 풍파를, 마치 목숨이 그것에 달려 있기라도 한 것처럼 피하느라고 노심

있을 때, 그리고 온갖 구역질나는 악의와 무례한 언행과 야비한 향락에 빠져 있는 것이 하느님을 경배하는 표현이 될 때, 그때야말로 그대는 헤아릴 수 없는 값을 지닌 것이다!" 임춘갑 옮김, 『관점』, 119쪽; (SV XIII), 581쪽,
31) "오히려 당신의 것을 다 내어 놓고/종의 신분을 취하셔서/우리와 똑같은 인간이 되셨습니다……"「필립비인들에게 보낸 편지」, 2장 7절.
32) "그리고 그들은 예수의 얼굴에 침을 뱉고 주먹으로 치고 또 어떤 자들은 뺨을 때리면서……"「마태오의 복음서」, 26장 67절: "……그들은 사람의 아들을 희롱하고 모욕하고 침 뱉고……"「루가의 복음서」, 18장 32절.
33) 아마도 뮌스테르(J. P. Mynster) 주교에 대한 지칭일 것이다.
34) "그때 베드로가 나서서 '선생님, 저희가 여기서 지내면 얼마나 좋겠습니까! 여기에 초막 셋을 지어 하나는 선생님을 모시고 하나는 모세를, 하나는 엘리아를 모셨으면 합니다' 하고 예수께 말하였다."「마르코의 복음서」, 9장 5절.

초사하는 것을 볼 때, 그리고 그렇게 행복해하고, 그렇게 엄청나게 행복해하고, 그처럼 몹시 낙천적이어서, 그렇다, 상황을 완벽하게 만들기 위해서, 그처럼 몹시 낙천적이어서 그가 하느님에게 감사를, 만인에게 온 마음으로 존경을 받고 또 존중받는 것에 대해 하느님에게 감사를 드릴 때, 그럴 때 나는 가끔 나도 모르게 혼잣말로 "소크라테스여, 소크라테스여, 소크라테스여, 이 사람이 과연 자신이 이해했다고 말하는 바를 이해했다는 것이 정말 가능한 일인가?"라고 되뇌곤 했다. 나는 이렇게 말했으며, 사실 나는 동시에 소크라테스가 옳았기를 소망하였는데, 왜냐하면 나에게는 결국 그리스도교가 너무 엄격한 것처럼 생각되거니와, 또 내 자신의 경험에 비추어보더라도 그런 사람을 위선자라고 주장할 수는 없기 때문이다. 아니다, 소크라테스여, 그대를 나는 이해할 수 있다. 그대는 그런 인간을 익살꾼으로, 웃고 떠드는 보잘것없는 사람으로, 비웃음의 대상으로 취급한다. 그대는 내가 희극적인 그 무엇을 준비해서 그런 인간에게 대령한다고 해도 아무런 반대도 하지 않으며, 오히려 심지어 적극적으로 찬성하기까지 한다. 내가 그것을 잘 하기만 한다면.

소크라테스여, 소크라테스여, 소크라테스여! 그렇다, 사람들이 그대의 이름을 세 번 부르는 것도 당연하며, 설령 열 번을 부르더라도, 만일 그것이 조금이라도 도움만 된다면 지나치게 많은 것이 아니다. 여론은 세계가 공화국을 필요로 한다고, 또 새로운 사회 질서와 새로운 종교를 필요로 한다고 주장하지만, 그러나 세계가 지금 필요로 하는 바는, 순전히 넘치는 지식으로 혼란스러워진 탓에, 또 한 명의 소크라테스라는 것을 그 누구도 생각하지 못한다. 물론 만일 누구라도 그런 생각을 한다면, 많은 사람이 그런 생각을 한다면 말할 것도 없지만, 소크라테스 같은 사람은 그만큼 덜 필요할 것이다. 변함없이, 잘못이 가장 필요로 하는 것은 언제나 그것이 추호도 생각하지 않는 것이다. 이는 자연스러운 일인데, 왜냐하면 그렇지 않으면 그것은 결국 잘못이 아닐 것이기 때문이다.

따라서 우리 시대에 이와 같은 반어적-윤리적 교정(矯正)이 필요하다는 것도 당연한 일이며, 이것이야말로 어쩌면 우리 시대에 정말로 필요한 유일한 것일지도 모른다. 왜냐하면 분명히 이것은 우리 시대가 추호도 생각하지 않는 것이기 때문이다. 소크라테스보다 더 전진하는 대신에, 우리는 그저 이해하는 것과 이해하는 것이 별개의 것이라는 이러한 소크라테스적 원칙으로, 궁극적으로 사람을 가장 깊은 불행 속으로 빠지게 하는 데 일조하는 결론으로서가 아니라, 왜냐하면 그것은 이해와 이해 사이의 차이를 지양할 뿐이기 때문에, 일상적 삶에 대한 윤리적 개념으로서의 소크라테스적 원칙으로 돌아가는 것이 대단히 중요하다.

소크라테스적 정의는 다음과 같이 성립한다. 어떤 사람이 옳은 것을 행하지 않는다면, 그는 무엇이 옳은 것인지를 이해하지도 못한 것이다. 그의 이해는 순전히 상상적인 것이며, 자신이 그것을 이해했다는 그의 단언은 잘못된 정보이며, 만일 그것을 이해하지 못했다면 자기가 교수형을 당할 것이라는 그의 반복된 주장은 그를 가장 멀리 돌아가는 우회로를 따라 엄청나게 멀리 돌아가게 만들고 있다. 그러나 그 경우 그 정의는 정말로 옳은 것이다. 만일 어떤 사람이 옳은 것을 행한다면, 확실히 그는 죄를 범하지 않는다. 그리고 만일 그가 옳은 것을 행하지 않는다면, 그는 그것을 이해하지도 못한 것이다. 만일 실제로 그가 정말로 그 정의를 이해했다면, 이것은 그 즉시 그의 마음을 움직여서 그로 하여금 그 정의를 실천하게 했을 것이며, 그 즉시 그를 그의 이해의 진폭계로 만들었을 것이다. 그러므로(ergo) 죄는 무지이다.

그런데 어디에 그 정의의 결함이 있는가? 그 정의의 결함은 소크라테스적 원칙 그 자체가, 비록 일정한 정도에서만 깨닫고 또 교정하는 그 무엇이다. 그 정의는 무엇인가에 대한 이해에서 그것에 대한 실천으로의 이행에 적절한 변증법적 결정 요소를 결여하고 있다. 이런 이행에서 그리스도교는 시작한다. 이 길을 취함으로써 그리스도교는 죄의 뿌리가 의지에 있다는 것을 보여주고, 반항의 개념에 도달하며, 그 다음에는 끝을 단단히 매듭짓기 위해[35] 원죄의 교리를 덧붙인다.[36] 오호라, 왜냐하면 파악에서의 사변의 비밀은 바로 이것, 즉 끝을 단단히 매듭짓지 않은 채 그리고 실에 매듭을 짓지 않은 채 꿰맨다는 것이기 때문이며, 이것은 정말 불가사의하게도 사변이 계속 꿰매고 또 꿰맬 수 있는, 다시 말해서 실을 끝없이 감쳐나갈 수 있는 이유인 것이다. 그리스도교는, 다른 한편으로, 역설을 이용해서 끝을 매듭짓는다.

순전한 관념성에서, 여기에는 현실의 개별적인 인간은 포함되어

---

35) 키르케고르는 바느질을 시작하기 전에 실에 매듭을 짓는다는 비유를 자주 이용한다. 그는 끝을 단단히 매듭짓는 유일한 방법은 "진리의 증인"의 순교뿐이라고 생각한다. 『아이러니의 개념』(SV XIII), 130쪽; 『관점』(SV XIII), 508쪽; 『순간』 2호(SV XIV), 138쪽; JP III 3540, 3689; VI 6803(Pap. XI² A 281; X⁴ A 190, 557). 임춘갑이 우리말로 옮긴 『관점』에는 이 구절이 포함되어 있는 원서 첫 부분 "변명"(1989년 5월 코펜하겐 발표)이 누락되어 있다.
36) Pap. VIII² B 166.

있지 않은데, 이행은 필연성에 의해 수행되며(결국 체계[37]에서는 모든 것이 필연성에 의해 발생한다), 혹은 이해에서 실천으로의 이행과 관련된 그 어떤 난점도 존재하지 않는다. 이것은 그리스적 정신이다(그러나 소크라테스적인 것은 아닌데, 왜냐하면 소크라테스는 그러기에는 너무나 윤리적 인간이었기 때문이다). 그리고 근대 철학의 비밀은 본질적으로 바로 똑같은 것인데, 왜냐하면 그것은 이것, 곧 나는 **생각한다, 고로 존재한다**(*cogito ergo sum*),[38] 즉 "생각하는 것은 존재하는 것이다"이기 때문이다(그리스도교적으로, 그렇지만, 그것은 다음과 같이 읽힌다. "네가 믿는 대로 이루어지리라."[39] 또는 "네가 믿는 대로 될지어다," "믿는 것이 존재하는 것이다"). 따라서 근대 철학이 이교 이상도 이하도 아니라는 것이 명백하다. 그런데 이것이 최악의 가능한 상황은 아니거니와, 소크라테스와 닮았다는 것은 그렇게 나쁜 것은 아니다. 그렇지만 근대 철학의 전적으로 비소크라테스적인 측면은 그것이 우리를 미혹시켜서 근대 철학 자신을 그리스도교라고 믿게 만들고 싶어한다는 것이다.

그러나 개개의 인간이 관련되어 있는 실제 세계에서는, 이해했음

---

37) 헤겔의 철학체계를 지칭한다.『후서』(*SV* VII), 119~22쪽.
38) 의심스러운 모든 것에 대한 데카르트의 의심의 과정에서 의심의 여지가 없는 기준점.『성찰』, 성찰 II;『철학의 원리』, 제1부, I~II;『철학 전집 최신판』(*Opera philosophica Editio ultima*), I~II, 암스테르담, 1685, I, 9~14쪽, II, 2~3쪽; *JP* I 1033; III 2113, 2338(*Pap.* V A 30; II A 159; IV C 11).
39) 시각장애자 두 사람이 치료받으러 왔을 때 예수가 그들의 눈을 만지며 한 이야기와(「마태오의 복음서」, 8장 13절), 자기의 종이 앓고 있는 중풍을 치료해달라고 간청하는 백부장을 향해 예수가 한 이야기.「마태오의 복음서」, 9장 29절;『사랑의 역사』(*SV* IX), 358~65쪽.

에서 실천함으로의 이 보잘것없는 사소한 이행이 존재한다. 그것은 언제나 빠르지 않거니와, **매우 빠르지**(*cito citissime*) 않으며, 철학적인 개념이 부족한 탓에 독일어로 말해도 괜찮다면, **바람처럼 빠른 것**(*geschwind wie der Wind*)도 아니다. 그와는 반대로 이것은 매우 지루한 이야기의 시작이다.

정신의 삶에는 정지상태(*Stilstand*)가 존재하지 않는다(실제로는 그 어떤 상태〔*Tilstand*〕도 아니고 모든 것이 운동이다). 그렇기 때문에 어떤 사람이 무엇이 옳은지를 아는 바로 그 순간에 그것을 행하지 않는다면, 무엇보다도 앎은 잦아든다. 그 다음에 의지가 이렇게 인식된 대상을 어떻게 평가하는가 하는 문제가 뒤따른다. 의지는 변증법적이며 자신 아래에 인간의 전적으로 낮은 본성을 두고 있다. 만일 의지가 앎의 대상에 동의하지 않는다고 하더라도, 그 경우에도 의지가 전진해서 앎이 이해한 바와 반대되는 것을 행하는 등의 결과가 필연적으로 발생하는 것은 아니다(아마도 그런 심한 대조적 결과는 매우 드물 것이다). 오히려 의지는 약간의 시간이 흐르도록 내버려두며, "내일 그것을 검토해보겠다"라는 중간 상태를 허용한다. 이 모든 것이 진행되는 동안 앎은 점점 더 흐려지며, 훨씬 저급한 자연이 점점 더 기승을 부리게 된다. 오호라, 왜냐하면 선은 즉시, 그것이 알려지는 바로 그 순간 행해져야 하는 데 반해(그리고 이것이 바로 순수한 관념성에서는 사고로부터 존재로의 이행이 그처럼 쉬운 까닭인데, 왜냐하면 여기에서는 모든 것이 "즉시" 존재하기 때문이다), 훨씬 저급한 자연의 강점은 모든 것을 질질 끄는 데 있기 때문이다. 점차로 이러한 전개에 대한 의지의 반대는 약화된다. 의지는 거의 공모하는 것처럼 보일 정도이다. 앎이 충분히 흐려졌을 때, 앎과 의지는 서로를 더 잘 이해할 수 있다. 마침내 이 둘은 완벽하게 일치하는데, 왜냐하면 이제 앎은 의지의 편으로 완전히 넘어가버린 탓에 의지가 원하는 것이 절대적으로 옳다고 인정하기 때문이다. 그리고 이것이 바로 짐작컨대 대다수의 사람들이 살아가는 방식이다. 이들은 자신들의 윤리적 및 윤리-종교적 이해를 어둡게 하는 데 점점 빠져드는데, 이들의 윤리적 및 윤리-종교적 이해는 그들을 설득해서 그들의 훨씬 저급한 성질은 별로 신경 쓰지 않는 결단과 결과들로 이끌고 가지만, 정작 그들은 자신들의 심미적, 형이상학적 이해를 확장하는데, 이는 윤리적으로는 일종의 기분풀이일 뿐이다.

그럼에도 불구하고 이 모든 것으로는 우리는 아직 소크라테스적 원칙보다 더 나아가지는 못했는데, 왜냐하면 소크라테스는 "만일 이런 일이 일어난다면, 그것은 그저 그와 같은 사람은 무엇이 옳은지를 여전히 이해하지 못했다는 것을 보여줄 뿐이다"라고 말할 것이기 때문이다. 이것은 그리스적 정신이 사람은 부당한 것을 알면서도 행한다고, 옳은 것을 알고서도 부정을 저지른다고 선언할 용기가 없다는 것을 의미한다. 그래서 그리스적 정신은 겨우 이렇게 말하는 것이다. "만일 사람이 잘못을 저지른다면, 그는 무엇이 옳은지를 이해하지 못한 것이다."

절대적으로 옳다. 그리고 그 어떤 **사람도** 이보다 더 나아갈 수는 없다. 그 어떤 사람도 죄가 무엇인지를 혼자 힘으로 그리고 자기 스스로는 단언할 수 없는데, 왜냐하면 인간은 누구나 죄 속에 있기 때문이다. 죄에 관한 그의 모든 말은 기본적으로 죄에 대한 얼버무림, 발뺌, 죄 많은 물 타기일 뿐이다. 그것이 그리스도교가 다른 방식으로 시작하는 이유이다. 사람은 하느님으로부터의 계시를 통해 죄가 무엇인지를 배워야 한다.[40] 죄는 무엇이 옳은지를 이해하지 못했다는 문제가 아니라 무엇이 옳은지를 이해하려고 하지 않는다는 문제, 옳은 것을 의지하지 않는다는 문제이다.

소크라테스는 이해할 수 없다는 것과 이해하려고 하지 않는다는 것 사이의 차이에 관해 전혀 아무런 설명도 하지 않는다. 다른 한편, 소크라테스는 이해하는 것과 이해하는 것 사이의 차이를 이용해 작업하는 점에서 모든 반어가를 능가하는 최고의 교사이다. 소크라테스는 옳은 것을 행하지 않는 사람은 옳은 것을 이해하지 못한 것이라고 설명한다. 그렇지만 그리스도교는 조금 더 되돌아와서 말하기를, 그것은 그가 옳은 것을 이해하려고 하지 않기 때문이며, 이것은 또 그가 옳은 것을 원하지 않기 때문이라는 것이다. 그 다음에 그리스도교는 사람은 무엇이 옳은지를 이해하고 있으면서도 부정(본질적으로 반항)을 행한다고, 혹은 무엇이 옳은지를 알면서도 옳은 것을 행하기를 주저한다고 가르친다. 간단히 말하자면, 죄에 대한 그리스도교적 가르침은 인간에 대한 노골적인 도발, 고발에 대한 고발이다. 그것은 고발자인 신이 인간에 대해 감행하는 고발인 것이다.

그러나 그 누가 도대체 이러한 그리스도교적 가르침을 이해할 수 있을까? 결코 그럴 수 없는데, 왜냐하면 그것은 정말로 그리스도교이며 그렇기 때문에 걸려 넘어짐을 함축하고 있기 때문이다. 이것은 믿음으로 받아들여야 한다. 이해한다는 것은 인간적인 것에 대

---

40) *Pap.* VIII² B 166.

한 인간의 관계의 범위이지만, 그러나 믿는다는 것은 신적인 것에 대한 인간의 관계이다. 그렇다면 어떻게 그리스도교는 이처럼 이해가 불가능한 것을 설명하는가? 대단히 일관성 있게, 보기에 따라서는 그저 이해가 불가능한 것으로, 그것을 계시함으로써이다.

그렇기 때문에 그리스도교적으로는 죄는 의지에 그 뿌리를 두고 있지 앎에 두고 있는 것이 아니며, 의지의 이러한 타락은 개인의 의식에 영향을 미친다. 이것은 전적으로 시종일관된 것인데, 왜냐하면 만일 그렇지 않다면 죄의 기원에 대한 문제는 모든 개인과 관련해서 정립되어야 할 것이기 때문이다.

여기에 또다시 걸려 넘어짐의 표지가 있다. 걸려 넘어짐의 가능성은 이것에 있다. 죄는 무엇이며 또 그것은 얼마나 깊이 뿌리박혀 있는지를 사람에게 가르치기 위해서는 하느님으로부터의 계시가 있어야 한다. 자연적 인간, 이교도는 다음과 같이 생각한다. "좋아, 나는 하늘과 땅에 있는 모든 것을 이해하지는 못했다는 사실을 인정한다. 만일 계시가 있어야 한다면, 그것이 천상의 것들에 관해서 나를 가르치게 해다오. 그렇지만 죄가 무엇인지를 알려주는 계시가 있을 거라는 생각은 가장 비합리적이다. 나는 완벽한 채하지 않거니와, 전혀 완벽하지 않다. 그렇지만 나는 내가 완벽함과는 거리가 먼 사람이라는 것을 잘 알고 있고 또 그런 사실을 기꺼이 인정할 용의가 있다. 그런데도 죄가 무엇인지를 내가 알지 못한다는 것인가?" 그러나 그리스도교는 이렇게 대답한다. "아니다. 그것은 당신이 전혀 모르는 것이며, 당신이 완벽함으로부터, 그리고 죄가 무엇인가로부터 얼마나 멀리 떨어져 있는가 하는 점이다." 이런 의미에서 그리스도교적 관점에서 보건대, 죄는 정말 무지라는 것을 주의하라. 그것은 죄가 무엇인가에 대한 무지이다.

그렇기 때문에 앞 장에서 제시된 죄의 정의는 여전히 다음과 같이 완결되어야 할 필요가 있다. 죄는, 하느님으로부터의 계시에 의해 죄가 무엇인지 알려진 후에는, 하느님 앞에서 절망에 빠진 채 자기이기를 의지하지 않는 것이거나, 혹은 절망에 빠진 채 자기이기를 의지하는 것이다.

제3장 죄는 부정이 아니라 상태이다[41]

이것이 옳다는 것은 정통파 교의학과 정교(正敎)[42]가 대체로 항상 주장해온 그 무엇이며, 또 정통파 교의학과 정교는 죄가 오직 부정적인 그 무엇, 즉 연약함, 관능성, 유한성, 무지 등등인 것이라고 주장한 죄에 대한 모든 정의를 범신론적이라는 이유로 물리쳤다. 정교는 싸움이 여기에서 벌어져야 한다는 것, 혹은 앞부분에서처럼 여기에서 끝을 아주 단단히 매듭지어야 한다는 것, 여기에서 문제는 방해라는 것을 아주 정확하게 인식하였다. 정교는 죄가 부정적으로 정의될 때, 모든 그리스도교는 무기력하고 결단력이 없다는 것을 정확하게 인식하였다. 그것이 정교가 타락한 인간에게 죄가

---

41) 『철학적 조각들』(SV IV), 184~85쪽.
42) 정통파 교의학 내지 정교는 루터파 정교를 지칭한다. 죄의 소극적인 개념, 즉 연약함, 관능성, 유한성, 무지 등을 범신론적인 것으로 배격하는 것은 19세기 계몽주의 및 사변(思辨)과 투쟁한 새로운 경건주의적 정통으로 이처럼 죄를 적극적인 악으로 해석하는 입장에서 헤겔의 범신론을 공격하는 방식은 아우구스트 톨루크(August Tholuk)에서 시작되었다. 키르케고르는 여기에서 톨루크의 저서 내용을 요약해 제시하고 있다.

무엇인가를 가르치기 위해서는 하느님으로부터의 계시가 있어야 한다는 것, 시종일관하게, 그것이 교리이기 때문에, 믿음으로 받아들여야 하는 소식이 있어야 한다는 것을 강조하는 이유이다. 그리고 당연하게도 역설, 믿음, 그리고 교리, 이 세 구성 요소는 모든 이교의 지혜에 대항하는 가장 확실한 연대이자 요새인 동맹과 강화를 형성하고 있다.

    정통파의 사정이 바로 이렇다. 희한한 오해에 의해 이른바 사변적 교의학[43]은 수상쩍은 방식으로 철학과 연루되어 있거니와, 죄가 어떤 상태라는 이러한 규정을 파악할 수 있다고 생각했다.[44] 그렇지만 만일 이것이 사실이라면 죄는 부정일 것이다. 모든 이해의 비밀은 이러한 이해 행위가 분명히 그것이 정립하는 그 어떤 상태보다도 더 고귀하다는 것이다. 개념은 상태를 정립하지만, 그러나 이 상태에 대한 이해는 그것의 바로 그 부정이다. 어느 정도까지는 이 사실을 의식하고 있었으면서도, 사변적 교의학은 그럼에도 불구하고 운동이 이루어지고 있는 지점에 한 묶음의 주장을 내던지는, 철학적 학문에는 전혀 어울리지 않는, 것 이상의 어떤 수단을 알지 못했다. 죄는 상태라는 사실, 죄가 단순히 부정(비존재)이라고 말하는 것은 범신론이자 합리론이라는 사실, 또 하느님은 이것 이외에도

---

43) 독일 관념론, 특히 헤겔 철학을 교의에 적용한 프로테스탄트 신학자들, 예컨대 마르텐센(H. L. Martensen) 교수 등의 교의학에 대한 지칭일 것이다. 이 교의학은 정교를 철학적인 개념으로 높이려는 시도였다. 키르케고르는 1837년부터 1839년까지 마르텐센 교수와 같이 연구하였으며 마르텐센은 1849년에 『그리스도교 교의학』(Den christelige Dogmatik)을 발표하였다. 훗날 마르텐센이 추기경이 되자 키르케고르는 훨씬 격렬하게 마르텐센을 공격하게 된다.

44) 여기에서 "상태"는 적극적으로 정립된 어떤 것을 의미한다.

다른 모든 것을 알고 있다는 사실, 그 모든 것은 사변적 교의학이 부정하고 또 혐오하는 그 무엇이라는 사실이 매번 더욱더 엄숙하게, 그리고 더 많은 맹세와 저주 세례와 함께 주장되는데, 그러더니 죄가 상태라는 것을 이해하는 것으로 바뀐다. 다시 말하자면, 죄는 다만 어느 정도까지만 상태이며, 그저 이해될 수 있다는 것이다.

사변의 측면에서의 이런 표리부동함은 또 다른 관련된 점에서도 나타난다. 죄의 범주 혹은 죄가 정의되는 방식은 회개의 범주에 결정적이다. 부정의 부정은 그처럼 사변적인 까닭에, 유일한 가능성은 회개가 반드시 부정의 부정이 되어야 한다는 것이며, 그렇게 해서 죄는 부정이 된다. 우연히도, 기왕 말이 나온 김에 덧붙이자면, 문법에 대한 논리학의 일차 관계(이중 부정은 긍정이다)[45]와 수학[46]을 연상시키는, 어느 정도 이러한 논리적인 것이 현실세계에서, 질의 세계에서 타당성을 지니고 있는지, 전체적으로 질의 변증법은 다른 어떤 것은 아닌지, "이행"은 여기에서 또 다른 역할을 하는 것은 아닌지 등을 언젠가 정신이 맑은 사상가가 나타나서 설명해주는 것이 확실히 바람직할 것이다. 영원의 상 아래에서는(*sub specie aeterno modo*, 영원의 양상에서는)[47] 기타 등등, 사실 그 어떤 시간의 구별도 부재한다. 그렇기 때문에 모든 것은 **존재하고**, 그 어떤

---

45) 헤겔은 스피노자를 논하면서, "스피노자 철학에는 부정의 부정이, 따라서 긍정이 결여되어 있다"고 주장하고 있으며, 또 "이 부정의 부정은 그러므로 긍정"이라고 쓰고 있다. 『철학의 역사』(*Geschichte der Philosophie*), III, 375, 382쪽.

46) 수학에서 음수 곱하기 음수는 양수가 되는 것을 말한다.

47) 스피노자의 『윤리학』에 나오는 말. "이성은 사물을 영원의 상으로 파악하는 본성을 지니고 있다." 스피노자, 『윤리학』, V, 36쪽, 40쪽; 그프뢰러 편집 『철학 전집』, 슈투트가르트, 1830. "나는 스피노자가 말하고 있듯이 어떤 순

이행도 명백히 존재하지 않는다. 이런 추상적인 매개체 안에서 정립한다는 것은 그러므로(*eo ipso*) 무화시킨다는 것과 같은 것이다. 그런데 현실을 동일한 방식으로 고찰한다는 것은 거의 광기에 가깝다. 추상적으로는(*in abstracto*) 완료 시제(*perfectum*)가 미완료 시제(*imperfectum*)를 따른다고 말할 수도 있을 것이다. 그렇지만 만일 현실세계에서 어떤 사람이 이것에 입각해서 자신이 완결하지 못한 과업(*imperfectum*, 미완료 시제)이 완성되는 사태가 저절로 발생하고 또 즉각적으로 따라 나온다고 추론한다면, 그는 확실히 미친 사람일 것이다. 그런데 만일 죄가 정립되는 매개체가 순전한 사유행위라면 죄의 이른바 상태의 경우도 마찬가지가 될 것이다. 그런 매체는 상태를 진지하게 취하기에는 너무나 교묘하다.

 그렇지만 이 모든 문제는 여기에서 나의 관심사가 아니다. 나는 죄가 상태라는 그리스도교적 가르침을 한결같이 고수할 뿐이거니와, 그것이 파악될 수 있다는 것은 결코 아니며, 다만 믿어지지 않으면 안 되는 역설로서 그럴 뿐이다. 내 생각에 이 가르침은 건전하다. 만일 이해하려는 모든 시도가 자기 모순적이라는 것이 밝혀질 수만 있다면 문제의 전망은 밝아질 것이며, 그 경우 사람이 믿을 것이냐 말 것이냐 여부는 믿음에 맡겨야 한다는 점이 분명해진다. 파악 가능하다고 주장하는 것을 어떻게 하든 꼭 이해해야 하는 사람, 그리고 오직 그렇게 주장하는 것에 대해서만 생각할 수 있는 사람은 이것이 매우 빈약하다고 생각할 거라는 점을 나는 잘 이해할 수

간에만 일체를 영원의 형식(aeterno mod)으로 고찰하는 것이 아니라, 항상 영원의 형식으로 살고 있다." 임춘갑 옮김, 『이것이냐 저것이냐』 제1부/상, 55쪽; (*SV* I), 23쪽.

있다(이것은 이해될 수 없을 만큼 그렇게 신적인 것은 아니다). 그렇지만 그리스도교 전체가 이것, 즉 역설은 믿음에 맡겨야 하지 이해되어서는 안 된다는 것, 역설은 믿음에 맡겨야 하든지 아니면 사람이 화가 나서 그것에 걸려 넘어질 수밖에 없다는 것에 달려 있다면, 그 경우에도 이해하기를 원하는 것이 그렇게 기특한 것일까? 이해되기를 원하지 않는 것을 이해하려고 하는 것은 대단히 가치 있는 것일까, 아니면 매우 오만한 짓 혹은 분별없는 짓일까? 만일 왕이 미행(微行, incognito)하는 편이 좋겠다고, 그래서 예외 없이 평민으로 취급되는 것이 좋겠다고 마음을 정한다면, 일반적으로 그에게 신하로서의 경의를 표하는 것이 커다란 의무라고 생각한다는 이유로 이 경우에도 왕에게 경의를 표하는 것이 과연 옳은 일일까? 혹은 만일 왕의 뜻에 따르지 않고 자기 자신이 원하는 바를 행한다면 사실상 그것은 왕의 의지에 반해서 주제넘게 나서서 자기 멋대로 생각하는 것은 아닐까? 혹은, 나는 모르겠지만, 왕은 그런 식으로 대우받는 것을 원치 않는데도 왕에게 마땅히 신하로서의 경의를 많이 표할수록, 실제로, 왕의 의지에 반해서 처신하는 데에 더 영리할수록, 왕은 더욱더 기뻐하는 것일까? 그러니 그리스도교를 이해할 수 있는 척하는 자들은 왕을 찬미하고 또 찬양하게 내버려두자. 나는, 모든 "타인들"이 이해하느라 분주한, 이렇게 매우 사변적인 시대에는 그리스도교는 이해될 수도 없거니와 또 이해되어야 하는 것도 아니라는 사실을 받아들이는 것이, 아마도 수행하는 데 적지 않은 극기를 필요로 할, 명백한 윤리적 과제라고 생각한다. 바로 이것이 의심의 여지 없이 우리 시대가, 아니 그리스도교계가 필요로 하는 것이다. 그것은 즉 그리스도교에 관한 약간의 소크라테스적 무지이다. 그러나 부디 주의하시라, 약간의 "소크라테스적" 무지라는 것을 결코 잊지 말자. 소크라테스의 무지가 신에 대한 일종의 두려움이자 경배였다는 것을, 또 소크라테스의 무지는 "주에 대한 두려움이 지혜의 시초"[48]라는 유대교의 격언을 그리스적으로 표현한 것이라는 사실을 결코 잊지 말자. 그러나 지금까지 도대체 몇 명이나 그것을 진실로 알았을 것이며 아니 그것을 생각이라도 했을 것인가. 소크라테스가 무지한 이유는 신에 대한 존경심 때문이라는 사실을, 그리고 그것이 이교도에게 가능한 한에 있어서 소크라테스는 **심판자로서** 신과 인간의 경계선에서 경계 임무를 수행하는 한편, 신과 인간 간의, 이들 간의 질적 차이의 깊은 심연이 확실하게 유지되는지를 감시하고, 신과 인간이 어떤 식으로든, **철학적으로**(*philosophice*), **시적으로**(*poetice*), 기타 등등의 방식으로 하나로 합쳐지지 않도록 경계했다는 사실을 우리는 결코 잊어서는 안 된다. 그것이 소크라테스가 무지한 사람인 까닭이었으며, 그것이 신이 그를 가장 지혜로운 자라고 생각했던 까닭이었다.[49] 그리스도교는 본질적으로 그리스도교적인 것은 모두 전적으로 믿음에 달려 있다고 가르친다. 그렇기 때문에 그리스도교는 정확하게 소크라테스적인, 하느님을 두려워하는 무지이기를 원하는데, 이런 무지는 무지를 이용해서 사변에 대항해 믿음을 지키며, 신과 인간이, 과거 이교에서보다 훨씬 두려울 정도로, 어떤 방식으로, **철학적으로**(*philosophice*),

---

48) "야훼를 경외하는 것이 지혜의 근원이요/그대로 사는 사람이 슬기를 깨친 사람이다……." 「시편」, 111편 10절.
49) 소크라테스와 관련한 델포이 신탁에 관해서는 플라톤, 『변명』, 20 d~21 a; 『플라톤 전집』, IX, 27쪽 참조.

시적으로(*poetice*), 기타 등등의 방식으로 하나로 ······체계로 합쳐지지 않도록 하기 위해서, 신과 사람 사이의 질적 차이의 깊은 심연[50]이 역설과 믿음 안에서처럼 확고하게 유지될 수 있는지를 계속해서 감시하는 것이다.

죄가 상태라는 것은 오직 한 측면에서만 밝혀질 수 있다. 절망에 관한 앞부분의 서술에서 우리는 지속적으로 상승을 지적하였다. 이러한 상승은 부분적으로는 자기의식의 강화에서 분명하며, 부분적으로는 행위의 대상이 되는 것에서부터 의식적 행위에 이르기까지 걸쳐 있는 강화에서 명백하다. 이 두 표현은 절망이 바깥에서 오는 것이 아니라 내부에서 오는 것이라는 사실을 공동으로 가리키고 있다. 그리고 같은 정도로 절망은 또 더욱더 상태로 정립되게 된다. 그렇지만 앞에서 정립한 죄의 정의에 따르면, 하느님에 대한 생각에 의해 무한히 강화되는 자기는 죄의 일부이며 마찬가지로 행위로서의 죄에 대한 가능성이 가장 큰 의식이다. 이것은 죄는 상태라는 사실을 나타내며, 죄가 **하느님 앞에** 있다는 것은 그것에 담겨 있는 명백히 긍정적인 요소이다.

더욱이 죄가 상태라는 규정은 전혀 다른 의미에서 걸려 넘어짐의

---

[50] 『금요일 성찬식의 세 편의 강화』(*SV* XI), 266~57쪽, 274쪽. "상대적인 입장에서 본다면, 절대적인 것은 가장 큰 재앙(災殃)이다. 감성(感性=肉身)의 세력이 인간을 지배하고 마는, 저 무기력하고 둔탁하고 침체된 순간에는, 그리스도교는 항상 일종의 광기로 간주된다. 왜냐하면 그것은 유한한 세계 안에서 어떤 의미를 가지는 것을 일체 거절하는 존재이기 때문이다. 그렇다면 그리스도교는 무슨 의미가 있단 말인가? 답은, 침묵하라! 그리스도교는 절대적인 것이다. 또 그리스도교는 그렇게 제시돼야만 한다. 즉 감성적인 인간에게는 광기로 간주되어야 한다." 임춘갑 옮김, 『그리스도교의 훈련』, 90쪽; (*SV* XII), 60쪽.

가능성, 역설을 함축하고 있다. 다시 말해 역설은 속죄의 교설의 함축적 결론이다. 무엇보다도 그리스도교가 계속해서 죄를 상태로 너무나 확고하게 정립하기 때문에, 인간의 오성은 결코 그것을 이해할 수 없다. 그런 다음 인간의 오성이 그것을 결코 이해할 수 없는 방식으로 이런 상태를 완벽하게 제거하는 과업을 다시 떠맡는 것도 역시 똑같은 그리스도교 교설이다. 사변은 스스로를 설득해서 역설을 외면하고, 역설의 양쪽 끝에서 조금씩 잘라내며, 그럼으로써 훨씬 쉽게 나아가는바, 사변은 죄를 전적으로 긍정적인 것으로 만들지는 않지만, 그럼에도 불구하고 죄가 깡그리 잊혀질 수 있다는 것을 이해할 수도 없다.[51] 그렇지만 그리스도교는 역설의 최초의 발견자로서, 이 점에 있어서 또한 가능한 한 역설적이다. 그리스도교는 그처럼 확고하게 죄를 상태로 정립해서 죄를 다시 제거하는 것이 절대적으로 불가능한 일처럼 보이게 함으로써 직접 자신에 반대하는 것처럼 보인다. 그리고 또 속죄를 통해서 죄를 마치 바다에 빠

---

[51] 이 책이 발표되기 불과 1년 전에야 키르케고르는, 1848년의 심오한 종교적 경험을 통해, 자신의 죄는 "하느님에게 용서받은 것이 아니라 잊혀졌을 뿐" 이라는 것을 이해하였다. 이에 관해서는 월터 라우리(Walter Lowrie), 『키르케고르』(Kierkegaard) 참조. "이제까지 나는 내 시름을 멀찌감치 유지해 주는 정신적인 노동을 통하여 시름에 대항하여 나를 지켜왔다. 그러니 이제 나는 하느님께서는 용서하여 주시는 그 사실을 통하여 내가 저지른 죄과를 잊어주신다는 신앙 속에서 나를 지키는 것이다. 나는 그것을 잊도록 노력해야 한다. 어떤 기분 전환책을 통하여 잊어버리거나 어떤 경원하는 방법을 써서 그 시름을 멀리함으로써가 아니라 하느님 안에서, 따라서 내가 하느님을 생각할 때 하느님께서는 그것을 잊으셨다고 생각하고, 그럼으로써 용서하심 안에서 나 자신이 그것을 잊어버리는 일을 배움으로써 그 시름을 망각하도록 노력해야 한다." 월터 라우리, 임춘갑 옮김, 『키르케고르』, 종로서적, 1982, 263~64쪽; (Kierkegaard), 391~92쪽.

진 것처럼 그처럼 완벽하게 제거하기를 원하는 것도 바로 이 그리스도교이다.[52]

---

52) "그러니 어찌 노여움을 끝내 품고 계시겠습니까?/마음을 돌이키시어 우리를 불쌍히 여기시고/우리의 온갖 죄악을 부수어 주십시오./깊은 바다에 쓸어 넣어 주십시오." 「미가」, 7장 19절.

A에 대한 부론: 그렇다면 어떤 의미에서는 죄는 극히 드문 것이 되지 않을까?(도덕)

제1부에서 절망은 강화될수록 세상에서 더욱 드물어진다는 사실이 지적되었다. 그러나 만일 죄가 이제 다시 한 번 질적으로 강화된 절망이라면, 아마도 이런 절망은 틀림없이 극단적으로 드물 것이다. 이 얼마나 희한한 문제인가! 그리스도교는 모든 것을 죄 아래 있는 것으로 간주한다. 우리는 가능한 한 엄밀하게 그리스도교적 관점을 묘사하려고 지금까지 노력해왔다. 그리고 이로부터 이러한 아주 낯선 결과, 즉 죄는 이교에서는 전혀 찾아볼 수 없으며 오직 유대교와 그리스도교에서만 발견된다는 것, 그것도 아주 드물게만 발견될 수 있을 뿐이라는 이러한 이상한 결론이 나온다.

그런데 이것은 전적으로 옳지만, 오직 한 가지 의미에서 그리고 이런 방식에서 그럴 뿐이다. 죄를 범한다는 것은 "하느님으로부터의 계시에 의해 죄가 무엇인가를 알게 된 후, 하느님 앞에서 절망에 빠진 채 자기이기를 원하지 않거나 혹은 절망에 빠진 채 자기이기를 원하는 것"이다. 그리고 사실 이것이 자신의 경우에 적용될 수 있을 정도로 그렇게 신중하고 또 그렇게 자신에게 솔직한 사람은 드물다. 그런데 이것의 논리적 결과는 무엇인가? 여기에서는 극도로 조심해야 하는데, 왜냐하면 특별한 변증법적 전환이 있기 때문이다. 훨씬 격렬한 상태의 절망 속에 있지 않은 사람은 그렇기 때문에 절망에 빠져 있는 것이 아니라는 결론은 나오지 않았다. 이와는 반대로, 단연 대부분의 사람이 절망에 빠져 있다는, 그러나 상대적으로 덜한 정도로 그렇다는 사실이 특별히 입증되었다. 더 높은 정도의 절망에 빠져 있다는 것에 그 어떤 가치도 없다. 심미적으로 그것은 장점인데, 왜냐하면 심미적으로는 오직 강도(强度)에 대한 고려가 있을 뿐이기 때문인데, 그러나 윤리적으로는 훨씬 격렬한 형태의 절망은 상대적으로 정도가 덜한 형태보다 구원으로부터 더 멀리 떨어져 있다.

죄의 경우에도 사정은 같다. 대부분의 사람은 무관심의 변증법에 의해 규정되며, 선(믿음)과는 아주 동떨어진 삶을 영위하는 탓에 그런 삶은 죄라고 하기에는 너무나 무정신적(無精神的)일 정도이며, 정말 절망이라고 하기에도 너무나 무정신적일 정도이다.

그 말의 가장 엄밀한 의미에서 죄인이라는 것에 그 어떤 장점도 없다는 것은 확실히 사실이다. 그렇지만 다른 한편으로는, 하찮은 것들과 "남들"에 대한 어리석은 모방에 너무나 깊이 매몰된 탓에 죄라고 부르기조차 거의 힘든 삶, 너무나 무정신적인 탓에 죄라고 부를 수조차 없으며, 오직 성서도 증언하고 있듯이, "입 밖으로 토해 낼"[1] 가치밖에 없는 삶에서 어떻게 도대체 본질적인 죄의식을 찾을 수 있을까?

---

1) "그러나 너는 이렇게 뜨겁지도, 차지도 않고 미지근하기만 하니 나는 너를 입에서 뱉어 버리겠다."「요한의 묵시록」, 3장 16절.

이것이 문제의 끝은 아닌데, 어쨌거나, 왜냐하면 죄의 변증법은 단지 또 다른 방식으로 함정에 빠뜨리기 때문이다. 단단한 바닥은 없고 오직 늪과 수렁만 있는 탓에 나사식 잭을(그리스도교의 들어올림은 나사식 잭으로 밀어올림이다) 사용할 수 없을 때처럼, 그리스도교를 삶 전체와 관계가 있게 이끌 수 없을 정도로 인간의 삶이 너무나 무정신적인 것이 되는 사태는 도대체 어떻게 발생하는 것인가? 이것은 인간에게 우연히 발생하는 어떤 것일까? 아니다, 그것은 인간 자신의 책임이다. 그 어떤 인간도 무정신성의 상태로 태어나지는 않으며, 세상을 떠날 때 자신의 인생의 유일한 성과로 이러한 무정신성을 가지고 가는 사람이 아무리 많을지언정, 이것은 인생의 잘못이 아니다.

그럼에도 불구하고 이른바 그리스도교계는(여기에서는 모든 사람이 수백만씩 떼를 지어 그리스도교인인 것이 당연한 일이며, 따라서 정확히 사람의 수와 같은 수의, 정확히 똑같은 수의 그리스도교인이 존재하는데) 의미를 왜곡하는 인쇄업자의 오식과 분별없는 생략과 혼합으로 가득 찬, 본질적으로 그리스도교적인 것의 비열한 복제판일 뿐만 아니라, 본질적으로 그리스도교적인 것에 대한 오용, 그리스도교의 악용이자 타락이기도 하다는 사실은 언급되어야 하며, 그것도 가능한 한 숨김없이 언급되어야 한다.[2] 작은 나라에서는 시인은 한 세대에 세 명도 태어나기 어려운데, 성직자는 넘쳐

---

2) 키르케고르는 1854년의 일지에 다음과 같이 쓰고 있다. "미국이 콜럼버스의 이름을 따라 명명되지 않았다는 것은 콜럼버스에게 공정치 못한 일이었지만, 그러나 그리스도교계가 예수 그리스도의 이름을 따라 명명되었다는 것은 그리스도에게 그보다 훨씬 더 공정치 못한 일이었다."

나서 성직이 모자랄 지경이다. 시인은 사명을 가져야 한다고들 말하지만, 그러나 많은 사람들(결과적으로 많은 그리스도교인들)의 의견에 의하면 시험에 합격하는 것이 목사가 되는 충분조건이라는 것이다. 그렇지만 참된 목사는 진짜 시인보다 훨씬 드물다. 사실 "소명"이라는 단어[3]는 본디 종교적 삶에 속하는 것이었다. 그런데

---

3) "거기 앉아 있던 율법학자 몇 사람이 '이 사람이 어떻게 감히 이런 말을 하여 하느님을 모독하는가? 하느님 말고 누가 죄를 용서할 수 있단 말인가?' 하며 중얼거렸다."「마르코의 복음서」, 2장 7절; "나는 의인을 불러 회개시키러 온 것이 아니라 죄인들을 불러 회개시키러 왔다."「루가의 복음서」, 5장 32절; "우리 모든 사람을 위하여 당신의 아들까지 아낌없이 내어 주신 하느님께서 그 아들과 함께 무엇이든지 다 주시지 않겠습니까?"「로마인들에게 보낸 편지」, 8장 30절, "그 자비의 그릇은 바로 우리들입니다……." 9장 24절; "하느님은 진실하십니다. 그분은 여러분을 부르셔서 당신의 아들 우리 주 예수 그리스도와 친교를 맺게 해주셨습니다."「고린토인들에게 보낸 첫째 편지」, 1장 9절; "……하느님께서는 부르심을 받은 여러분이 평화스럽게 살기를 원하십니다……. 각 사람은 주님께서 나누어 주신 은총의 선물을 따라서 그리고 하느님께 부르심을 받았을 때의 처지대로 살아가십시오……. 형제 여러분, 여러분은 각각 부르심을 받았을 때의 상태를 그대로 유지하면서 하느님과 함께 살아가십시오." 7장 15~24절; "형제 여러분, 하느님께서는 자유를 주시려고 여러분을 부르셨습니다. 그러나 그 자유를 여러분의 육정을 만족시키는 기회로 삼지 마십시오. 오히려 여러분은 사랑으로 서로 종이 되십시오."「갈라디아인들에게 보낸 편지」, 5장 13절; "……하느님께서 여러분을 불러 주셨으니 그 불러 주신 목적에 합당하게 살아 가십시오……. 성령께서 평화의 줄로 여러분을 묶어 하나가 되게 하여 주신 것을 그대로 보존하도록 노력하십시오……. 이와 같이 하느님께서 여러분을 당신의 백성으로 부르셔서 안겨 주시는 희망도 하나입니다."「에페소인들에게 보낸 편지」, 4장 1~4절; "그리스도의 평화가 여러분의 마음을 다스리게 되기를 바랍니다. 그러려고 여러분은 부르심을 받아 한 몸이 된 것입니다……."「골로사이인들에게 보낸 편지」, 3장 15절; "……하느님은 여러분을 부르셔서 당신의 나라와 영광을 누리게 해 주시는 분이십니다."「데살로니카인들에게 보낸 첫째 편지」, 2장 12절; "하느님께서는 우리를 음탕하게 살라고 부르신 것이 아니라 거룩하게 살라고 부르신 것입니다." 4장 7절; "여러분을 불러 주신 분은 진실하셔서 이 일을 다 이루어 주실 것입니

그리스도교계에서는 아직도 시인이 되는 것은 특별한 일이며 시인이라는 직업이 천직이라는 데는 특별한 뭔가가 있다는 생각이 여전히 남아 있다. 그렇지만 대부분의 사람들(결과적으로 대부분의 그리스도교인들)이 보기에는 목사가 된다는 것에는 그 어떤 숭고한 관념도 남아 있지 않다. 그것은, 단도직입적으로 말하자면(*in puris*

다." 5장 24절;「데살로니카인들에게 보낸 둘째 편지」, 2장 14절; "……하느님께서 영원한 생명을 주시려고 그대를 부르셨고 그대는 많은 증인들 앞에서 훌륭하게 믿음을 고백하였습니다."「디모테오에게 보낸 첫째 편지」, 6장 12절; "하느님께서는 우리를 구원하시고 우리를 부르셔서 당신의 거룩한 백성으로 삼아주셨습니다……."「디모테오에게 보낸 둘째 편지」, 1장 9절; "……예수께서는 거리낌 없이 그들을 형제라고 부르시고"「히브리인들에게 보낸 편지」, 2장 11절; "……부르심을 받은 사람들이 하느님께서 약속해 주신 영원한 유산을 이어받게 되었습니다." 9장 15절; "또 여러분을 불러 주신 분이 거룩하신 것처럼 여러분도 모든 행위에 거룩한 사람이 되십시오."「베드로의 첫째 편지」, 1장 15절; "그러나 여러분은 선택된 민족이고 왕의 사제들이며 거룩한 겨레이고 하느님의 소유가 된 백성입니다. 그러므로 여러분은 어두운 데서 여러분을 불러내어 그 놀라운 빛 가운데로 인도해 주신 하느님의 놀라운 능력을 널리 찬양해야 합니다." 2장 9절; "여러분은 바로 그렇게 살아가라고 부르심을 받은 사람들입니다. 그리스도께서는 여러분을 위해서 고난을 받으심으로써 당신의 발자취를 따르라고 본보기를 남겨 주셨습니다." 21절; "악을 악으로 갚거나 욕을 욕으로 갚지 말고 도리어 축복해 주십시오. 그러기 위해서 여러분이 부르심을 받았습니다. 그렇게 하면 여러분은 하느님께서 약속하신 축복을 받게 될 것입니다……." 3장 9절; "여러분은 잠깐 동안 고난을 받았습니다. 그러나 그리스도를 믿는 여러분에게 당신의 영원한 영광을 주시려고 불러 주신 하느님 곧 모든 은총의 하느님께서 친히 여러분을 완전하게 하여 주시고 든든히 세워 주시고 힘을 주시고 흔들리지 않게 하여 주실 것입니다." 5장 10절; "그리스도께서는 당신이 가지신 하느님의 능력으로 우리에게 경건한 생활을 하는 데 필요한 모든 것을 주셨습니다. 그래서 우리를 부르셔서 당신의 영광과 능력을 누리게 하신 그분을 알게 해 주셨습니다."「베드로의 둘째 편지」, 1장 3절. 키르케고르는 루터가 생활에 편리한 직업을 단일한 공통의 그리스도교적 소명과 결부시키는 것을 반대하는 것은 아니지만, 그러나 소명을 직업으로 축소시키는 것과 이러한 형태의 축소를 교회의 직분에 대

naturalibus) 생계 수단의 하나로서, 눈곱만큼의 신비스러움도 남아 있지 않다. "소명"은 공직에 임명되는 것을 의미한다. "소명을 받는다"는 표현은 사용되지만, 그러나 "소명을 가진다"는 표현은, 글쎄, 그런 표현은 성직록에 임명되는 사람의 경우에도 사용되기는 한다.[4]

오호라, 그리스도교계에서 이 단어의 운명은 본디 그리스도교적인 모든 것에 대한 경구와 비슷하다. 문제는 그리스도교가 선포되지 않는다는 것이 아니라(따라서 문제는 충분한 목사가 없다는 것이 아니다) 대다수의 사람들이 결국은 그리스도교를 지극히 사소하다고 생각하게 만드는 방식으로 선포된다는 것이다(이는 대다수의 사람들이 목사가 되는 것을 주중에 상인, 법률가, 제본업자, 수의사 등등이 되는 것과 전혀 차이가 없다고 생각하는 것과 같다). 따라서 가장 고귀한 것과 가장 거룩한 것들은 그 어떤 영향도 주지 못하고, 이제 하느님은 그 이유를 아시겠지만, 다른 많은 것과 마찬가지로 일상사와 습관이 되어버린 그 무엇으로서 소리가 주어지고 또 큰 소리로 들려올 뿐이다. 그런즉 사람들이 그들 자신의 개인적인 행위를 변호할 수 없다고 생각하는 게 아니라 오히려 그리스도교를 변호할 필요가 있다고 생각하는 것도 하등 이상한

한 "소명"이라는 특수한 의미로 사용하는 것에 대해서는 강력히 항의하였다. 『상이한 정신들에게 있어서의 교화를 위한 강화집』, 제1부, 「마음의 순결」, 228~37쪽; *JP* I 227~39; IV 4946~49, 5009~15.

4) Kald. 이 낱말은 "소명," "천직," "직무," "직업," "사명," "공직" 등의 의미 이외에도, "목사직"의 의미도 있기 때문에 이 다양성을 이용하여 언어놀이가 행해지고 있다. 보통 목사직은 신의 부름을 받은 자만이 받아야 할 성직임에도 불구하고, 일반 공무원과 마찬가지로 국왕에 의해 임명되는 당시 덴마크의 현실을 풍자하고 있다. *Pap.* VIII² B 1761: 15.

일이 아니다.

　목사는 분명히 믿는 자여야 한다. 믿는 자! 그런데 믿는 자는 결국 사랑하는 자이다. 당연한 일이지만, 정열에 관해서 말하자면, 모든 사랑하는 이 중에서 가장 열광적인 연인도 믿는 자에 비하면 풋내기에 불과하다. 사랑하는 이를 상상해보라. 그는 날이면 날마다 종일토록 그리고 밤새도록 자신이 사랑하는 연인에 관해 이야기할 수 있다는 것이 사실이 아니겠는가? 그런데 여러분은 사랑에 빠지는 것에는 뭔가가 있다는 것을 세 가지 이유를 들어 증명하려고 애쓰는 방식으로 말하는 일이 과연 그에게 일어날 수 있다고 믿는가? 여러분은 그런 일이 그에게 가능하다고 믿는가? 그가 그런 일은 역겨운 짓이라고 생각할 거라는 것을 여러분은 생각하지 못하는가? 이는 마치 기도의 가치가 너무나 떨어진 탓에 기도의 위신을 조금이라도 세우기 위해서는 세 가지 이유가 제시되어야 한다는 이유로, 목사가 세 가지 근거를 이용해 기도는 유익하다는 것을 증명하는 것과 같다. 혹은, 이것은 똑같은 일로서 다만 훨씬 우스꽝스러울 뿐인데, 기도한다는 것은 "모든 오성을 초월하는" 축복이라는 것을 목사가 세 가지 근거를 들어 증명하는 것과 같다. 세 가지 근거에 의해, 설령 뭔가를 도대체 할 수 있을지는 몰라도, 짐작건대 모든 오성을 넘어서지는 못할 것이며, 오히려 그 반대로, 그런 축복은 결코 모든 오성을 넘어서지 못한다는 사실을 필연적으로 오성에게 깨우쳐줄 뿐인—왜냐하면 "근거들"은 결국 오성의 영역 안에 있기 때문에—그런 세 가지 근거들에 의해 모든 오성을 넘어서는 뭔가를 증명한다니 이 얼마나 어이없는 점강법[5]이란 말인가. 아니지, 모든 오성을 넘어서는 것에게는, 그리고 그것에 대한 믿음을 지니고 있는 이에게는 세 가지 근거가 병 세 개나 사슴 세 마리 이상의 것을 의미하지 않는다! 더 나아가서 사랑에 빠진 이가 자신이 사랑에 빠진 것을 변호할 생각을 과연 할 거라고, 다시 말하자면, 그에게는 자신의 사랑이 절대적인, 무조건적으로 절대적인 것이 아니라는 것을 인정할 거라고, 오히려 그가 자신의 사랑을 논쟁의 여지가 있는 부류의 것으로 생각하고서 그런 생각에 기초해 자신의 사랑에 대한 변론을 전개할 거라고 믿는단 말인가? 다시 말해 그가 자신은 사랑에 빠지지 않았다는 것을 고백할 수 있다거나 혹은 고백할 거라고, 자신은 사랑에 빠지지 않았다고 스스로를 고발할 수 있다거나 혹은 고발할 거라고 여러분은 믿는단 말인가? 게다가 만일 누군가가 사랑에 빠진 이에게 이런 식으로 변호하고 고백하고 또 스스로를 고발하라고 제안한다면, 사랑에 빠진 이는 그런 사람을 미쳤다고 생각할 거라고 여러분은 믿지 않겠는가? 그리고 만일 사랑에 빠진 것 말고도 그가 또 다소 관찰자의 면모를 지니고 있다면, 그는 이런 제안을 그 자신에게 하는 사람은 사랑이 무엇인지를 전혀 알지 못했거나 아니면 그가 자신의 사랑을 변호함으로써 그 사랑을 배신 내지 부정하기를 원하는 것이라고 의심할 거라는 생각을 여러분은 하지 않는가? 정말 사랑에 빠진 사람은 세 가지 근거에 의해 자신의 사랑을 증명하거나 혹은 그 사랑을 변호하고 싶은 생각을

---

5) "안티클라이맥스"라는 이 용어는 익명의 저자 안티-클리마쿠스의 명칭과는 무관한 수사학의 용어로서 점강법(漸降法)을 뜻한다. 점강법이란 장중한 말을 한 직후에 가벼운 말을 계속하는 것으로, 클라이맥스가 더 강력한 언어와 문장을 거듭하여 어세를 강화하는 데 대하여 점강법은 그와 반대로 더 약한 언어 및 문장을 거듭해 가는 수사법이다.

꿈에서라도 하지 않을 거라는 것은 명백한 사실이 아닐까? 왜냐하면 그는 모든 근거와 모든 변론 이상의 어떤 존재이기 때문이다. 그는 사랑에 빠진 것이다. 근거를 들어 자신의 사랑을 입증하고 자신의 사랑을 변호하는 사람은 모두 실제로는 사랑하지 않는 자들이다. 그런 사람은 다만 사랑에 빠진 척할 뿐이며, 불행히도 아니면 다행스럽게도, 그런 사람은 너무나 어리석은 탓에 자신이 사랑에 빠지지 않았다고 스스로를 고발하는 것일 따름이다.

  그런데 바로 이것은 정확히 그들이 그리스도교에 관해 이야기하는 방식이며, 이처럼 믿음이 독실한 목사들은, 설령 그들이 더 이상 그리스도교를 "이해함"으로써 사변적으로 서투른 짓을 하는 등의 다른 일을 하지 않는다고 하더라도, 그리스도교를 "변호"하든가 아니면 그리스도교를 "근거들"로 바꾸어놓는다. 이것이 설교라고 하는 것이며, 그리스도교계에서는 이런 종류의 설교와 또 누군가가 이 설교에 귀를 기울인다는 것이 대단한 것인 양 간주되기도 한다. 이것이 정확히 그리스도교계가(이것이 그 증거인데) 스스로 자칭하는 바로부터 너무나 멀리 동떨어져 있는 탓에, 대부분의 사람의 삶이, 그리스도교적으로 이해하건대, 너무나도 무정신적이어서 엄밀하게 그리스도교적인 의미에서는 죄라고 불릴 수조차 없는 이유인 것이다.[6]

---

6) *Pap.* VIII² B 171:16.

B 죄의 연속

죄의 모든 상태는 새로운 죄이며, 혹은 더 정확하게 표현하자면, 이 다음 절에서 표현되겠지만, 죄의 상태는 새로운 죄이며, 죄이다. 죄인은 아마도 이것을 과장이라고 생각할 것이며, 기껏해야 그는 모든 현실적인 새로운 죄가 새로운 죄라고 생각할 것이다. 그렇지만 영원은 그의 인생 계정을 기록하고 있는바, 틀림없이 죄의 상태를 새로운 죄로 기입할 것이다. 영원에는 오직 두 항목만 있을 뿐이며, "믿음에서 오지 않는 모든 것은 죄이다."[1] 회개되지 않은 죄는 모두 새로운 죄이며 죄가 회개되지 않은 채로 있는 모든 순간도 또한 새로운 죄이다. 그렇지만 자기의식과 관련해서 연속성을 지니고 있는 사람은 얼마나 드물던가! 일반적으로 사람들은 오직 순간적으로만 의식하고, 큰 결정을 할 때만 의식할 뿐이며, 매일의 일상생활은 전혀 참작하지 않는다. 사람들은 일주일에 하루 그것도 한 시간 정도만 겨우 신통치 않은 정신으로 존재하는데, 이는 당연한 일

---

[1] "그러나 의심을 하면서 먹는 사람은 벌써 단죄를 받은 것입니다. 그것은 믿음에서 우러나온 행위가 아니기 때문입니다. 믿음에서 우러나오지 않은 행위는 모두 다 죄가 됩니다." 「로마인들에게 보낸 편지」, 14장 23절.

로서 정신으로 존재하는 상당히 거친 방식이다. 그러나 영원은 본질적인 연속이고 사람에게도 이런 연속성을 요구하거나 혹은 그가 정신으로 깨어 있으면서 믿음을 가질 것을 요구한다. 죄인은, 그렇지만, 너무나 죄의 힘에 단단히 사로잡혀 있는 탓에 죄의 온전히 포괄적인 규정에 대해서는 철저히 무지하거니와, 자신이 길을 잃은 채 파멸의 길을 가고 있다는 사실에 대해서도 전혀 알지 못한다. 그는 파멸의 길 위에서 그에게 새로운 죄를 자극하는 것으로 생각되는 모든 개별적인 새로운 죄만 계산에 넣을 뿐인데,[2] 마치 그가 그보다 선행하는 순간에는 그의 이전의 죄들의 모든 추진력에 의해 저 파멸의 길을 계속 나아가고 있는 것이 아니기라도 한 것처럼 말이다. 그런 사람에게 죄는 너무나 자연스러운 것이 되어서, 혹은 죄는 너무나도 철저하게 그의 제2의 본성이 되어서, 그는 매일의 일상이 전적으로 바람직한 것이라고 생각하며, 그 자신 새로운 죄로부터, 말하자면, 새로운 자극을 받을 때마다 다만 순간적으로만 잠시 멈출 뿐이다. 길을 잃은 상태에서, 그는 자신의 삶이 믿음 안에서 하느님 앞에 있음으로써 영원성의 본질적인 연속성을 소유하지 않고 오히려 죄의 연속성을 지니고 있다는 사실을 깨닫지 못하고 있다.

"죄의 연속성"——그러나 죄는 본디 불연속적이지 않던가?[3] 그래

---

[2] "좁은 문으로 들어가거라. 멸망에 이르는 문은 크고 또 그 길이 넓어서 그리로 가는 사람이 많지만 ……." 「마태오의 복음서」, 7장 13절. "나는 인생의 이 구석 저 구석을 쑤시고 다녔고, 온갖 진귀한 것들로부터 유혹을 받았고, 뿐더러 불행하게도 과오마저 저질렀고, 아아! 역시 타락의 길마저 걸었다." 임춘갑 옮김, 『관점』, 97쪽: (*SV* XIII), 567쪽.
[3] 사실 『파우스트』에서 메피스토펠레스는 절대적으로 단속적인 것, 돌연한 것이다.

서 여기에서 그것이 다시 문제가 되는데, 죄는 그저 부정일 뿐이라는 이러한 견해, 죄는 장물과 같아서 결코 정당화될 수 없는 부정이라는, 부정이라는 이러한 견해는 자기를 정립하려는 무기력한 시도이거니와, 이 시도는, 그러나 절망적인 반항 속에서 무기력함의 온갖 고뇌를 겪을 뿐, 실행이 불가능하다. 그렇다, 이것은 죄가 사변적으로 존재하는 방식이지만, 그리스도교적으로는 (이것은 믿지 않으면 안 되는데, 왜냐하면 사실 이것은 그 어떤 사람도 이해할 수 없는 역설이기 때문이다) 죄는 상태이며, 정도를 더해가면서 정립되는 연속성을 스스로 전개하는 상태이다.

이러한 연속성의 증대에 대한 법칙은 채무나 부정의 증가에 대한 법칙과는 같지 않다. 왜냐하면 채무는 변제되지 않았다고 해서 커지는 것이 아니기 때문이다. 채무는 새로운 채무가 더해질 때마다 늘어난다. 그렇지만 죄는 사람이 죄에서 떠나지 않는 매 순간마다 늘어난다. 죄인은 모든 새로운 죄만 죄의 증대로 간주하는 잘못을 범하기 때문에, 그리스도교의 관점에서는 죄의 상태가 새로운 죄보다 실제로는 더 큰 죄이다. 심지어 죄를 범하는 것은 인간적이지만 죄 안에 머무는 것은 악마적이라는 격언이 있을 정도이다.[4] 그리스도교적으로는 그러나 이러한 격언은 확실히 다르게 해석되어야 한다. 새로운 죄를 주시할 뿐 그 사이에 놓여 있는 것, 즉 두 개별적인 죄 사이에 놓여 있는 것을 간과하는 엉성한 고찰은 기관차가 증기를 내뿜을 때만 기차가 움직인다고 생각하는 것만큼이나 피상적이

---

[4] errare humanum est, sed nullius nisi stulti in errore peseverare. "잘못을 저지르는 것은 인간의 본성이다. 그러나 언제까지나 잘못 안에 머물러 있는 것은 어리석은 자의 짓이다."

다. 아니다, 고찰되어야 할 대상은 이런 증기 연기와 그 결과로 발생하는 추진 현상이 아니라 기관차가 앞으로 나아갈 때 작용하는, 그리고 증기 연기를 내뿜게 만드는 지속적인 추진력이다. 그리고 죄의 경우도 마찬가지이다. 가장 심오한 의미에서 죄의 상태는 죄이다. 개별적인 죄들은 죄의 연속이 아니라 죄의 연속에 대한 표현이다. 특정의 새로운 죄에서 죄의 추진력이 다만 눈에 더 잘 지각될 뿐이다.

죄의 상태는 개별적인 죄들보다 더 심각한 죄이다. 그것은 죄 그 자체이다. 이렇게 이해할 때, 죄 안에 남아서 오래도록 머무는 것은 죄의 연속이며, 새로운 죄이다. 일반적인 견해는 다른데, 하나의 죄가 새로운 죄를 낳는다는 것이 바로 그것이다. 그런데 이러한 견해에는 훨씬 깊은 또 하나의 뿌리가 있는데, 그것 즉 죄의 상태는 새로운 죄라는 것이다. 셰익스피어는 맥베스(3막 2장)의 입을 빌려 다음과 같이 말하고 있는데, 이는 심리학적으로 노련한 발언이다. 죄에서 일어나는 기업은 오로지 죄를 통해서만 강함과 힘을 얻는다 (*Sündentsprossne Werke erlangen nur durch Sünde Kraft und Stärke*).[5] 달리 말하면, 자신 안의 깊은 곳에서 죄는 일관성을 지니고 있으며, 악 그 자체에서의 이런 일관성 안에서 죄는 또 어떤 힘을 지니고 있다는 것이다. 그러나 단순히 개개의 죄를 바라보는

---

5) 슐레겔·티크 옮김, 『셰익스피어 전집』, XII, 314쪽. 인용문에서 복수명사 Sünden은 단수명사 Sünde로 바뀌어 있다. "죄에서 비롯된 기업은 오직 죄를 통해서만 그 힘과 능력을 얻는다." 키르케고르는 이 구절을 독일어로 번역된 셰익스피어에서 인용하고 있는데, 그것은 아마도 슐레겔과 티크의 독일어 번역이 영어 원문보다 더 호소력이 있기 때문일 것이다. 맥베스가 한 말은 "시작이 사악한 것들은 악에 의해서 힘을 얻는다"가 전부이다.

것만으로는 결코 그런 고찰에 미치지 못한다.

대부분의 사람은 아마도 자기 자신에 대한 의식이 거의 없이 살고 있는 탓에 일관성이 무엇인지에 대한 관념도 갖고 있지 않을 것이다. 다시 말해 사람들은 정신으로서(*qua*) 실존하지 않는 것이다. 그들의 생활은—어떤 귀여운 어린아이 같은 천진난만함이나 혹은 천박한 평범함 속에서—어떤 평범한 행동, 어떤 사건들, 이런저런 것들로 이루어져 있다. 지금 뭔가 선한 일을 하는가 하면, 금방 어리석은 뭔가를 저지르며, 그런 다음에는 또다시 모든 것을 새로 시작한다. 이제 오후 내내, 아마도 3주 동안 절망에 빠져 있는가 하면, 또다시 명랑한 사내가 되고, 그런가 하면 다시금 하루 종일 절망에 빠져 있다. 말하자면 그들은 인생에서 이리저리 경쾌하게 날아다니지만, 그러나 하나를 위해 모든 것을 거는 경험을 결코 하지 않으며, 무한한 자기 일관성에 대한 관념을 결코 획득하지 못한다. 이것이 바로 그들이 언제나 자기들끼리 개개의 것들, 개개의 선행들, 개개의 죄에 관해 이야기하는 까닭인 것이다.

정신이라는 규정 안에 있는 모든 실존은, 비록 전적으로 독단적일망정 그리고 자기책임일망정, 본질적인 내적 일관성과, 뭔가 고귀한 것에서의, 최소한 이념에서의 일관성을 지니고 있다. 그런 사람은 일관성 없음에 대한 큰 두려움을 갖고 있는데, 왜냐하면 그는 일관성이 없음으로써 야기될 결과에 대한 무한한 염려, 즉 자신의 삶의 터전인 총체성으로부터 단절될 수도 있다는 무한한 염려를 하기 때문이다. 극히 사소한 면에서라도 일관성이 없는 것은 무한한 손실인데, 왜냐하면 결국 그가 일관성을 상실하기 때문이다. 바로 그런 순간에 마법은 아마도 풀릴 것이고, 그의 모든 능력을 조화 속에서 사로잡고 있던 신비스러운 힘은 사라질 것이며, 둘둘 말려 있던 용수철은 풀릴 것이다. 모든 것은 아마도 혼돈, 그의 능력들이 반란을 일으켜 서로 싸우고 또 자기를 고난 속으로 빠트리는 혼돈, 그 자체 안에서는 그 어떤 일치도, 그 어떤 계기도, 또 그 어떤 추진력(*impetus*)도 불가능한 그런 혼돈 속으로 빠져들 것이다. 일관성을 유지할 때는 강철 같은 힘을 지니고 있으면서도 그렇게 유순하고 또 그 모든 힘에도 불구하고 그처럼 유연하던 거대한 기계가 이제는 멋대로 작동하는 것이다. 그리고 기계가 더 우수하고 더 웅장한 것일수록 혼란은 더 끔찍하고 더 엉망일 것이다. 믿는 자는 선의 일관성에 안주하면서 거기에서 자신의 삶을 유지하는 자로서, 심지어 극히 사소한 죄에 대해서조차 무한한 두려움을 갖고 있는데, 왜냐하면 그는 무한한 상실에 직면해 있기 때문이다. 직접적인 개인들은 천진난만하거나 아니면 어리석은데, 상실할 그 어떤 총체성도 가지고 있지 못하다. 그들은 언제나 오직 개별적인 그 무엇을 획득하고 상실하거나 혹은 어떤 것을 일일이 얻고 또 잃을 뿐이다.

  죄의 내적 일관성과 관련해서 믿는 자의 경우가 이와 같은 것처럼 그 반대의 사람, 즉 악마적 인간의 경우도 사정은 마찬가지이다. 악마적 인간의 상황은 알코올중독자의 그것과 비슷한데, 알코올중독자는 단 하루라도 온전히 맑은 정신으로 깨어 있을 경우 중독 상태가 중지되는 것과 뒤이어 나타날 무기력감 그리고 그 가능한 결과들이 두려워서 항구적인 중독 상태에 빠져 있다. 사실 선한 사람에게서와 정확하게 똑같은 태도의 사례가 악마적인 사람에게도 존재하는데, 악마적인 사람은, 죄가 몇몇 매혹적인 형태로 그에게 유혹적으로 제시되면, "나를 유혹하지 말라!"고 애원한다. 선의 측면에서 자신보다 더 강한 누군가를 만났는데, 그 사람이 선을 지극히 숭고한 모습으로 묘사할 때, 악마적인 인간은 자기를 위해 애원할 것이며, 눈물을 흘리면서 애원할 것이다. 자기에게 제발 말하지 말아달라고, 그의 표현을 빌리자면, 자기를 약하게 만들지 말아달라고 말이다. 정확하게 악마적인 인간은 내적 일관성을 지니고 있고 또 악행의 일관성을 시종일관 유지하기 때문에, 그는 또 상실할 가능성이 있는 총체성도 지니고 있다. 단 한순간이라도 일관성을 상실하면, 단 한 번만이라도 변증법적으로 경솔하면, 단 한 번만이라도 곁눈질을 하면, 단 한 순간이라도 전체를 아니 그 일부만이라도 다른 방식으로 보고 또 이해하면, 그는 아마도 결코 다시는 그 자신이 되지 못할 것이다, 라고 그는 말한다. 다시 말하자면, 절망에 빠져서 그는 이미 선을 포기한 것이다. 선은 그에게 아무런 도움도 되지 못하지만, 그러나 그것은 확실히 그를 혼란스럽게 만들 수 있을 것이며, 그가 또다시 일관성의 온전한 계기를 성취하는 것을 불가능하게 만들 수 있을 것이고, 그를 약하게 만들 수 있을 것이다. 오직 죄의 연속에서만 그는 그 자신이며, 오직 그것에서만 그는 삶을 영위하고 또 자신에 대한 느낌을 얻는다. 그렇지만 이것은 무엇을 의미하는가? 그것은, 죄의 상태는 그가 빠져 있는 곳에서 그를 깊이 억누르고 있으면서 불경스럽게도 죄의 일관성으로 그를 강화시킨다는 것을 의미한다. 그를 도와주는 것은 개개의 새로운 죄가 아니다(그렇다, 이것은 극도로 교란된 망상이다!). 오히려 개개의 새로운 죄는 다만 죄의 상태에 대한 표현일 뿐이며, 죄의 상태가 실제로 죄인 것이다.

그렇기 때문에 이제 논의하고자 하는 "죄의 연속"은 개개의 새로운 죄가 아니라 죄의 상태를 의미하는데, 이것은 다시 죄의 내적 강화, 죄의 상태 안에 의식적으로 남아 있음이 되며, 그 결과 강화에서의 운동의 법칙은, 여기에서도 다른 모든 경우에서와 마찬가지로, 내면적이며, 의식의 점점 더 증가하는 강렬함 속에 있는 것이다.

A. 자신의 죄에 대해 절망하는 죄[6]

죄는 절망이다. 강화는 자신의 죄에 대해 절망하는 새로운 죄이다. 당연한 일이지만, 이것이 강화의 범주 안에 있다는 것은 분명하다. 그것은 10만 원을 훔친 후 다음에 100만 원을 훔치는 사람의 방식에서의 새로운 죄가 아니다. 아니다, 우리는 여기에서 개별적인 죄에 관해 이야기하고 있는 것이 아니다. 죄의 상태는 죄이며, 이것은 새로운 의식 속에서 강화된다.

자신의 죄에 대해 절망한다는 것은 죄가 내적으로 일관성을 갖게 되었거나 혹은 일관성을 갖기를 원한다는 사실을 가리킨다. 이 죄는 선과 아무런 관계도 갖지 않기를 원하며, 가끔 다른 이야기에 귀를 기울일 정도로 약해지는 것도 원하지 않는다. 그렇다, 이 죄는 오로지 자신에게만 귀를 기울일 것을 고집하며, 오직 자신과만 관계할 것을 고집한다. 그것은 자신 안에 스스로를 밀폐하고, 또 하나의 울타리 안에 스스로를 가둔 채, 선에 의한 그 어떤 공격이나 추구로부터도 죄에 대한 절망을 통해 스스로를 보호한다. 그것은 자

---

6) *JP* IV 4025, 4029(*Pap.* X^2 A 74, 429).

신의 뒤에 있는 다리를 태워버렸다는 것과 그럼으로써 더 이상 선에 다가갈 수 없고 또 선도 자신에게 접근할 수 없다는 것, 그래서 설령 마음이 약해진 순간에 선을 원하는 경우가 있더라도, 그것은 전적으로 불가능하다는 것을 잘 알고 있다. 죄 그 자체가 선과의 단절이지만, 죄에 대한 절망은 제2의 단절이다. 이것은 당연하게도 극도로 악마적인 힘을 죄에서 짜내고, 죄에다 불경스러운 집요함 내지 완고함을 부여하는데, 이러한 집요함 내지 완고함은 회개와 자비라고 일컬어지는 모든 것을 시종일관해서 공허하고 무의미한 것으로 간주할 뿐만 아니라, 자신의 적으로, 최우선적으로 물리쳐야 할 그 무엇으로까지 고집스럽게 간주할 수밖에 없다. 선이 유혹으로부터 스스로를 지키는 것처럼 말이다. 이렇게 해석하건대 (『파우스트』에서) 메피스토펠레스[7]가 절망하는 악마보다 더 비참한 것은 없다고 말하는 것은 지극히 적절한데, 왜냐하면 여기에서 절망은 회개와 은총에 관해 뭔가를 듣고 싶을 정도로 연약해지고 싶다는 것으로 해석되어야 하기 때문이다. 죄와 죄에 대한 절망의 관계에서의 강화를 기술할 때, 죄는 선과의 단절로, 그리고 죄에 대한 절망은 회개와의 단절로 명명할 수 있을 것이다.

    죄에 대한 절망은 더 깊이 침몰함으로써 살아남으려는 노력이다. 기구를 타는 사람이 무거운 짐을 내던짐으로써 더 높이 상승하는 것처럼, 절망에 빠진 사람은 점점 더 단호하게 모든 선을 내던짐으

---

7) Du bist doch so ziemlich eingeteufelt, Nichts Abgeschmackters find' ich auf der Welt als einen Teufel, der verzweifelt. "게다가 당신은 꽤 악마다 워졌어요./세상에서 가장 꼴불견인 것은/악마가 절망에 빠져 있는 꼬락서니죠." 괴테, 정서웅 옮김, 『파우스트』, 비극 제1부, 「숲과 동굴」, 159쪽(3370): 『괴테 전집』, XII, 176쪽; *Pap.* I, 3116.

로써 가라앉는다(왜냐하면 선이라는 짐은 사람을 높이 올라가게 하기 때문이다). 그는 가라앉지만, 그 자신은 당연한 일로서 자기가 상승하고 있다고 생각하는 것이다. 그리고 그는 실제로 점점 더 가벼워지고 있는 것이다. 죄 그 자체는 절망의 투쟁이다. 그런데 그 경우 모든 힘이 고갈될 때, 새로운 강화, 자기 안에서의 새로운 악마적 폐쇄가 있을 수 있다. 이것이 죄에 대한 절망이다. 그것은 한 걸음 전진이고, 악마적인 것의 상승이며, 당연하게도 죄에의 함몰이다. 그것은 회개와 은총과 관련해서는 그 어떤 말도 결코 듣지 않겠다고 단호하게 결심함으로써 일종의 힘인 죄에게 안정성과 중요성을 부여하려는 노력이다. 그럼에도 불구하고, 죄에 대한 절망은 자기 자신의 공허함을 특히 의식하고 있거니와, 자신은 생명의 양식을 전혀 가지고 있지 않다는 것을, 심지어 그 자신의 자기에 대한 관념조차도 가지고 있지 않다는 것을 의식하고 있다. 맥베스의 다음의 말은(2막 2장) 심리학적으로 교묘하다. "(그가 왕을 살해한 후에, 그리고 이제 자신의 죄에 대해 절망하면서) 이 순간부터 인생에는 그 어떤 심각한 것도 없다. 모든 것은 장난감에 불과하며, 명예와 은총은 사라져버렸다(*Von jetzt giebt es nicht Ernstes mehr im Leben; Alles ist Tand, gestorben Ruhm und Gnade*)."[8] 교묘한

---

8) 2막 3장(슐레겔과 티크 번역본에서는 2막 2장, XII, 301쪽). "내면성을 정의하기가 어렵다는 것은 더 말할 나위도 없다. 우선 나는 여기에서 내면성은 진지함이라고 말하겠다. 이는 모든 사람이 다 이해하는 말이다. 그렇지만 아주 이상하게도, 이 말처럼 연구의 대상이 되어 본 적이 없는 말도 거의 없다. 맥베스는 왕을 살해하고 나서 다음과 같이 외쳤다.

이제 진지한 것은 더 이상 삶에는 없도다.

점은 명예와 은총(*Ruhm und Gnade*)이라는 마지막 단어들을 중복시킨 데 있다. 죄에 의해, 다시 말하면, 자신의 죄에 대해 절망함으로써 그는 은총과의 모든 관계, 그리고 자신과의 모든 관계를 상실했다. 그의 이기적인 자기는 야욕으로 절정에 달한다. 그는 이제 사실상 왕이 되었지만, 자신의 죄에 대해 그리고 회개의 실재성과 관련해, 은총과 관련해 절망함으로써 그는 또 자기를 상실하였다. 그는 심지어 자신에 의거해 계속 행동할 수도 없으며, 은총을 붙잡을 수 없는 것과 마찬가지로 자신의 야망의 정점에서 자신의 자기를 향유할 수도 더 이상 없는 것이다.

세상에는 (죄에 대한 절망이 인생에서 발견되는 한에서 하는 말이지만, 어쨌든 사람들이 그렇게 부르는 뭔가가 있게 마련이니까) 죄에 대한 이러한 절망에 관한 오해들이 자주 일어나는데, 추측건대 그 원인은 아마도 세상 사람들이 일반적으로 천박한 것, 분별없는 것, 그리고 오갈 데 없이 사소한 것들에 사로잡혀 있기 때문일 것이며, 그렇기 때문에 조금이라도 더 심오한 어떤 것이 나타나기만 하면 사람들은 대개 상당히 격식을 차리고 또 정중히 모자를 벗게 되는 것이다. 자신과 자신의 의미에 대한 혼란스러운 모호함에 빠져서, 혹은 한 줄기 위선을 띠고서, 혹은 모든 절망에 고유한 교활함과 궤변을 이용해, 죄에 대한 절망은 자신이 선한 그 무엇이라

　　모든 것은 장난감이거나, 명예와 은총도 사라졌나니!
　　생명의 술은 바닥이 났도다.

　임규정 옮김, 『불안의 개념』, 373쪽; (*SV* IV), 412쪽.

는 인상을 보여주는 것을 마다하지 않는다. 그렇게 되면 그것은 깊은 본성의 표지인 것으로 추정되는데, 이것은 그렇기 때문에 자신의 죄에 대해 무척 민감하다. 예컨대 만일 이런저런 죄에 빠져 있었지만 오랫동안 유혹을 이겨내는 데 성공한 사람이 타락해서 다시 유혹에 굴복한다면, 이때 시작되는 우울은 늘 죄에 대한 슬픔만은 결코 아닐 것이다. 그것은 전혀 다른 그 무엇일 수도 있다. 그 점에 관해 말하자면, 그것은 섭리에 대한 쓰라린 분노일 수도 있다. 마치 자신이 유혹에 굴복한 것이 섭리 탓이라도 되는 것처럼, 그렇게 오랫동안 성공적으로 유혹을 이겨냈는데 이제 다시 그것이 자신에게 그처럼 가혹하게 하는 것은 당치도 않은 것처럼 말이다. 어쨌거나 이런 비탄을 곧장 선이라고 생각하는 것, 모든 격정 안의 이중성을 전혀 의식하지 못하는 것은 전적으로 유약한 처사이거니와, 그런 격정은 불길한 것에 대한 어떤 느낌, 격정적인 인간으로 하여금 그가 자신의 의도와는 정반대로 말해버렸다는 것을 나중에야 이해하게 만들 수도 있는, 그래서 그를 거의 돌게 만들 수도 있는 그런 불길한 느낌이다.[9] 그런 사람은, 아마도 그 어느 때보다도 더 강한 어조로, 이러한 퇴보가 그를 애태우고 또 괴롭히며, 또 그를 절망에 빠지게 만든다고 단호하게 선언하고, 또 "나는 결코 나 자신을 용서하지 않을 것이다"라고도 말한다. 사람들은 이것이 그가 얼마나 선한지를, 또 그가 얼마나 심오한 본성을 지니고 있는지를 보여주는 징표로 간주한다. 그것은 일종의 속임수이다. 나는 일부러 "나는 결코 나 자신을 용서하지 않겠다"라는 평범한 구절을 사용했는

---

9) *Pap.* VIII² B 171: 17.

데, 이는 이런 연관에서 흔히 들을 수 있는 말이다. 그리고 바로 이 구절과 더불어 우리는 즉시 변증법적으로 옳은 해석을 찾을 수가 있다. 그는 결코 자신을 용서하지 않겠지만, 이제 만일 하느님이 그에게 이것을 용서해준다면, 글쎄, 그는 분명히 선량하게도 자신을 용서할 수 있을 것이다. 아니다, 죄에 대한 그의 절망은 선의 성질과는 큰 차이가 있으며, 죄의 훨씬 격렬한 성질인바, 그것의 강도는 죄에의 함몰이거니와, 그가 정열적으로 이 구절을 되풀이하고 그럼으로써 (그는 그럴 마음이 전혀 없지만) 자신을 부정하고 있을 때, 그가 그와 같은 죄를 범하는 "자신을 결코 용서하지 않으려 할" 때 죄의 강도는 대부분 이것, 즉 죄에의 함몰이다(왜냐하면 이런 종류의 말은 하느님에게 용서해달라고 기도하는 비탄에 잠긴 회한과는 정반대이기 때문이다). 요점은 그가 성공적으로 유혹에 저항하고 있는 시간 동안 그의 눈에는 그가 실제의 그 자신보다 더 선한 것처럼 보였으며, 그래서 그가 자신을 자랑스럽게 생각하게 되었다는 사실이다. 과거는 몽땅 과거의 일이라는 것은 이런 자존심에 유리하다. 그렇지만 이런 퇴보에서 과거는 갑자기 또다시 완전히 현재가 된다. 그의 자존심은 과거에 대한 이러한 상기를 견디지 못하는데, 그것이 그의 깊은 비탄 등의 이유이다. 그렇지만 비탄은 분명히 하느님에게서 멀어짐, 즉 비밀스러운 이기심과 자만심을 가리키거니와, 비탄에 잠김으로써 그는 맨 먼저 해야 할 바, 즉 하느님이 그렇게 오랫동안 유혹에 저항하도록 도와준 것에 대해 하느님에게 감사하고, 또 그런 도움은 이미 그의 분수에 넘치는 것이라는 사실을 하느님과 자기 자신 앞에서 인정하며, 그런 다음 과거의 자신의 모습을 회상하는 가운데 자신을 낮춰야 하는 등의 일을 하지 않는다.

여기에는, 다른 모든 경우에도 그렇듯이, 고대의 많은 신앙 수양서[10]가 그처럼 심오하게, 그처럼 풍부한 경험에 의거해, 그처럼 교훈적으로 설명하는 바가 있다. 고대의 많은 수양서는 하느님이 믿는 자를 겸손하게 하고 또 그럼으로써 그를 선 안에서 더 굳건하게 세우기 위해 믿는 자를 실족하게 해서 이런저런 유혹에 빠지게 하는 경우가 왕왕 있다고 가르친다. 이러한 퇴보와, 선의 의미가 있을 진보 사이의 대조는 매우 굴욕적이며, 이러한 퇴보와 그 자신의 일치는 대단히 고통스러운 것이다. 사람이 더 선할수록 개개의 죄는 자연스럽게도 훨씬 격심하게 고통을 주며, 만일 그가 방향을 제대로 잡지 못하면 극히 사소한 성급함마저도 더 큰 위험이 된다. 비탄 속에서 그는 더할 나위 없이 짙은 우수 속으로 가라앉을 수도 있거니와, 그런데 바보 같은 정신적 상담자[11]는 바야흐로 그의 심오한 영혼과, 선이 그에게 행사하는 강력한 영향력 등에 감탄할 가능성이 있는데, 마치 그런 우수의 원인이 선이기라도 한 것처럼 말이다. 그리고 그의 아내, 그렇다. 그녀는 이런 식으로 자신의 죄에 대해 슬퍼할 수 있는 그처럼 성실하고 거룩한 남편과 자신을 비교하면서 자신이 매우 비천하다고 느낀다. 그의 말은 어쩌면 훨씬 기만적일지도 모른다. 그는 "나는 결코 나 자신을 용서하지 않겠다"라고는 말하지 않을지도 모른다(마치 그가 이전에는 자신의 죄를 용서한 적이 있는 것처럼 말이다. 만일 그런 일이 있었다면 그거야말로 신에 대한 모독이다). 아니다, 그는 하느님이 결코 그를, 그의 죄를

---

10) 예컨대 툴러(Tauler)의 『설교집』(Sermons), 1842년 편집, III권 36쪽 이하 참조.
11) 성직자를 지칭한다.

용서할 수 없을 거라고 말한다. 오호라, 이것은 그저 일종의 속임수일 뿐이다. 그의 슬픔, 그의 염려, 그의 절망은 이기적이며(죄에 대한 불안처럼 말이다. 죄에 대한 불안은 실제로 사람을 마음 졸이게 하면서 죄 속으로 몰아넣는데, 왜냐하면 자신을 자랑하고 싶고, 또 죄 없이 존재하기를 원하는 것은 자기애이기 때문이다), 위안은 그에게 전혀 필요치 않은 것이다. 그렇기 때문에 정신적 상담자들이 위안을 취해야 한다고 처방해주는 엄청난 양의 이유들은 오직 병을 악화시킬 뿐이다.

B. 죄의 용서와 관련해* 절망하는 죄(걸려 넘어짐)

여기에서 자기의식의 강화는 그리스도에 대한 앎이며, 직접 그리스도 앞에 있는 자기이다. 맨 먼저(제1부에서) 영원한 자기를 소유하는 것에 대한 무지가 있었으며, 그 다음에는 영원한 그 무엇을 포함하고 있는 자기를 소유하는 것에 대한 앎이 왔다. 그 뒤에(제2부로 넘어가면서) 이러한 차이가, 그 자신에 대한 인간적인 개념을 가지고 있는 자기 혹은 인간을 기준으로 가지고 있는 자기 아래에 포함되어 있다는 사실이 지적되었다. 이것과 짝을 이루는 것은 직접 하느님 앞에 있는 자기였는데, 이것이 죄의 정의에 대한 기초를 구성하였다.

이제 자기는 직접 그리스도 앞에 있게 되거니와, 절망 속에서 아

---

* 죄에 대하여 절망하는 것과 죄의 용서와 관련해서 절망하는 것의 차이에 주목하라.

직도 자신이기를 원하지 않거나 혹은 절망 속에서 자신이기를 원하는 자기가 말이다. 죄의 용서와 관련한 절망은 절망에 대한 두 종류의 방식인 약함의 절망과 반항의 절망 중 어느 하나에 귀속되어야 한다. 약함의 절망, 이것은 걸려 넘어져 감히 믿지 못하는 것이며, 반항의 절망, 이것은 걸려 넘어져 믿으려 하지 않는 것이다. 그런데 여기에서 약함과 반항은 그것들의 통상적인 상태와는 정반대의 것이다(왜냐하면 여기에서 요점은 그 자신으로 존재하는 것에 관한 것이 아니라 죄인으로 존재함의 범주 안에서, 따라서 그의 불완전성의 범주 안에서 그 자신으로 존재하는 것에 관한 것이기 때문이다). 보통 약함은 절망에 빠져 자신이기를 원하지 않는 것이다.[12] 여기에서는 이것이 반항인데, 왜냐하면 여기에서 그것은 사실 자신이기를, 본래의 인간이기를, 즉 죄인이기를 원하지 않는 반항, 또 그런 이유 때문에 죄의 용서가 필요 없기를 원하는 반항이기 때문이다. 보통 반항은 절망하여 자신이기를 원하는 것이다. 여기에서는 이것은 약함이며, 절망에 빠져 자신이기를, 죄의 용서가 없는 방식으로 죄인이기를 원하는 것이다.

 직접 그리스도 앞에 선 자기는 하느님의 엄청난 양보에 의해 강화된 자기, 즉 이 자기를 위해 하느님이 큰마음을 먹고 태어나서, 인간이 되고, 수난을 겪고 또 죽었기 때문에, 자기 위에 주어지는 특별한 강조에 의해 강화된 자기이다. 앞에서도 진술했듯이, 하느님에 대한 개념이 더할수록 그만큼 자기도 더해진다. 그렇게 이것

---

[12] 여기에서 "자신이기를 원하는 것, 혹은 자신이기를 원하지 않는 것"은 태도의 강곽함에 대한 강한 표현이다.

은 여기에서도 사실이다. 그리스도에 대한 개념이 더할수록, 그만큼 자기도 더해진다. 질적으로 자기는 자기가 척도로 삼고 있는 것이다. 그리스도가 척도라는 것은 자기가 소유하고 있는 경이적인 실재에 대한, 하느님에 의해 입증된 표현인데, 왜냐하면 하느님이 인간의 목적이자 척도라는 것, 혹은 척도이자 목적이라는 것은 오직 그리스도 안에서만 사실이기 때문이다. 그러나 자기가 더해질수록 그만큼 죄는 더 강하다.

　죄의 강화는 다른 면에서도 나타날 수 있다. 죄는 절망이었으며, 그 강화는 죄에 대한 절망이었다. 그런데 이제 하느님은 죄의 용서를 통해 화해를 제안한다. 그럼에도 불구하고, 죄인은 여전히 절망하며, 절망은 더욱 심각한 표현을 얻는다. 절망은 이제 보기에 따라서는 하느님과 관계가 있으며, 그럼에도 정확하게는 하느님에게서 더욱 멀어지기 때문에 절망은 더 강렬하게 죄 속으로 빨려든다. 죄인이 죄의 용서와 관련해 절망하는 경우, 이것은 마치 그가 하느님에게 똑바로 돌진해서 "아니, 죄의 용서 같은 것은 없소. 그것은 불가능하오"라고 말하는 것이나 거의 같은데, 이런 말은 격투처럼 보인다. 그렇지만 이렇게 말하고 또 그런 말을 듣기 위해서는, 사람은 하느님에게서 질적으로 멀리 떨어져 있어야 하며, **가까이에서**(*cominus*) 싸우기 위해서는 **멀리 떨어져**(*eminus*) **있어야 한다.**[13]

---

13) 『후서』(*SV* VII), 517쪽; 『금요일 성찬식의 세 편의 강화』(*SV* XI), 265~69쪽. 코미누스(cominus)와 에미누스(eminus)는 모두 로마의 군사용어이다. cominus는 con manus의 파생어로서 '드잡이하다'를 의미하고, eminus는 e manus에서 파생된 것으로서 '떨어져 있다'를 의미한다. 요컨대 cominus는 적에게 접근하여 싸우는 전투를 의미하고, eminus는 적에게서 밀리 떨어져서 싸우는 전투를 의미한다.

이처럼 신기하게 정신의 삶은 음향학적으로 구성되어 있으며, 그처럼 불가사의하게 거리의 비율은 구성되어 있다. 보기에 따라서는 하느님과 맞붙어 싸우기를 원하는 "아니다"를 들을 수 있기 위해서는, 가능한 한 하느님에게서 멀리 떨어져야 한다. 하느님을 향한 가장 공격적인 전진은 가장 멀리 떨어진 곳에서 행해진다. 하느님을 향해 전진하기 위해서는 멀리 떨어져야 한다. 만일 가까이 다가간다면 육박해 들어갈 수 없으며, 만일 육박해 들어간다면, 이것은 그렇기 때문에(*eo ipso*) 멀리 떨어져 있다는 것을 의미한다. 직접 하느님 앞에 선 인간의 무기력함이라니! 만일 우리가 높은 지위에 있는 유력자를 향해 육박해 들어간다면, 그는 필경 벌을 받아 유력자로부터 멀리 내쳐질 것이지만, 하느님을 향해 육박해 들어갈 수 있기 위해서는 먼저 하느님에게서 멀리 떨어져야 한다.

 세상에서는, 특히 윤리적인 것이 파괴된 시대 이후로 이러한 (죄의 용서에 관해서 절망하는) 죄는 대체로 잘못 인식되고 있으며, 그래서 진정한 말은 드물게 들리거나 혹은 전혀 들리지 않는다.[14] 죄의 용서와 관련해 절망하는 것은 심미적-형이상학적으로 심오한 본성의 상징으로 존경받는데, 이것은 어린아이의 버릇없음을 심오한 본성의 상징으로 받아들이는 것과 거의 같다. 대체로 "그대는 해야 할지어다"가 하느님에 대한 인간의 관계의 유일한 규제적 측면으로서 제거된 이래, 얼마나 심각한 혼란이 종교의 영역으로 유입되었는가 하는 것은 믿을 수 없을 정도이다. 이러한 "그대는 해

---

14) 헤겔 철학을 비롯한 사변철학이 윤리적인 것을 방기하고 있는 것에 대한 언급이다.

야 할지어다"는 종교적인 것에 대한 그 어떤 규정에서도 반드시 있어야 한다. 그것 대신에, 하느님-관념 내지 하느님에 대한 개념이 인간적인 중요성에서, 즉 직접 하느님 앞에서 자만하게 되는 데에서 한 요소로 공상적으로 사용되었다. 야당에 소속됨으로써 정치 분야에서 자존심을 한껏 세우게 되고 또 오직 반대할 그 뭔가가 있어야 하기 때문에 궁극적으로 정부가 존재하기를 바라게 되는 것처럼, 또한 하느님을 없애기를 싫어하는 마음도 분명히 존재한다. 오직 하느님에 반대하는 무리가 됨으로써 훨씬 더 자존심을 세우기 위해서 말이다. 그 옛날에는 불경스러운 반항의 표현으로 두려움 속에서 간주되던 것들이 모두 지금은 천재성으로, 심오한 천품의 상징으로 간주된다. "그대는 믿어야 할지어다"는 옛날풍의 구절로서, 짧고도 효과적이며, 더할 나위 없이 소박하지만, 요즘은 그렇게 할 수 없는 것이 천재성과 심오한 천품의 표지이다. "그대는 죄의 용서를 믿을지어다"는 그런 말이었으며, 그에 관한 유일한 주석은 "만일 그렇게 할 수 없다면 해를 입을 것인데, 왜냐하면 사람은 자신이 해야 할 일을 할 수 있기 때문이다"였다. 요즘에는 이 말을 믿지 못하는 것이 천재성과 심오한 천품의 표지이다. 이 얼마나 탁월한 성과를 그리스도교계는 가져왔는가! 만일 그리스도교에 대한 말을 단 한 마디도 듣지 않았더라면, 사람이 그렇게 자만에 빠지지는 않았을 것이며, 이교는 그런 적이 결코 없었다. 그렇지만 그리스도교적 개념들이 허공에 비그리스도교적으로 떠다니는 탓에, 그 개념들은 지금까지 가장 악화된 야만성에 대해 사용되어왔다. 어떤 다른 그렇지만 똑같이 파렴치한 방식으로 악용되지는 않았을지 모르지만 말이다. 저주[15]가 이교에서는 관습적인 것이 아니었으나,

그리스도교계에서는 정말 너무나도 익숙하다니, 신비스러운 것에 대한 일종의 두려움과 떨림으로 인하여 이교는 극히 엄숙하게 신의 이름을 불렀으되, 그리스도교계에서는 하느님의 이름은 일상 대화에서 너무나도 흔히 나타나는 말이며, 분명히 전혀 생각 없이, 그리고 눈곱만큼의 조심성도 없이 사용되는 낱말이라니, 그것도 그 이유가 가련한, 정체가 밝혀진 하느님(이 하느님은, 상류층이 대부분 그런 것과는 달리, 자신의 정체를 숨기는 대신, 전혀 조심성도 없고 또 너무나 어리석은 탓에 누구나 그를 알아볼 수 있을 정도였다)이 전 인류에게 너무나 잘 알려진 인물, 전 인류가 행하는 어쩌다 한 번 교회에 가는 엄청나게 큰 봉사의 대상이 되는 인물, 또 전 인류가 목사에게 칭찬을 받는 이유가 되는 바로 그런 인물이 되었기 때문이라니. 게다가 목사는 하느님을 대신하여 사람들에게 교회를 방문한 경의에 대해 사의를 표하고, 친절하게도 그들에게 경건하다는 칭호를 부여하는 호의를 베풀지만, 하느님에게 교회에 가는 경의를 표하지 않는 자들에게는 적지않게 냉소적이라니, 이 얼마나 풍자적인 일인가?

 죄의 용서와 관련해서 절망하는 죄는 걸려 넘어짐이다. 유대인에게는 그리스도에게 걸려 넘어질 완벽한 권리가 있었는데, 왜냐하면 그리스도가 죄를 용서해준다고 주장했기 때문이다.[16] 만일 믿는 자

---

15) "신에 대한 저주". 그리스에서는 "신에 대하여"라는 표현은 좋은 의미로만 썼다.
16) "예수께서 배를 타시고 호수를 건너 자기 동네로 돌아오시자 사람들이 중풍병자 한 사람을 침상에 누인 채 예수께 데려 왔다. 예수께서 그들의 믿음을 보시고 중풍병자에게 '안심하여라. 네가 죄를 용서받았다' 하고 말씀하셨다. 그러자 율법학자 몇 사람이 속으로 '이 사람이 하느님을 모독하는구나!' 하

가 아니라면(만일 믿는 자라면, 그는 그리스도가 하느님이라는 것을 믿는다), 죄를 용서해준다는 누군가의 주장에 걸려 넘어지지 않기 위해 극히 높은 정도의 (다시 말해 그리스도교계에서 흔히 발견되는) 무정신성이 요구된다. 그리고 둘째로, 죄가 용서될 수 있다는 바로 그 생각에 걸려 넘어지지 않으려면 마찬가지로 비범한 무정신성이 요구된다. 인간의 오성에게는 이것은 전혀 불가능하다. 그렇지만 나는 그렇다고 해서 그것을 믿지 못하는 무능력을 천재성으로 찬양하는 것은 아닌데, 왜냐하면 그것은 믿지 않으면 안 되는 것이기 때문이다.

이교에서는 당연한 일이지만, 이러한 죄를 찾아볼 수 없다. 설령 이교도들이 죄에 대한 참된 개념을 가질 수 있었더라도(이교도들은 이런 개념을 가질 수 없었는데, 왜냐하면 그들에게는 하느님에 대한 개념이 없었기 때문이다), 그들은 자신의 죄에 대해 절망하는 것 이상으로는 더 나아갈 수 없었을 것이다. 사실 그것 이상으로(그리고 여기에는 인간의 오성과 사유에 대해 행해질 수 있는 모든 양보가 있는데), 실제로 세계에 대해서가 아니라, 일반적인 의미에서의 자신에 대해서가 아니라, 자신의 죄에 대해 절망하는 데까지 도달한 이교도는 칭찬을 받아야 한다.* 인간적으로 말한다면, 거기

며 수군거렸다. 예수께서 그들의 생각을 알아채시고 "어찌하여 너희들은 악한 생각을 품고 있느냐? '네가 죄를 용서받았다' 하고 말하는 것과 '일어나서 걸어가라' 하고 말하는 것과 어느 편이 더 쉽겠느냐? 이제 사람의 아들이 땅에서 죄를 용서하는 권한이 있음을 보여주마." 하시고는 중풍병자에게 "일어나 네 침상을 들고 집으로 가라" 하고 명령하시자 그는 일어나서 집으로 돌아갔다." 「마태오의 복음서」, 9장 1~7절; "이 사람이 어떻게 감히 이런 말을 하여 하느님을 모독하는가? 하느님 말고 누가 죄를 용서할 수 있단 말인가?" 하며 중얼거렸다. 「마르코의 복음서」, 2장 7절.

까지 도달하기 위해서는 심오함과 윤리적 조건이 모두 필요하다. 이것 이상으로는 그 어떤 인간도 그 자격만으로는 나아갈 수 없거니와, 거기까지도 사람들은 누구를 막론하고 거의 가지 못한다. 그렇지만 그리스도교적으로는 모든 것이 바뀌는데, 왜냐하면 그대는 죄의 용서를 믿지 않으면 안 되기 때문이다.

그러면 죄의 용서와 관련해 그리스도교계의 상황은 무엇인가? 글쎄, 그리스도교계의 상태는 사실상 죄의 용서와 관련한 절망이나 다름없다. 그러나 이것은 그리스도교계가 너무나 뒤처져 있는 탓에 그 상태가 그리스도교계인 것으로는 결코 보이지 않게 된다는 의미에서 이해되지 않으면 안 된다. 죄의식에도 도달하지 못했거니와, 그나마 그리스도교계가 알고 있는 죄는 이교도 또한 알고 있던 종류의 죄뿐이며, 그리스도교계는 이교적인 마음의 평화 속에서 행복하게 삶을 영위하고 있다. 그리스도교계 안에 살기 때문에, 어쨌거나 사람들은 이교를 넘어서는데, 그들은 더 나아가서 이러한 마음의 평화가 죄의 용서에 대한 의식이라고—글쎄, 그리스도교계에서는 이럴 수밖에 없는데—상상하며, 목사들은 바로 이런 상상을

---

* 여기에서 죄에 대한 절망은 믿음을 가리키는 것으로 변증법적으로 이해된다는 점을 주목하라. 이러한 변증법의 존재는 결코 잊혀져서는 안 된다(물론 이 책이 절망을 병으로서만 다루고 있더라도 말이다). 사실 그것은 절망이 또한 믿음에서 첫째 요소이기도 하다는 것에 함축되어 있다. 그러나 그 방향은 믿음으로부터, 하느님-관계로부터 멀어지는 쪽이며, 그래서 죄에 대한 절망은 새로운 죄이다. 정신의 삶에서 모든 것은 변증법적이다. 실제로 무화된 가능성으로서의 걸려 넘어짐은 믿음의 한 요소이지만, 믿음으로부터 멀어지는 걸려 넘어짐은 죄이다. 사람이 결코 그리스도교에 의해 한 번도 걸려 넘어질 수 없다는 것은 그 사람에게는 비난의 대상이 될 수 있을 것이다. 그런 식으로 말하는 것은 걸려 넘어짐이 뭔가 선한 일이이라는 것을 함축하고 있다. 그러나 걸려 넘어지는 것이 죄라는 사실은 반드시 언급되어야 한다.

교인들에게 믿으라고 부추기는 것이다.

그리스도교계의 근본적인 문제는 사실은 그리스도교로서, 하느님-사람에 관한 가르침이(그리스도교적으로 이해하건대, 이것은 역설에 의해, 그리고 걸려 넘어짐의 가능성에 의해 지켜진다는 점을 부디 주의하시라) 하루도 빠짐없이 설교됨으로써 더럽혀지고 있다는 것이며, 하느님과 인간의 질적 차이가 범신론적으로 (처음에는 사변을 통해 학자적인 방식으로, 그 다음에는 서민적으로 거리에서나 뒷골목에서)[17] 지양되었다는 사실이다. 세상의 그 어떤 가르침도 지금까지 하느님과 사람을 그리스도교처럼 그렇게 정말 가깝게 결부한 적은 없거니와, 또 그 어떤 가르침도 그렇게 할 수 없는데, 왜냐하면 오직 하느님 자신만이 그것을 할 수 있기 때문이며, 그 어떤 인간적인 고안도 그저 꿈으로, 속절없는 망상으로 남아 있을 뿐이다. 그렇지만 그 어떤 가르침도 지금까지 모든 신성모독행위 중에서도 가장 끔찍한 신성모독행위에 대해, 즉 하느님이 이런 발걸음을 내디딘 후, 마치 모든 것이, 하느님과 인간이 하나로 융합되기라도 하는 것처럼, 그런 발걸음이 무익한 것으로 간주되어

---

[17] "처음에는 사변을 통해 학자적인 방식으로 지양되었다"는 것은 헤겔의 관념론을 지칭하고, "그 다음에는 서민적으로 거리에서나 뒷골목에서 지양되었다"는 것은 전도된 헤겔학파인 루트비히 포이어바흐(Ludvig A. Feuerbach)의 유물론과, 일반 종교에서 신은 인간 자신의 투사물이라는 그의 인간학을 지칭하고 있다. 키르케고르는 포이어바흐의 『아벨라르와 엘로이즈 혹은 작가와 인간』(*Abälard und Heloise oder der Schriftsteller und der Mensch*), 안스바흐, 1834; 『새로운 철학의 역사』(*Geschichte der neuern Philosophie*), 안스바흐, 1837; 『그리스도교의 본질』(*Das Wesen des Christenthums* 2판, 라이프치히, 1843 등을 소장하고 있었다. *JP* III 3477(*Pap*. VIII^1 A 434).

야 한다는 신성모독행위로부터, 그처럼 고통스럽게 스스로를 지켜 온 것은 없었으며, 그 어떤 가르침도 걸려 넘어짐에 의해 스스로를 지켜온 그리스도교와 같은 방식으로 자신을 지켜온 것은 결코 없었 다. 게으른 수다쟁이[18]에게 화가 있으라, 경박한 사상가들에게 화 가 있으라, 화가 있으라, 그들에게 배우고 또 그들을 찬양하는 모든 추종자들에게 화가 있으라!

만일 실존에 질서가 유지되어야 한다면—그리고 하느님이 그것 을 원하는데, 왜냐하면 그는 혼란의 하느님이 아니기 때문에[19]— 그렇다면 첫째로 명심해야 할 일은 모든 인간은 개개의 인간이며 또 개개의 인간임을 의식해야 한다는 것이다. 만일 첫째로 사람이 아리스토텔레스가 동물의 범주라고 부르는 바[20]—군중—에서 결합되는 것이 허용된다면, 그리고 그런 다음에는 이런 추상이, 무 (無) 이하의 것이 되는 대신에 가장 무의미한 개개의 인간보다도 못한 주제에, 그 무엇인 것으로 간주되게 된다면, 이런 추상이 하느 님이 되는 데는 그리 오랜 시간이 걸리지 않는다.[21] 그럴 경우, 철

---

18) "설교자"를 지칭하는 말이다.
19) "하느님께서 바라시는 것은 무질서가 아니고 평화이기 때문입니다." 「고린토 인들에게 보낸 첫째 편지」, 14장 33절.
20) 『정치학』, III, 11, 1281 a, 40~43; 1281 b, 15~20. 키르케고르는 이 부분 을 선택적으로 인용하고 있는 것이 분명한데, 왜냐하면 아리스토텔레스는 대 중과 개인 전문가라는 주제의 양 측면을 모두 논증하고 있기 때문이다. *JP* III 2922~3010. 여기에서는 다수가 모든 영리한 사람들보다 더 낫다는 주장이 모든 경우에 다 적용될 수 있는 것은 아니라고 주장한다. 왜냐하면 같은 주장 이 맹수들에게도 적용될 수 있기 때문이라는 것이다.
21) 하느님-사람은 전 인류라는 다비드 프리드리히 슈트라우스(David F. Strauss)의 주장에 대해서는 슈트라우스, 『예수의 생애』(*Leben Jesu*), II, 베 를린, 1836, 147항, 734쪽 이하; 『교리론』(*Dogmatik*), II, 214쪽 이하 참조.

학적으로는(*philosophice*), 하느님-사람의 교설이 옳다. 그렇다면 우리가 여러 국가에서 군중이 왕을 위협하고 신문이 내각의 장관들을 협박한다는 것을 배워 알고 있는 것처럼,[22] 마침내 우리는 모든 인간의 **총합**(*summa summarum*)이 하느님을 위협한다는 사실을 발견하게 되었다. 이것은 그래서 하느님-사람의 교설, 즉 하느님과 사람은 **동일 존재**(*idem per idem*)라는 교설이라고 일컬어진다.[23] 물론 개인에 대한 세대의 우월성에 관한 가르침을 보급하는 일에 연루된 몇몇 철학자들조차 자기들의 가르침이 너무나 타락한 탓에 폭도가 곧 하느님-사람이 될 때는 정이 떨어져서 외면하게 된다. 그렇지만 이 철학자들은 그것이 바로 자기들의 교설이라는 사실을 망각한다. 그들은, 상류계층이 그 교설을 받아들였을 때, 상류계층의 지도층이 그 교설을 받아들였을 때, 상류계층의 지도층이나 선택된 철학자 집단이 그 교설의 화신이었을 때도 그 교설이 더 진실한 것은 아니었다는 점을 잊고 있다.

 이것은 하느님-사람의 교설이 그리스도교계를 뻔뻔하게 만들었다는 것을 뜻한다. 심지어 하느님이 너무나 연약한 것처럼 보일 정도이다. 마치 너무 많이 양보한 탓에 배은망덕으로 보답받은 선량한 사람에게 일어나는 것과 똑같은 일이 하느님에게 일어나는 것처럼 보일 정도이다. 하느님-사람에 관한 가르침을 고안해낸 것은 하느님인데, 이제 그리스도교계가 뻔뻔하게도 그것을 뒤집은 다음 하

---

22) 이 책이 저술된 1848년은 유럽 전역에서와 마찬가지로 덴마크에서도 국민들이 절대군주에게 입헌정부를 요구하고 또 쟁취하던 때이다.
23) idem per idem. "같은 것은 같은 것에 의하여." 고대 그리스 철학에서 비롯된 인식의 원리이다.

느님과의 유사성을 몰래 삽입하고, 그 결과 하느님이 하신 양보는 사실상 왕이 더 자유를 보장하는 헌법을 승인하는 최근의 사건[24]이 뜻하는 바를 의미한다. 그리고 우리는 확실히 그 사건이 의미하는 바를 알고 있다. 즉 "그는 도리 없이 그것을 할 수밖에 없었다." 이는 마치 하느님 스스로 뜨거운 물속으로 들어간 것처럼 보이며, 현자가 하느님에게 "그것은 당신 자신의 잘못입니다. 어째서 당신은 인간에게 그처럼 깊이 연루되었습니까? 하느님과 사람 간에 이러한 유사성이 있을 거라는 생각은 그 어떤 사람의 머릿속에도 떠오르지 않았을 것이며, 또 그 누구의 마음속에서도 일어나지 않았을 것입니다.[25] 그것을 발표한 것은 바로 당신이었습니다. 이제 당신이 뿌린 씨앗의 결실을 거두고 있는 것입니다"라고 말한다면 당연한 것 같다.

그러나 그리스도교는 처음부터 자신을 지켜왔다. 그리스도교는 죄에 관한 가르침으로 시작한다. 죄의 범주는 개체성(외톨이)의 범주이다. 죄는 결코 사변적으로 사유될 수 없다. 개개의 인간은 개념 밑에 놓여 있다. 개개의 인간은 사유될 수 없으며, 다만 "인간"이라는 개념만이 사유될 수 있을 뿐이다. 그것이 바로 사변이 개인에 대한 세대의 우월성에 관한 가르침에 즉시 착수한 이유인데, 왜냐하면 사변이 현실성에 대한 관계에서 개념의 무기력함을 인정하기를 기

---

24) 프리드리히 7세는 1848년 3월 자유헌법의 공포를 약속하고 1849년 6월 5일에 그 약속을 지켰다. *JP* III 2933~45, IV 4131~37, VI 6310(*Pap.* X^1 A 42).
25) "……눈으로 본 적이 없고/귀로 들은 적이 없으며/아무도 상상조차 하지 못한 일을/하느님께서는/당신을 사랑하는 사람들을 위하여 마련해 주셨다……." 「고린토인들에게 보낸 첫째 편지」, 2장 9절.

대하기란 너무 지나친 일이기 때문이다. 그렇지만 한 명의 개별적 인간이 사유될 수 없는 것처럼, 한 명의 개별적인 죄인도 또한 사유될 수 없다. 죄는 사유될 수 있지만(그 경우 죄는 부정이 된다), 한 명의 개별적인 죄인은 사유될 수 없다. 바로 이런 이유로 인해서 만일 죄가 그저 사유되기만 한다면, 죄에 대한 그 어떤 진지함도 있을 수 없는 것이다. 왜냐하면 진지함이란 단순히 이것, 즉 그대와 내가 죄인이라는 사실이기 때문이다. 진지함은 일반적인 죄가 아니다. 오히려 진지함의 강세는 죄인에게 있으며, 죄인은 "외톨이인 개인"이다. "외톨이인 개인"과 관련해서, 사변은, 만일 그것이 일관성이 있다면, 외톨이인 개인이라는 사실을 당연히 무시하거나 혹은 사유될 수 없는 존재라는 사실을 경시할 것이 틀림없다. 만일 사변이 이런 연장선상에서 뭔가를 하고 싶다면, 그것은 개인에게 다음과 같이 말할 것이 틀림없다. "이것은 당신의 시간을 허비하게 하는 것이 아닌가? 그런 따위는 잊어버려라! 인간 개인이라는 것은 아무것도 아니라는 것이다! 생각하라—그러면 그대가 전 인류이다. 나는 **생각한다, 그러므로 나는 존재한다**(*cogito ergo sum*)." 그러나 그것은 십중팔구 거짓일 것이다. 아마도 외톨이인 개개의 인간, 그리고 외톨이인 인간이라는 것이 가장 고귀한 것일 것이다. 그저 그렇다고 해두자. 철두철미 일관성을 견지하기 위해서는, 그렇다면 사변은 또 다음과 같이 말하지 않으면 안 된다. "개개의 죄인이라는 것은 그 무엇이라는 것이 아니다. 그것은 개념 아래에 놓여 있다. 그런 따위에 시간을 낭비하지 마라 등등." 그러면 그 다음은 어떻게 되는가? 개개의 죄인이라는 것 대신에, (개개의 인간이라는 것 대신에 "인간"이라는 개념을 사유하라고 요구받는 것처럼) 죄를 사유해야 한단 말인가? 그리고 그 다음은 어떻게 되는가? 죄를 사유함으로써 사람은 그 자신이 "죄"가 되는가—나는 생각한다, 그러므로 나는 존재한다(cogito ergo sum)? 훌륭한 제안이다. 그러나 이런 식으로 죄가, 순수한 죄가 될 거라고 두려워할 필요는 전혀 없는데, 왜냐하면 죄는 사유될 수 없기 때문이다. 심지어 사변조차도 이 사실은 인정하지 않을 수 없을 터인데, 왜냐하면 죄는 사실 "죄"라는 개념의 바깥에 있기 때문이다. 그렇지만 가정을 기초로 한(e concessis) 이러한 논란을 끝내기로 하자. 핵심 주제는 다른 것이다. 사변은, 죄와 관련해서는, 윤리적인 것이 현실성을 추상화하는 게 아니라 오히려 현실성에 깊이 파고들며, 또 주로 저 사변적으로 등한시되고 경멸된 범주인 개별성의 도움으로 작동하기 때문에, 윤리적인 것이 관여되어 있을 뿐만 아니라, 사변의 방향과는 정반대로 향해 있으면서 정반대의 방향으로 나아간다는 것을 전혀 고려하지 않는다. 죄는 외톨이인 개인의 성질이다. 어떤 사람이 그 자신 개별적인 죄인일 때 마치 그처럼 개별적인 죄인이라는 것이 아무것도 아니라는 듯이 행세하는 것은 무책임한 짓이고 또 새로운 죄이다. 여기에 그리스도교가 개입해서 사변의 앞에서 성호를 긋는다. 범선이 정면으로 불어오는 역풍을 뚫고 나아가는 것이 불가능한 것처럼, 사변이 이러한 문제를 피해가는 것은 불가능하다. 죄의 진지함은 외톨이인 개인에게 그것이 그대이건 아니면 나이건, 현실성이다. 사변적으로 우리는 외톨이인 개인을 외면하게 되어 있다. 그렇기 때문에 사변적으로 우리는 죄에 관해 그저 피상적으로만 말할 수 있을 뿐이다. 죄의 변증법은 사변의 변증법과는 정반대이다.

그리스도교는 여기에서 죄에 관한 가르침으로, 그리고 그럼으로써 외톨이인 개인으로* 시작한다. 우리에게 하느님-사람에 관하여, 하느님과 사람의 닮음에 관해 가르쳐준 것은 분명히 그리스도교이지만, 그리스도교는 뻔뻔하고 경박한 주제넘음을 극도로 혐오한다. 죄와 개개의 죄에 관한 가르침을 통해 하느님과 그리스도는,

---

* 인류의 죄에 관한 가르침은 흔히 잘못 사용되어 왔는데, 왜냐하면 죄는, 물론 그것이 모든 사람에게 공통된 것이긴 하지만, 사람들을 공통의 이념으로, 단체로, 조합으로 모아놓는 것이 아니라는 사실이 지금까지 인식되지 못했기 때문이다("무덤 바깥으로 나온 죽은 자들의 무리가 묘지에서 어떤 종류의 사회를 형성하지 못하는 것처럼 말이다")(「무덤 쪽에서」, 『예정된 기회에서의 세 편의 강화집』의 세 번째 강화[SVV], 242쪽—옮긴이). 그 대신 죄는 사람들을 외톨이인 개인들로 분산시켜 각각의 개인을 죄인으로 단단히 붙들어놓는데, 이러한 분산은 또 다른 의미에서 실존의 완성과 조화를 이루기도 하고 동시에 목적론적으로 실존의 완성을 지향하기도 한다. 이것은 지금까지 고찰되지 않았으며, 그렇기 때문에 타락한 인류는 단번에 그리스도에 의해 지양된 것으로 간주되어왔다. 그래서 다시 한 번 하느님에게는 추상으로서 하느님과의 밀접한 유사성을 지니고 있다는 것을 주장하는 추상이 부과되어왔다. 그러나 이것은 사람을 뻔뻔하게 만들 뿐인 구실에 불과하다. 만일 "외톨이인 개인"이 하느님과의 유사성을 느낀다고 한다면(그런데 이것이 그리스도교가 가르치는 바이다), 그는 또 그런 유사성이 갖는 전체 중압감을 두렵고 떨리는 가운데 지각할 것이며, 그는 틀림없이—마치 그것이 고대의 발견이 아니라도 한 것처럼—걸려 넘어짐의 가능성을 발견할 것이다. 그러나 만일 외톨이인 개인이 추상을 통하여 이런 영광에 도달한다면, 일은 너무 쉬운 것이 되어버려서 본질적으로 매춘의 대상이 될 것이다. 그렇다면 개인은 사람을 고양시키는 그만큼 굴욕을 통해 사람을 내리누르는, 하느님의 엄청난 무게를 느끼지 못할 것이다. 그런 추상에 참여함으로써, 개인은 자신이 당연히 세상 모든 것을 가지고 있다고 헛되이 상상한다. 인간이라는 것은 동물이라는 것과 같지 않은데, 동물의 경우 개체는 언제나 종보다 열등하다. 사람은 일반적으로 언급되는 우월한 점들에 의해 여타의 동물 종과 구별될 뿐만 아니라, 개인, 외톨이인 개인이 종 이상의 존재라는 사실에 의해 또한 질적으로 구별되기도 한다. 이러한 성질은 또 변증법적이며 그래서 외톨이인 개인이 죄인이라는 것을 의미하지만, 그러나 다음으로는 또 외톨이인 개인이라는 것이 완전성이라는 것을 의미하기도 한다.

그 어떤 왕과도 전혀 다르게 국가, 인민, 대중, 공중 등등에 대해, 그리고 또 더 이상의 자유 헌법의 반포를 촉구하는 모든 요구에 대해 자신을 지켜왔다. 모든 그런 추상들은 하느님에게는 전혀 존재하지 않는다. 그리스도 안에 있는 하느님에게는 오직 외톨이인 개인들(죄인들)만이 살고 있을 뿐이다. 그렇지만 하느님은 전체를 매우 잘 품을 수 있다. 하느님은 게다가 참새들을 돌볼 수도 있다.[26] 하느님은 사실 질서의 벗이며, 이 목적을 위해 하느님은 모든 지점에 몸소 편재하며, 모든 시점에 모든 장소에 존재한다(교과서[27]에는 이것이 하느님의 속성으로 기록되어 있는데, 이것에 대해 사람들은 어쩌다 한 번씩은 생각하지만 그러나 지속적으로 생각하려고는 결코 노력하지 않는다). 하느님의 개념은 인간의 그것과는 같지 않으며, 외톨이인 개인은 개념 속으로 해소될 수 없는 것으로서 인간의 개념 아래에 놓여 있다. 하느님의 개념은 일체를 포괄하며, 또 다른 의미에서 하느님은 그 어떤 개념도 가지고 있지 않다. 하느님은 요약된 것을 이용하지 않는다. 하느님은 현실성 그 자체를, 모든 현실성의 개별자들을 포괄하고 파악한다(*comprehendit*). 하느님에게 외톨이인 개인은 개념 아래에 놓여 있는 것이 아니다.

죄에 관한, 그대와 나는 죄인이라는 가르침, "군중"을 무조건적으로 해체시키는 가르침은 하느님과 사람 간의 질적 차이를 그 어

---

26) "참새 두 마리가 단돈 한닢에 팔리지 않느냐? 그러나 그런 참새 한 마리도 너희의 아버지께서 허락하지 않으시면 땅에 떨어지지 않는다."「마태오의 복음서」, 10장 29절.

27) "편재에 대하여. 하느님은 편재하고 있으며 당신의 능력으로 모든 사물 안에서 활동하고 계신다. 하느님은 당신의 피조물을 떠나 있을 수 없었다." 발레(N. F. Balle), 『복음적-그리스도교 교과서-덴마크학교용』, 3장 6절.

느 때보다도 더 철저하게 확립하는데, 왜냐하면 다시금 오직 하느님만이 이것을 할 수 있기 때문이다. 죄는 정말로 존재한다. 그것도 하느님 앞에서. 이것에서만큼 인간이 하느님과 그처럼 구별되는 것은 없다. 사람은, 그런데 이는 모든 사람을 의미하는데, 죄인이거니와, "하느님 앞에서" 죄인이며, 이것에 의해 (하느님과 사람이라는) 두 대립자는 이중적인 의미에서 합쳐진다. 하느님과 사람이라는 이 대립자들은 결합되며(*continentur*), 결코 서로에게서 떨어질 수 없지만, 이렇게 결합되어 있음으로써 그 차이는 더욱 뚜렷하게 드러난다. 그것은 마치 두 종류의 색상이 접해 있을 때, 서로 대립되는 것은 나란히 놓여 있으면 그 차이가 더욱 분명히 드러난다(*opposita juxta se posita magis illucesunt*)는 것과 같다. 죄는 인간에 관한 유일한 술어이며, 이 술어는 부정에 의해서건(*via negationis*) 이상화에 의해서건(*via eminentiæ*)[28] 결코 하느님에

---

[28] 부정에 의해서건(via negationis)은 모든 유한하고 불완전한 성질을 부정함으로써 신을 정의하고, 이상화에 의해서건(via eminentiae)은 모든 긍정적인 특성을 이상적이고 완전한 형태로 긍정함으로써 신을 정의한다. 스웬슨(D. Swenson)은 『철학적 조각들』에 나오는 이 용어들에 대해 다음과 같이 설명하고 있다. "이것들은 신의 속성을 규정하는 두 상이한 방법을 기술하는 스콜라학파의 표현으로서, 전자는 '하느님에게서 인간의 어떤 특성들, 예컨대 유한성 등을 부정함으로써'라는 의미이고, 후자는 '하느님에게서 이상화된 인간의 특정 성질들, 예컨대 완벽한 정의, 완벽한 사랑 등등을 인정함으로써'라는 뜻이다." "이렇게 우리가 그것(신)을 절대적으로 다른 것으로 규정하면 그것은 밝혀지는 듯이 보인다. 그러나 사실은 그렇지 않다. 이성은 '절대적으로 다른 것'을 상상조차 할 수 없기 때문이다. 즉 이성은 절대로 자신을 부정할 수 없으며, 오직 자신의 목적을 위해 자신을 사용하며, 그래서 이성은 그 차이성도 스스로 생각하는 방식대로 생각한다. 또한 이성은 절대로 자신을 초월할 수도 없으며, 그래서 이성은 자신이 생각할 수 있는 것, 즉 자신의 올라감만 생각한다. 황필호 옮김, 『철학적 조각들』, 142쪽; (*SV* IV), 212쪽.

대해서는 진술될 수 없다. 하느님에 대해 (하느님은 유한하지 않다고 말하는 것과 같은 의미에서, 그리고 결과적으로 하느님은 무한하다는 것을 부정적으로 말하는 것과 같은 의미에서) 그는 죄인이 아니라고 말하는 것은 하느님을 모독하는 것이다.

죄인으로서 사람은 한없이 벌어진 질적인 심연을 사이에 두고 하느님과 떨어져 있다. 다음으로는, 당연한 말이지만, 하느님은 죄를 용서할 때도 똑같은 질적 심연을 사이에 두고 사람과 떨어져 있다. 설령 어떤 종류의 역순으로의 조정에 의해 신적인 것이 인간적인 것으로 옮겨질 수 있다고 하더라도, 사람은 결코 한 가지 점에서, 즉 죄를 용서한다는 점에서 영원히 하느님처럼은 될 수 없다.

걸려 넘어짐의 더할 나위 없이 극도로 압축적인 의미가 여기에 있으며, 이러한 의미는 하느님과 사람의 유사성을 설파해온 바로 그 교설에 의해 필수적인 것으로 간주되어왔다.

그렇지만 걸려 넘어짐은 주체성의, 외톨이인 개인의, 가능성의 상태로 있는, 가장 결정적인 성질이다. 연주자가 없는데 피리를 연주하는 것을 생각하는 것[29]은 불가능한 반면, 이와는 달리 걸려 넘어지는 사람을 생각하지 않은 채 걸려 넘어짐을 생각하는 것은 아마도 그렇게 불가능한 것은 아니겠지만, 걸려 넘어짐은 사랑에 빠지는 것보다 훨씬 더 환상적인 개념이며 누군가 외톨이인 어떤 개인이 걸려 넘어질 때에야 비로소 현실성이 되는 그런 환상적인 개념이라는 사실은 심지어 사유조차도 인정해야 할 것이다.

---

29) "⋯⋯또한 피리 부는 존재는 인정하지 않으면서, 피리 불도록 교섭되는 것은 인정할 수 있을까. 세상에서 뛰어난 자들이여, 그런 자는 없도다." 플라톤, 『변명』, 27 b; 『플라톤 전집』, IX, 43쪽.

이렇듯이 걸려 넘어짐은 외톨이인 개인과 관련되어 있다. 그리고 이것에서 그리스도교는 출발하거니와, 다시 말해 모든 사람을 외톨이인 개인으로, 개별적인 죄인으로 만드는 데서 시작한다. 그리고 걸려 넘어짐의 가능성과 관련해서 하늘과 땅이 끌어모을 수 있는 모든 것이 바로 여기에 농축되어 있는바, 이것이 그리스도교이다. 그런 다음 그리스도교는 모든 개인에게 "그대는 믿을지어다. 다시 말해 그대는 걸려 넘어지거나 아니면 믿어야 한다"고 말한다. 그 이상 단 한 마디도 없다. 그 이상 덧붙일 아무것도 없는 것이다. "이제 나는 말을 다 하였다"라고 하늘에서 하느님은 선언한다, "우리는 영원 속에서 그것을 다시 논의할 것이다. 그동안 그대는 그대가 원하는 바를 할 수 있지만, 심판이 눈앞에 있도다."

심판! 물론 우리 인간들이 지금까지 배워 알고 있는 것처럼, 그리고 경험이 우리에게 가르쳐주는 것처럼, 선상에서 혹은 군대에서 폭동이 일어날 때 죄 있는 사람이 너무나 많으면 처벌을 포기할 수밖에 없으며, 폭동을 일으킨 자들이 공중, 존경받는, 교양이 있는 공중이거나 혹은 인민일 때는 전혀 범죄가 아닐 뿐더러, 신문에 의하자면(우리는 복음서와 계시에 의존하는 것처럼 신문에 의존하는데), 그것은 하느님의 뜻이다. 어떻게 이럴 수가 있을까? 그것은 "심판"이라는 개념이 외톨이인 개인에게 해당된다는 사실에서 기인한다. 심판은 **집단으로는**(*en masse*) 행해질 수 없다. 사람들을 **집단으로**(*en masse*) 살육할 수 있으며, 사람들에게 **집단으로**(*en masse*) 물세례를 줄 수도 있고, 또 사람들에게 **집단으로**(*en masse*) 아첨할 수도 있다. 간단히 말하자면, 여러 방법으로 사람들을 짐승처럼 다룰 수 있지만, 사람을 짐승인 것처럼 심판할 수는 없는데, 왜냐하면 짐승을 심판할 수는 없기 때문이다. 아무리 많은 사람이 심판을 받더라도, 만일 심판이 어느 정도라도 진지하고 진실해야 한다면, 각각의 개인이 심판을 받는다.* 이제 이렇게 많은 사람이 죄가 있는데, 그렇게 하는 것은 인간적으로는 불가능하다. 그것이 바로 전체가 포기되는 이유인 것이다. 그 어떤 심판도 있을 수 없다는 것이 분명하다. 심판받을 사람이 너무나 많은 것이다. 그들을 파악할 수 없거니와 아무리 해도 그들을 외톨이인 개인들로서 파악하는 것은 불가능하며, 그렇기 때문에 **심판**은 포기될 수밖에 없다.

그런데 이제 우리의 계몽된 시대, 하느님이 사람과 같은 감정과 형상의 소유자라는 하느님에 대한 의인화된 개념이 적절하지 못한 시대에도, 하느님을 그처럼 시간이 오래 걸리는 복잡한 사건을 담당할 능력이 없는 평범한 지방재판소 판사 내지 법무관에 비교할 수 있는 심판관 정도로 생각하는 것은 여전히 부적당한 것이 아니다. 그리고 결론은 영원성 안에서도 정확하게 사정이 이와 같을 거라는 것이다. 그렇기 때문에 우리는 그저 함께 달라붙어서 목사가 이런 식으로 설교하는지 단단히 확인하도록 하자. 그리고 만일 우연이도 감히 이와는 다르게 말하는 개인이 있다면, 두렵고 떨리는 가운데 자신의 삶을 걱정스럽고 해명할 의무가 있는 것으로 만들 정도로, 그런 다음 게다가 남에게 성가신 존재가 될 정도로 그렇게 어리석은 개인이 있다면, 그를 미쳤다고 생각하거나 혹은, 만일 필

---

* 이것이 바로 하느님이 "심판관"인 까닭인데, 왜냐하면 하느님에게는 군중이 존재하지 않으며, 오직 외톨이인 개인이 있을 뿐이기 때문이다.

요하다면, 그를 죽여서라도 우리 자신을 지키도록 하자. 만일 우리 중 많은 사람이 그 일을 한다면, 그것은 결코 잘못이 아니다. 다수가 잘못을 저지를 수 있다는 생각은 난센스, 시대착오적 생각이다. 다수가 행하는 것은 하느님의 뜻이다. 이러한 지혜 앞에서—이것을 우리는 경험을 통해 배워 알고 있거니와, 왜냐하면 우리는 경험이 부족한 풋내기가 아니기 때문에, 우리는 경솔하게 주절거리지 않으며, 경험이 많은 사람으로서 말하는데—이러한 지혜 앞에서 오늘에 이르기까지 모든 사람이 고개를 숙였으며—제왕들, 황제들, 그리고 귀족들 모두—이러한 지혜를 통해 우리 모든 동물들은 지금까지 진보해왔고—그래서 그대는 하느님도 또한 뇌리를 숙이는 법을 배울 것이라고 장담할 수 있는 것이다. 요컨대 그저 계속해서 다수로 존재하는 것, 함께 달라붙는 대다수가 되는 것뿐이다. 만일 우리가 함께 달라붙는 다수가 된다면, 그렇다면 우리는 영원성의 심판 앞에서도 안전하다.

그렇다, 만일 그들이 영원성을 제외한 곳에서는 외톨이인 개인이 되어야 하는 게 아니라면 그들은 아마도 안전할 것이다. 그러나 하느님 앞에서 그들은 외톨이인 개인이었으며 또 계속해서 그렇게 외톨이인 개인으로 있다. 진열대에 앉아 있는 사람도 하느님 앞에서 투명하게 있는 사람만큼 그렇게 당황하지는 않는다. 이것이 양심의 관계이다. 죄가 있을 때마다 양심을 통해 보고서가 즉각적으로 작성되는데, 죄를 범한 사람 자신이 그것을 기록하지 않으면 안 되게 되어 있다. 그렇지만 이 보고서는 눈에 보이지 않는 잉크로 작성되고 또 그렇기 때문에 영원성이 양심을 검사하는 동안 영원성 안에서 불빛에 비쳐질 때 비로소 분명하게 읽을 수 있게 된다. 본질적으로 사람은 모두 영원성 속으로 들어가며, 이때 자신이 살면서 범하거나 혹은 빼먹은 적이 있는 온갖 자질구레한 것들에 관해 그가 직접 작성한 절대적으로 정확한 기록을 몸소 들고 가서 제출한다. 그렇기 때문에 어린아이도 영원성 안에서는 재판을 할 수가 있다. 거기에는 정말로 제3자가 할 일이라곤 아무것도 없으며, 입 밖에 내뱉어진 가장 사소한 말에 이르기까지 모든 것이 잘 정리되어 있다. 인생을 거쳐 영원성에 이르기까지 여행하는 죄인의 상황은 특급열차[30]에서 자신의 행위의—그리고 자신의 범죄의—현장에서 도망친 살인자의 그것과 비슷하다. 오호라, 그가 앉아 있는 의자의 바로 아래에는 그의 인상착의와, 처음 정차하는 역에서 그를 체포하라는 명령을 담고 있는 전보가 달리고 있는 것이다.[31] 역에 도착하여 열차에서 내렸을 때, 그는 이미 체포되어 있다. 이를테면 그는 자기 자신에 대한 고발장을 몸소 가지고 간 것이다.

그렇기 때문에 죄의 용서와 관련한 절망은 걸려 넘어짐이다. 그리고 걸려 넘어짐은 죄의 강화이다. 일반적으로 사람들은 이런 것에 관해 거의 생각하지 않으며, 보통은 걸려 넘어짐을 죄라고 전혀 생각하지 않거니와, 사람들은 걸려 넘어짐에 관해 이야기하지 않는다. 그 대신 사람들은 걸려 넘어짐이 들어설 여지가 없는 종류의 죄들에 관해서 이야기한다. 하물며 사람들은 걸려 넘어짐을 죄의 강화라고는 더욱 인식하지 않는다. 그것은 죄와 믿음이 아닌 죄와 덕을 대립자들이라고 해석하기 때문이다.

---

30) 당시에는 기차가 발명된 지 얼마 되지 않은 시절이어서 기차는 빠른 것의 대명사로 생각되었다.
31) 키르케고르는 당시 최신 통신수단이던 전보를 자주 이용하였다고 한다.

C. 적극적으로(*modo ponendo*) 그리스도교를 저버리고 그것을 비진리라고 선언하는 죄

이것은 성령을 거역하는 죄이다.[32] 여기에서 자기는 최고도로 격렬한 절망의 상태에 처해 있다. 자기는 그리스도교를 총체적으로 버릴 뿐만 아니라 그리스도교를 거짓이고 비진리라고까지 주장한다. 자기는 자신에 대한 그 얼마나 엄청나게 절망적인 개념을 가져야 하는 것인가!

죄의 강화는 사람과 하느님 간의, 작전이 바뀌는 싸움으로 인식될 때 명확하게 나타난다. 이러한 강화는 수세에서 공세로의 상승이다. 죄는 절망이다. 여기에서 전투는 회피를 통해 이루어진다. 그 다음 자신의 죄에 대한 절망이 찾아든다. 여기에서 또다시 전투는 회피를 통해, 또는 자신의 퇴각 태세의 강화를 통해, 그러나 항상 **후퇴하면서**(*pedem referens*) 이루어진다. 이제 작전이 바뀐다. 비록 죄는 그 자신 속으로 더욱더 깊이 파고 들어가고, 그래서 점점 더 멀어져 가지만, 그러나 또 다른 의미에서 죄는 더욱 가까워지며, 더욱더 결정적으로 그 자신이 된다. 죄의 용서와 관련한 절망은 하느님의 자비의 제안에 대적하는 명확한 자세이다. 죄는 전적으로 도망치는 것만이 아니며, 그저 수세적 행위만도 아니다. 그렇지만 그리스도교를 비진리이고 거짓이라고 저버리는 죄는 공격적인 싸움이다. 어느 정도는 이전 싸움의 모든 형태는 적이 더 강하다는 것

---

32) "성령을 모독하는 사람은 영원히 용서받지 못할 것이며 그 죄는 영원히 벗어날 길이 없을 것이다." 「마르코의 복음서」, 3장 29절.

을 인정한다. 그러나 이제 죄는 공격을 가한다.

성령을 거역하는 죄[33)]는 걸려 넘어짐의 적극적인 형태이다.

그리스도교의 교설은 하느님-사람에 관한, 하느님과 사람의 유사성에 관한 가르침이지만, 그러나 부디 주의하시라, 걸려 넘어짐의 가능성은, 만일 내가 이런 식으로 말할 수 있다면, 사람이 너무 가까이 다가오는 것으로부터 하느님이 스스로를 보호하는 보증의 성격을 띠고 있다. 걸려 넘어짐의 가능성은 본질적으로 그리스도교적인 모든 것에 담겨 있는 변증법적인 요소이다. 만일 이것이 제거된다면, 그리스도교는 이교일 뿐만 아니라, 이교가 난센스라고 부를 것이 틀림없을 정도로 그렇게 공상적인 그 무엇이기도 하다. 사람이 하느님에게 다가갈 수 있다고, 감히 하느님에게 다가갈 수 있다고, 그리고 그리스도 안에서 하느님에게 가까이 가게 된다고 그리스도교가 가르치는 것처럼, 하느님에게 그처럼 가까이 있다는 것, 그런 생각은 결코 사람의 머릿속에는 떠오른 적이 없었다. 이제 만일 이런 생각이 직접적으로 이해되고, 있는 그대로 추호도 거리낌이 없이 그리고 극도로 명랑하고 호방하게 취해진다면, 그리스도교는—만일 이교가 신들을 만들어낸 것을 우리가 인간의 광기라고

---

33) "……사람들이 어떤 죄를 짓거나 모독하는 말을 하더라도 그것은 다 용서받을 수 있지만 성령을 거슬러 모독한 죄만은 용서받지 못할 것이다. 또 사람의 아들을 거역해서 말하는 사람은 용서받을 수 있어도 성령을 거역해서 말하는 사람은 현세에서도 내세에서도 용서받지 못할 것이다." 「마태오의 복음서」, 12장 31~32절; "성령을 모독하는 사람은 영원히 용서받지 못할 것이며 그 죄는 영원히 벗어날 길이 없을 것이다." 「마르코의 복음서」, 3장 29절; "사람의 아들을 거역하여 말하는 사람은 용서받을 수 있어도 성령을 모독하는 사람은 용서받지 못할 것이다." 「루가의 복음서」, 12장 10절.

부른다면—어떤 미친 신의 고안물이다. 아직 자신의 오성을 보존하고 있는 사람이라면 이성을 잃은 신만이 그런 가르침을 날조할 수 있을 거라고 판단할 것이 틀림없다. 육화된 하느님은, 만일 아무 노력도 없이 사람이 하느님과 다정한 사이가 된다고 한다면, 셰익스피어의 헨리 왕과 어울리는 한 쌍이 될 것이다.[34]

하느님과 사람은 무한한 질적 차이에 의해 분리되어 있는 두 성질이다. 인간적으로 말하자면 이러한 차이를 간과하는 그 어떤 가르침도 모두 광기이며, 신적으로 이해하자면 그것은 신에 대한 모독이다. 이교에서는 사람이 신을 인간(인간-신)으로 만들었다. 그리스도교에서는 하느님이 스스로를 인간(하느님-사람)으로 만들었다. 그러나 하느님의 자비로운 은총이라는 이러한 무한한 사랑 속에서도 하느님은 한 가지 조건을 붙인다. 하느님은 그렇게 할 수밖에 없는 것이다. 바로 이것, "하느님은 그렇게 할 수밖에 없다는 것"이 그리스도의 슬픔이다.[35] 그리스도는 스스로 낮아져서, 종의 형상을 하고, 수난을 당하며, 인간을 위해 목숨을 바치고, 모든 인간을 자기에게 오라고 초대하며,[36] 자신의 인생의 모든 나날을 바치고, 자신의 생명까지도 바칠 수 있지만,[37] 걸려 넘어짐의 가능성

---

34) 셰익스피어의 『헨리 4세』 제1부 및 제2부에 등장하는 헨리 5세. 웨일스 공 (Prince of Wales, 왕세자) 시절의 헨리 5세는 폴스타프(Sir John Falstaff, 극중 인물로서 술을 좋아하고 기지가 있으며 몸집이 큰 쾌남)의 친구로 등장한다.
35) 루터가 보름스 의회에서 행한 최종 답변. 키르케고르는 루터의 이 발언을 자주 인용하고 있다.
36) "고생하며 무거운 짐을 지고 허덕이는 사람은 다 나에게로 오너라. 내가 편히 쉬게 하리라."「마태오의 복음서」, 11장 28절. 『그리스도교의 훈련』(SV XII), 5~22쪽.

을 제거할 수는 없다. 이런 사랑의 행위가 어떤 사람에게는 역전되어서 더할 나위 없이 극심한 불행이 될 가능성, 또 다른 의미에서 하느님이 그렇게 하기를 원하지 않고, 또 그렇게 하기를 원할 수도 없는 그 무엇을, 이 가능성을 심지어 하느님조차도 제거할 수 없다니, 이 얼마나 진기한 사랑의 행위이며, 이 얼마나 깊이를 헤아릴 길 없는 사랑의 슬픔이란 말인가! 사람에게 닥칠 수 있는 가장 커다란 불행, 죄보다 훨씬 더 큰 불행은 그리스도에게 걸려 넘어져서 계속해서 걸려 넘어진 상태로 있는 것이다. 그런데도 그리스도는, "사랑"은, 이것을 불가능하게 만들 수 없는 것이다. 그렇기 때문에 그리스도는, 그대도 알다시피, "나에게 걸려 넘어지지 않는 자는 복이 있도다"라고 말하는 것이다.[38] 그 이상을 그리스도는 할 수 없다. 그러므로 그리스도는 자신의 사랑을 통해 사람을, 달리는 절대로 그렇게 될 수 없을 정도로 불행하게 만들 수 있거니와—이것은 가능한 일이다—그가 그런 일을 할 수 있다. 사랑에 깃들인 이 얼마나 헤아릴 길 없는 모순이란 말인가! 그런데도 사랑 안에서 그리스도는 이러한 사랑의 행위를 완성시키는 것을 단념할 마음이 전혀 없다. 오호라, 이런 사랑의 행위가 사람을, 그렇지 않았으면 절대로 그렇게는 되지 않을 정도로 비참하게 만들더라도 말이다!

 이것에 대해 전적으로 인간적으로 말해보자.[39] 사랑을 위해 모든

---

37) "나는 마음이 온유하고 겸손하니 내 멍에를 메고 나에게 배워라. 그러면 너희의 영혼이 안식을 얻을 것이다." 「마태오의 복음서」, 11장 29절.
38) "나에게 의심을 품지 않는 사람은 행복하다." 「마태오의 복음서」, 11장 6절. 『그리스도교의 훈련』(*SV* XII), 69~89쪽.
39) 키르케고르를 잘 아는 사람은 이런 시작을 통해 키르케고르가 이제 자신의 경험에 근거해서 털어놓고 이야기하려는 참이라는 것을 알 것이다. 실제로

것을 희생하고 싶은 충동을 사랑에 의해 한 번도 느껴본 적이 없는 사람, 그래서 결과적으로 한 번도 그렇게 할 수 없었던 사람은 얼마나 불쌍한가! 그러나 바로 이것, 즉 그의 사랑에 의해 촉발된 자신의 희생이 또 다른 사람에게는, 그가 사랑하는 사람에게는 가장 커다란 불행이 될 수도 있다는 사실을 발견했다고 하자. 그렇다면 어떻게 될 것인가? 두 가지 경우가 가능하다. 그의 사랑은 탄력을 잃고, 더 이상 생명력이 되지 못한 채, 그의 내부에 갇혀 있는 비애의 감정에 대한 번민 속으로 빠져들 것이다. 그는 사랑을 포기할 것이고, 감히 이러한 사랑의 행위를 수행할 엄두를 내지 못할 것이며, 이윽고 무너질 것이다. 사랑의 행위 아래 쓰러지는 것이 아니라, 그런 가능성의 무게 아래 쓰러질 것이다. 막대의 한쪽 끝에 무게가 걸리면 막대가 한없이 무거워져서 막대를 들어 올리는 사람은 막대의 다른 쪽 끝을 잡아야 하는 것처럼, 모든 행위가 변증법적이 되면 한없이 무거워지며, 동정적-변증법적이 되면 모든 것 중에서 가장 무거워져서, 사랑 때문에 그가 하고 싶어하는 것을, 바로 그것을 연인에 대한 배려가 또 다른 의미에서 못하게 하는 것처럼 보인다. 혹은

이 구절에서는 그가 레기네 올센(Regina Olsen)를 위해 감행했던 희생을 염두에 두고 있다는 점이 명백하다. 이 책을 저술할 때 이미 그는 이제는 슐레겔 부인이 되어버린 레기네와 '오누이 같은 관계'를 맺을 가능성을 생각하고 있었다. 왜냐하면 그가 초고를 출판업자에게 보낼 즈음에 그의 숙적과도 같은 아버지가 세상을 떠남으로써 그럴 가능성이 충분히 엿보였기 때문이다. 그 후 이 책처럼 매우 신랄한 책이 그가 열망하는 화해의 장애물로 작용할지도 모른다는 두려움 때문에 그는 이 책의 발표 여부를 결정하지 못하고 고민하고 있었다. 그의 삶에서 가장 신기한 일화 중 하나가 바로 결국 그로 하여금 이 책의 출판을 결정하게 만든 환청이었다. 이에 관해서는 라우리, 임춘갑 옮김, 『키에르케고르』, 276쪽 이하; (Kierkegaard), 246쪽 이하 참조.

사랑이 승리할 것이며, 그러면 그는 사랑하기 때문에 바로 그 행위를 감행할 것이다. 그렇지만 사랑의 기쁨 속에는(사랑은 언제나 기쁜 것이며, 특히 사랑이 모든 것을 희생할 때는 더욱 그렇다), 아직도 심오한 비애가 존재할 텐데, 왜냐하면 그것, 즉 사랑 때문에 연인을 불행하게 하는 것이 정말로 가능하기 때문이다! 그렇기 때문에 그는 자신의 사랑의 행위를 완수할 것이며, 희생을 할 테지만(희생을 그는 자신의 입장에서는 크게 기뻐할 것인데), 눈물을 흘리면서 그럴 것이다. 이것, 뭐라고 불러야 할지 모를 이것, 말하자면 내면의 삶에 대한 역사화(歷史畵)라고나 할 이것 주변에 저 암울한 가능성이 떠돈다. 그런데도 이 암울한 가능성이 그 위에 떠돌지 않았더라면, 그의 행위는 참된 사랑의 행위가 아니었을 것이다. 오호라, 나의 벗이여. 그대는 이 인생에서 그 얼마나 많은 시험에 들었던가! 머리를 짜내어 생각하고, 그대의 가슴에 있는 모든 덮개를 떼어낸 다음 감정의 본모습을 드러내며, 그대가 지금 읽고 있는 셰익스피어와 그대를 갈라놓는 모든 방어물을 제거하고, 그런 다음 셰익스피어를 읽으라. 그러면 그대는 많은 모순들에 전율할 것이다. 그러나 심지어 셰익스피어마저도 본질적으로 종교적인 모순들로부터는 뒷걸음질친 것처럼 보인다. 사실 아마도 이러한 것들은 오직 신들의 언어에 의해서만 표현될 수 있을 것이다. 그리고 그 어떤 인간도 이 언어를 말할 수는 없다. 한 그리스인이 일찍이 그처럼 아름답게 말한 바 있는 것처럼, 사람에게서는 말하는 것을 배우고, 신에게서는 침묵하는 것을 배운다.[40]

---

40) "말하는 것에 대한 스승은 사람이지만, 침묵을 지키는 것에 대한 스승은 신

하느님과 사람 간의 무한한 질적 차이의 현존은 걸려 넘어짐의 가능성을 이루고 있으며, 이 가능성은 제거될 수 없다. 사랑 때문에 하느님은 사람이 된다. 하느님은 말한다. "여기에서 그대는 인간으로 존재한다는 것이 무엇인지를 안다." 그리고 다음과 같이 덧붙인다. "조심하라, 왜냐하면 나는 동시에 하느님이기 때문이다. 나에게 걸려 넘어지지 않는 자는 복이 있도다." 인간으로서 그는 비천한 종의 형상을 취하고 있다. 그는 하찮은 사람으로 존재한다는 것이 무엇인지를 보여주는데, 이는 그 누구도 자신이 소외되었다고 느끼지 않도록, 혹은 사람을 하느님에게 더 가까이 가게 하는 것은 사람의 신분과 사람들 사이의 명성이라고 그 누구도 생각하지 않도록 하기 위함이다. 아니, 그는 비천한 인간이다. 그는 다음과 같이 말하고 있다. "여기를 보라. 그리고 사람으로 존재한다는 것이 무엇인지를 똑똑히 깨달으라. 그러나 조심하라, 왜냐하면 나는 또 하느님이기 때문이다. 나에게 걸려 넘어지지 않는 자는 복이 있도다." 혹은 반대로 다음과 같이 말한다. "아버지와 나는 하나이다.[41]" 그렇지만 나는 이 어리석고 천한 사람이며, 가난하고, 외로우며, 인

이며, 신비한 비밀들로 입문할 때 우리는 신들로부터 이러한 침묵의 교훈을 얻는다." 플루타르코스(Plutarchos), "De garrulitate," 8장, 『윤리론집』(*Moralia*), 506 a; 배빗(F. C. Babbitt) 외 옮김, 『플루타르코스의 윤리론집』(*Plutarch's Moralia*), I~XVII, 로엡/캠브리지, 하버드대출판부, 1927~67, VI, 417쪽. 키르케고르는 플루타르코스의 『윤리론집』을 라틴어판으로 한 질, 독일어판으로 세 질 소유하고 있었다.

41) "아버지와 나는 하나이다……." 「요한의 복음서」, 10장 30절; "아버지, 이 사람들이 모두 하나가 되게 하여 주십시오. 아버지께서 내 안에 계시고 내가 아버지 안에 있는 것과 같이 이 사람들도 우리들 안에 있게 하여 주십시오. 그러면 아버지께서 나를 보내셨다는 것을 세상이 믿게 될 것입니다." 17장 21절.

간의 폭력에 넘겨졌도다.⁴²⁾ 나에게 걸려 넘어지지 않는 자는 복이 있도다. 나는, 이 비천한 인간인 나는 귀머거리를 듣게 하고, 소경을 보게 하며, 앉은뱅이를 걷게 하고, 문둥이를 깨끗하게 하며, 죽은 자를 다시 일어나게 하는 자이다. 나에게 걸려 넘어지지 않는 자는 복이 있도다."⁴³⁾

그렇기 때문에 모든 책임을 지고, 나는 감히 이 말, 즉 "나에게 걸려 넘어지지 않는 자는 복이 있도다"라는 말은, 혹시 최후의 만찬에서의 성찬제정(聖餐制定)의 말⁴⁴⁾과는 같지 않을지 몰라도, 그러나 "모든 사람으로 하여금 자신을 살피게 하라"⁴⁵⁾는 말씀처럼, 그

---

42) "일어나 가자. 나를 넘겨줄 자가 가까이 와 있다……."「마르코의 복음서」, 14장 42절.
43) "소경이 보고 절름발이가 제대로 걸으며 나병환자가 깨끗해지고 귀머거리가 들으며 죽은 사람이 살아나고 가난한 사람들에게 복음이 전하여진다. 나에게 의심을 품지 않는 사람은 행복하다."「마태오의 복음서」, 11장 5~6절.
44) "그들이 음식을 먹을 때에 예수께서 빵을 들어 축복하시고 제자들에게 나누어 주시며 '받아먹어라, 이것은 내 몸이다' 하시고 또 잔을 들어 감사의 기도를 올리시고 그들에게 돌리시며 '너희는 모두 이 잔을 받아 마셔라. 이것은 나의 피다. 죄를 용서해 주려고 많은 사람을 위하여 내가 흘리는 계약의 피다. 잘 들어 두어라. 이제부터 나는 아버지의 나라에서 너희와 함께 새 포도주를 마실 그 날까지 결코 포도로 빚은 것을 마시지 않겠다' 하고 말씀하셨다. 그들은 찬미의 노래를 부르고 올리브산으로 올라갔다."「마태오의 복음서」, 26장 26~30절;「마르코의 복음서」, 14장 22~26절;「루가의 복음서」, 22장 15~20절; "내가 여러분에게 전해 준 것은 주님께로부터 받은 것입니다. 곧 주 예수께서 잡히시던 날 밤에 빵을 손에 드시고 감사의 기도를 드리신 다음 빵을 떼시고 '이것은 너희들을 위하여 주는 내 몸이니 나를 기억하여 이 예를 행하여라' 하고 말씀하셨습니다. 또 식후에 잔을 드시고 감사의 기도를 드리신 다음 '이것은 내 피로 맺는 새로운 계약의 잔이니 마실 때마다 나를 기억하여 이 예를 행하여라' 하고 말씀하셨습니다."「고린토인들에게 보낸 첫째 편지」, 11장 23~25절.
45) "각 사람은 자신을 살피고 나서 그 빵을 먹고 그 잔을 마셔야 합니다."「고린

리스도에 관한 선언에 속한다고 말한다. 이 말들은 그리스도 자신의 말이며, 또 이 말들은 특히 그리스도교계에서 반복해서 선언되어야 하며, 모든 사람에게 개별적으로 되풀이되고 또 전해져야 한다. 이러한 말들이 똑같이 선언되지 않는 곳에서는 어디서나,* 혹은 어쨌거나, 이런 사상이 그리스도교에 대한 진술을 모든 점에서 꿰뚫고 있지 않는 곳에서는 어디서나, 그리스도교는 신에 대한 모독이다. 왜냐하면 자기를 위해 길을 예비하고 또 사람들에게 지금 오는 이가 누구인가를 깨닫게 해주는 경호원이나 시종도 없이, 그리스도는 천한 종의 형상으로 여기 이 세상을 걸어 다녔기 때문이다. 그렇지만 걸려 넘어짐의 가능성은(사랑 안에서 이것은 그에게 얼마나 큰 슬픔이었을까!) 과거에도 그를 지켜주었고 또 지금도 지켜주고 있으며, 그와 가장 가까웠고 또 그에게 가장 가까이 서 있던 사람과 그 사이에 가로 놓인, 깊게 갈라져 있는 심연을 확실하게 해주고 있다.

  걸려 넘어지지 않는 사람은 믿음으로 **예배를 드린다**. 그러나 예배

  토인들에게 보낸 첫째 편지」, 11장 28절.
* 현재 그리스도교계에서는 실제로 어디서나 사정이 이런데, 그리스도교계는 걸려 넘어짐에 대해 그리스도 자신이 그처럼 여러 번 되풀이해서 그리고 그처럼 간절하게 경고한 당사자라는 것을, 처음부터 그를 따라다녔고 또 그를 위해 모든 것을 포기한 그의 충성스러운 제자들에게까지도(「마태오의 복음서」, 26장 31절-옮긴이) 생애의 마지막에 직면해서까지 경고한 당사자라는 것을 깡그리 무시하거나, **혹은** 암암리에 그것을 그리스도의 편에서 어느 정도 과장된 불안으로 간주하는 것처럼 보이는데, 왜냐하면 수천수만의 사람들의 경험이 최소한의 걸려 넘어짐의 가능성을 알아차리지 못하고도 그리스도에 대한 믿음을 가질 수 있다는 사실을 증명하고 있기 때문이다. 그러나 이것은 걸려 넘어짐의 가능성이 그리스도교계를 심판할 때 명명백백하게 밝혀질 오류일 가능성이 크다.

를 드린다는 것은 믿음의 표현으로서 예배를 받는 자와 드리는 자 사이에 무한한, 입을 벌리고 있는, 질적 심연이 확증되고 있다는 것을 표현하는 것이다. 왜냐하면 믿음 안에서는 걸려 넘어짐은 또다시 변증법적 요소이기 때문이다.*

그러나 여기에서 논의되고 있는 걸려 넘어짐의 종류는 **적극적인 것**(*modo ponendo*)이다. 그것은 그리스도교가 비진리이자 거짓이라고 주장하고, 그렇기 때문에 이제 그리스도에 대해서도 똑같이 말한다.

---

* 여기에 관찰자들을 위한 작은 과제가 하나 있다. 만일 설교를 행하고 또 작성하는 국내외의 그렇게 많은 목사들이 모두 믿음이 있는 그리스도교인이라고 생각한다면, 오늘날 특별히 적절하다고 할 다음과 같은 기도를 우리가 결코 듣지도 또 읽지도 못한다는 사실을 어떻게 설명할 수 있을 것인가? 즉 "하늘에 계신 하느님, 사람에게 그리스도교를 이해하라고 요구하지 않으신 것을 감사드리오니, 왜냐하면 만일 그런 요구가 있었더라면, 나는 사람들 중에서도 가장 불행한 자가 되었을 테니 말입니다("만일 그리스도를 믿는 우리가 이 세상에만 희망을 걸고 있다면 우리는 누구보다도 가장 가련한 사람일 것입니다.''「고린토인들에게 보낸 첫째 편지」, 15장 19절―옮긴이). 내가 그리스도교를 이해하려고 할수록, 그리스도교는 나에게 더 이해할 수 없는 것으로 보이고 또 오직 걸려 넘어짐의 가능성만을 더욱 발견할 따름입니다. 그러므로 오직 믿음만을 요구하신 것을 감사드리며, 당신께서 계속해서 믿음을 더해 주실 것을 기도합니다"("사도들이 주님께 '저희에게 믿음을 더하여 주십시오' 하니까 주님께서는 '너희에게 겨자씨 한 알만한 믿음이라도 있다면 이 뽕나무더러 뿌리째 뽑혀서 바다에 그대로 심어져라 하더라도 그대로 될 것이다' 하고 말씀하셨다.''「루가의 복음서」, 17장 5절―옮긴이). 정통 그리스도교로 말하자면, 이 기도는 전적으로 옳을 것이며, 이 기도를 드린 자의 신실함을 가정한다면, 모든 사변에 대한 적절한 아이러니이기도 할 것이다. 그러나 나는 믿음이 이 세상에서 발견될 수 있을 것인지에 대해서는 회의적이다!("사실 하느님께서는 그들에게 지체 없이 올바른 판결을 내려 주실 것이다. 그렇지만 사람의 아들이 올 때에 과연 이 세상에서 믿음을 찾아 볼 수 있겠느냐?''「루가의 복음서」, 18장 8절―옮긴이).

이런 종류의 걸려 넘어짐을 규정하기 위해서는 다양한 형태의 걸려 넘어짐을 살펴보는 것이 최선의 방법이며, 걸려 넘어짐은 일차적으로는 역설(그리스도)과 관련이 있고 따라서 본질적으로 그리스도교적인 것에 대한 모든 규정과 더불어 발생하는데, 왜냐하면 모든 그런 규정은 그리스도와 관련이 있으며, 그리스도를 염두에 (*in mente*) 두기 때문이다.

가장 낮은 형태, 가장 단순한 형태의 걸려 넘어짐은, 인간적으로 말하자면, 그리스도의 문제 전체를 미해결인 채로 남겨두는 것인데, 다음과 같은 결론에 도달한다. "나는 그것에 관해서는 아무런 결정도 하지 않을 작정이다. 나는 믿지 않지만, 아무것도 결정하지 않겠다." 이것이 걸려 넘어짐의 형태라는 것을 대다수의 사람은 알지 못하는데, 그들은 이러한 그리스도교적인 "그대는 할지어다"를 깡그리 망각해버렸다. 그렇기 때문에 그들은 이것이, 그리스도에 대해 중립적이라는 것이, 걸려 넘어짐이라는 것을 보지 못한다. 그리스도교가 그대에게 선포되었다는 것은 그대가 그리스도에 대해 하나의 의견을 가져야 한다는 것을 의미하는데, 그리스도는 있거니와, 혹은 그리스도가 현존한다는 것 그리고 그리스도가 현존했다는 것은 모든 실존과 관련된 결단이다. 만일 그리스도가 그대에게 선포되었다면, "나는 그것에 대해 어떤 의견도 가지고 싶지 않다"고 말하는 것은 걸려 넘어지는 것이다.

이것은 그리스도교의 설교가 오늘날 그런 것처럼 평범한 현대에는 어떤 제한적인 의미로 이해되어야 한다. 의심의 여지 없이 오늘날 그리스도교가 선포되는 것은 들었으나 이러한 "할지어다"에 관한 것은 결코 들은 적이 없는 사람들이 수없이 많다. 그러나 만일 그것을 들은 사람이 "나는 그것에 관해 어떤 의견도 가지고 싶지 않다"라고 말한다면, 그는 걸려 넘어진 것이다. 그는 그리스도의 신성 그 자체를, 그리스도에게는 사람들에게 각자의 의견을 가져야 한다는 주장을 제기할 권리가 있다는 것을 부정하고 있는 것이다. 그가 "나는 그리스도에 관해 아무 말도, '긍정'도 '부정'도 하지 않겠다"고 말하는 것은 아무런 도움도 되지 않는데, 왜냐하면 그럴 경우 다음 물음은 "그대가 그리스도에 관해 어떤 의견을 가져야 하는지 여부에 관해 그대는 아무런 의견도 없는가?"이기 때문이다. 만일 그가 그 물음에 대해 "의견이 있다"고 대답한다면, 그는 자승자박하는 것이다. 그리고 만일 그가 "의견이 없다"고 대답한다면, 그리스도교는 어쨌든 그를 위해, 그것에 관해 그리고 따라서 그 다음은 그리스도와 관련해서 그가 하나의 의견을 가지고 있어야 한다고, 그 어떤 사람도 감히 그리스도의 삶을 골동품처럼 미정인 채로 남겨놓아서는 안 된다고 결정한다. 하느님이 스스로 이 세상에 태어나서 인간이 될 때, 이것은 하느님이 그저 뭔가를 하기 위해, 아마도 하느님으로 존재하는 데 함축되어 있어야 한다고들 뻔뻔스럽게도 이야기되어 온, 권태를 끝장내기 위해 우연히 발견한 무익한 변덕이나, 어떤 공상이 아니다.[46] 그것은 모험을 하기 위한 것이 아니다. 아니다, 하느님이 이것을 할 때, 그때 이 사실은 실존의 진지함이다. 그리고 그 다음은, 이러한 진지함에서의 진지함은 사람은 누구나 그것에 관해 각자의 의견을 가지고 있어야 한다는 것이다.

---

46) "이젠 지루해 견딜 수 없다./지상으로 내려갈까./신은 될 수 없어도 악마는 될 테지." 하이네(Heinrich Heine), 「귀향」(Die Heimkehr), 『노래의 책』(*Buch der Lieder*), 함부르크: 1837, 232~34쪽.

왕이 지방의 한 도시를 방문할 때, 만일 어떤 관리가 충분한 이유도 없이 그에게 경의를 표하지 않는다면, 왕은 그것을 모욕으로 간주한다. 그런데 만일 누군가가 왕이 도시에 있다는 사실을 철저히 무시하고는 "빌어먹을 국왕 같으니라고, 빌어먹을 국법 같으니라고"라고 말하는 평범한 시민 행세를 하려 든다면, 왕이 어떻게 생각할지 나는 모르겠다.[47] 그리고 또 사람이 되는 것이 하느님을 기쁘게 할 때도 그렇다. 그리고 또 누군가가 (그런데 관리와 왕의 관계는 모든 사람과 하느님의 관계와 같다) 기꺼이 "글쎄, 나는 그것에 대해서는 아무런 의견도 갖고 싶지 않다"라고 말할 때도 마찬가지이다. 이것은 사람이 기본적으로 무시하는 것에 관해 허세부리며 말하는 방식이며, 따라서 허세부리면서 하느님을 무시하는 방식이다.

두 번째 형태의 걸려 넘어짐은 부정적이지만, 수동적인 형태, 수난의 형태를 띤다. 이 형태의 걸려 넘어짐은 그것이 그리스도를 무시할 수 없다는 것을, 그리스도를 미결인 채로 남겨놓고 달리 바쁜 인생을 영위할 수는 없다는 것을 분명하게 느낀다. 그렇다고 믿을 수도 없다. 이 형태의 걸려 넘어짐은 계속 오직 한 점을, 역설을 뚫어지게 응시한다. 이 형태의 걸려 넘어짐은, 그것이 "그대는 그리스도를 어떻게 생각하는가?"[48]라는 물음이 실제로 모든 물음 중에서 가장 핵심적인 물음이라는 것을 표현하는 한, 그리스도교에 경의를 표한다. 그렇게 걸려 넘어진 사람은 그림자처럼 살아간다. 자

---

47) 1848년의 새 헌법이 개정되기 전에는 1655년의 왕립법이 덴마크법의 기초였다.
48) "'너희는 그리스도를 어떻게 생각하느냐? 그는 누구의 자손이겠느냐?' 하고 물으셨다……" 「마태오의 복음서」, 22장 42절.

기 내면의 깊은 곳에서 그는 항상 이러한 결정에 사로잡혀 있기 때문에 그의 삶은 황폐화된다. 이렇게 그는 (사랑과 관련해서 불행한 사랑의 수난처럼) 그리스도교에게 어떤 실재성(*Realitet*)이 있는지를 표현한다.

걸려 넘어짐의 마지막 형태는 여기에서 논의되고 있는 것으로서 적극적인 형태이다. 이 형태는 그리스도교를 비진리라고, 거짓이라고 선언한다. 가현설적(假現說的)[49]으로 혹은 합리주의적으로 그것은 그리스도(그리스도가 실존했다는 것과 그리스도가 그 자신이 말한 바대로의 존재라는 것)를 부정하거니와, 이 주장에 따르면 그리스도는 개별적인 인간이 되는 것이 아니라 다만 그렇게 보일 뿐이거나, 혹은 오직 개별적인 인간이 될 뿐이다. 따라서 그리스도는 가현설적으로는 전혀 현실성을 주장할 수 없는 허구, 신화가 되거나, 혹은 합리주의적으로는 결코 신성을 주장할 수 없는 현실성이 된다. 물론 그리스도가 역설이라는 것에 대한 이러한 부정에는, 본질적으로 그리스도교적인 모든 것, 죄, 죄의 용서 등등에 대한 부정이 차례로 놓여 있다.

이러한 형태의 걸려 넘어짐은 성령을 거역하는 죄이다.[50] 유대인들이 그리스도가 악령의 도움을 받아서 악령을 쫓아냈다고 말한 것

---

49) 가현설(假現說): 육체를 갖춘 인간으로서의 그리스도는 가상(假像)에 불과하며 그리스도는 다만 "가상으로서의 육체"를 가지고 있었을 뿐이라고 주장하는 이론.

50) "그러므로 잘 들어라. 사람들이 어떤 죄를 짓거나 모독하는 말을 하더라도 그것은 다 용서받을 수 있지만 성령을 거슬러 모독한 죄만은 용서받지 못할 것이다. 또 사람의 아들을 거역해서 말하는 사람은 용서받을 수 있어도 성령을 거역해서 말하는 사람은 현세에서도 내세에서도 용서받지 못할 것이다." 「마태오의 복음서」, 12장 31~32절.

처럼,[51] 이 형태의 걸려 넘어짐은 그리스도를 악마가 꾸며낸 것으로 만들어버린다.

이 형태의 걸려 넘어짐은 죄가 최고도로 강화된 것이며, 죄/믿음이 그리스도교적으로 대립자들로 해석되지 않기 때문에 일반적으로 간과되는 것이다.

이러한 대립(죄/믿음)은, 그러나 이 책 전체에 걸쳐 주장되어 왔으며, 처음에 제1부 A, A.에서 전혀 절망이 존재하지 않는 상태에 대한 공식, 즉 "자기 자신과 관계함으로써 그리고 자기 자신이기를 원함으로써, 자기는 자기 자신을 정립한 힘에 투명하게 그 근거를 두고 있다"를 도입하였다. 이 공식은 또 누차 지적되어온 것처럼 믿음에 대한 정의이기도 하다.[52]

---

51) "그러나 바리사이파 사람들은 '저 사람은 마귀 두목의 힘을 빌어 마귀를 쫓아낸다'고 말하였다." 「마태오의 복음서」, 9장 34절, "그러나 바리사이파 사람들은 이 말을 듣고 '그는 마귀의 두목 베엘제불의 힘을 빌어 마귀를 쫓아내고 있는 것이다' 하고 헐뜯었다." 12장 24절; "예루살렘에서 내려온 율법학자들도 예수가 베엘제불에게 사로잡혔다느니 또는 마귀 두목의 힘을 빌어 마귀를 쫓아낸다느니 하고 떠들었다." 「마르코의 복음서」, 3장 22절.
52) *Pap.* X^5 B 15~16, 18~20.

키르케고르 연보

1813년 5월 5일 덴마크의 수도 코펜하겐에서 아버지 미사엘 페데르센 키르케고르(Michael Pedersen Kierkegaard, 1756~1838)와 어머니 아네 키르케고르(Ane Sørensdatter Kierkegaard) 사이에서 7남매 중 막내로 태어나다.

1819년 둘째 형 쇠렌 미사엘(Søren Michael, 1807~19)이 운동장에서 놀다가 불의의 사고를 당해 열두 살의 어린 나이로 죽다.

1822년 큰누나 마렌(Maren Kirstine, 1797~1822)이 스물다섯의 나이에 미혼의 몸으로 세상을 떠나다.

1828년 4월 20일 뮌스터(J. P. Mynster) 주교로부터 견진례를 받다.

1830년 10월 아버지의 희망과 큰형 페테르의 적극적인 권유에 따라 코펜하겐 대학 신학과에 입학하다.

1832년 포목상 헨리크 룬(Henrik Hansen Lund)의 아들 옌스(Jens Christian Lund)와 결혼한 둘째 누나 니콜리네(Nicoline Christine, 1799~1832)가 서른셋의 나이에 여섯 번째 아이를 낳다가 사망하다.

1833년 미국으로 이민 간 셋째 형 닐스(Niels Andreas, 1809~33)가 스물넷의 나이에 미혼의 몸으로 세상을 떠나다.

1834년 7월 어머니가 세상을 뜨다. 12월 키르케고르의 둘째 누나 니콜리네의 시동생 헨리크 페르디난(Henrik Ferdinan Lund)과 결혼한 셋째 누나 페

트레아(Petrea Severine, 1801~34)가 서른셋의 나이에 네 번째 아이를 낳다가 세상을 떠나다.

1835년 훗날 그가 '대지진'이라고 부르게 되는 사건을 겪다.

1837년 그의 평생의 애인 레기네 올센(Regine Olsen)을 만나다.

1838년 8월 아버지의 죽음에 뒤이어 스승인 철학 교수 묄러가 세상을 떠나자, 신학 공부에 전념하다. 『아직도 살아 있는 자의 수기』(*Afen endnu Levendes Papirer*)를 실명으로 발표하다.

1840년 7월 신학사 자격 시험을 통과하다. 9월 레기네와 약혼하다.

1841년 7월 박사학위논문 『아이러니의 개념』(*Om Begrebet Ironi Med Stadigt Hensyn Til Sokrates*)을 완성, 제출하다. 10월 레기네와 파혼하다. 파혼 직후 베를린으로 가서 셸링의 강의에 참석하고 1년 후 귀국하다.

1843년 5월 대표작이자 실존주의 철학의 탄생을 알리는 『이것이냐 저것이냐』(*Enten-Eller*)를 빅토르 에레미타(Victor Eremita)라는 익명으로 발표하다. 『두 편의 교화를 위한 강화집』(*To opbyggelige Taler*), 『세 편의 교화를 위한 강화집』(*Tre opbyggelige Taler*), 『네 편의 교화를 위한 강화집』(*Fire opbyggelige Taler*) 등을 실명으로 발표하다. 10월 실존의 영역들을 다룬 『반복』(*Gjentagelsen*)을 콘스탄틴 콘스탄티우스(Constantin Constantius)라는 익명으로, 『공포와 전율』(*Frygt og Bæven*)을 요하네스 데 실렌티오(Johannes de Silentio)라는 익명으로 발표하다.

1844년 『두 편의 교화를 위한 강화집』, 『세 편의 교화를 위한 강화집』, 『네 편의 교화를 위한 강화집』 등을 실명으로, 그리고 『서문. 특정 계층을 위한 가벼운 읽을거리』(*Forord. Morskabslæsning for enkelte Stænder efter Tid og Leilighed*)를 니콜라우스 노타베네(Nicolaus Notabene)라는 익명으로 발표하다. 심리학에 관한 저서 『불안의 개념』(*Begrebet Angest*)을 비길리우스 하우프니엔시스(Vigillius Haufniensis)라는 익명으로, 소크라테스와 역설적 그리스도교에 관한 『철학적 단편』(*Philoso-phiske Smuler eller En Smule Philosophi*)을 요하네스 클리마쿠스(Johannes Climacus)라는 익명으로 발표하다.

1845년 『인생길의 여러 단계』(*Stadier paa Livets Vei*)를 힐라리우스 보그빈더(Hilarius Bogbinder)라는 익명으로 발표하다. 『예정된 기회에서의 세 편의 이야기』(*Taler ved tænkte Leiligheder*)를 실명으로 발표하다. 12월 통속적인 잡지 『코르사르』(*Corsair*)를 격렬하게 비판하다.

1846년 마지막 주저 『철학적 단편에 대한 비학문적 후서』(*Afsluttende uvidenskabelig Efterskrift de philosophiske Smuler*)를 요하네스 클리마쿠스라는 익명으로 발표하다. 이 『후서』로 이른바 그의 심미적 저술 활동이 완결되다. 3월 『문예 비평. 두 시대, 히베르그가 편집한 '일상 생활의 이야기'의 저자의 소설』(*En Literair Anmeldelse. To Tidsaldre, Novelle af Forfatteren til 'en Hverdags-Historie', udgiven af J. L. Heiberg*)을 안티클리마쿠스(Anti-Climacus)라는 익명으로 발표하다. 덴마크 국왕 크리스티안(Christian 3세)을 방문하다. 5~11월 『상이한 정신들에게 있어서 교화를 위한 강화집』(*Opbyggelige Taler i forskjellig Aand*)을 저술하다(1847년 3월에 실명으로 발표하다).

1847년 1~2월 『위기 그리고 한 연극배우의 삶에서의 어떤 위기』(*Krisen og en Krise i en Skuespillerindes Liv*)를 저술하다(1848년 여름에 인터 에트 인터(Inter et Inter)라는 익명으로 발표하다). 1~8월 『사랑의 역사(役事)』(*Kjerlighedens Gjerninger*)를 저술하다(9월 29일 실명으로 발표하다). 2~8월 『그리스도교적 강화집』(*Christelige Taler*)을 완성하다(1848년 4월 26일 실명으로 발표하다). 8~12월 『두 편의 윤리종교적 소론』(*Tvende ethisk-religieuse Smaa-Afhandlinger*)을 완성하다(1849년에 H. H.라는 익명으로 발표하다). 10월 레기네 올센이 슐레겔과 결혼하다.

1848년 『코르사르』와의 논쟁을 끝내다. 1~5월 『죽음에 이르는 병』(*Sygdommen til Døden. En christelig psychologisk Udvikling til Opbyggelse og Opvoekkelse*)을 완성하다(1849년 7월 13일에 안티클리마쿠스라는 익명을 저자로, 자신을 편집인으로 발표하다). 5~12월 『그리스도

교의 훈련』(Indøvelse i Christendom)을 저술하다(1850년 10월에 안티클리마쿠스라는 익명으로 발표하다). 여름~가을 『나의 저작 활동에 관한 관점』(Synspunktet for min Forfatter-Virksomhed)을 저술하다(이 저작은 그의 사후 1859년에 실명으로 『두 편의 노트』(Tvende 'Noter')라는 제목으로 발표되다).

1849년 『작가로서 나의 작품에 관하여』(Om min Forfatter-Virksomhed)를 집필하다(1851년 8월에 실명으로 발표하다). 『들의 백합 공중의 새』(Lilien paa Marken og Fuglen under Himlen), 「'제사장' - '세리'(稅吏) - '과거에 죄지은 여인'」('Ypperstepræsten' - 'Tolderen' - 'Synderinden') 등을 실명으로 발표하다. 『이것이냐 저것이냐』 제2판을 출간하다.

1850년 『교화를 위한 강화집』(En opbyggelig Tale)을 실명으로 발표하다.

1851년 1월 일간지 『조국』(Fædrelandet)에 「나에 대한 루델바흐 박사의 언급에 의해 촉발된 기회」('Foranlediget ved en Yttring af Dr. Rudelbach mig betræffende')를 게재하다.

1851~52년 『금요 집회에서의 강화집』(To Taler ved Altergangen om Fredagen), 『자기 시험을 위하여』(Til Selvprøvelse, Samtiden anbefalet) 등을 실명으로 발표하다. 『스스로 판단하라』(Dømmer selv!)를 실명으로 발표하다(그의 사후인 1876년에 책으로 엮어 출간되다).

1854년 1월 30일 뮌스터 주교가 세상을 떠나다. 2월 5일 마르텐센 교수가 일요일 설교 시간에 뮌스터 주교를 '진리의 증인'으로 추앙하다. 4월 15일 마르텐센 교수가 뮌스터 주교 뒤를 이어 주교에 임명되다. 12월 18일 『조국』에 마르텐센을 비판하는 글, 「뮌스터 주교는 '진리의 증인', '진정한 진리의 증인' 가운데 한 사람이었는가──그것이 사실인가?」('Var Biskop Mynster et 'Sanhedsvidne', et af 'de rette Sandhedsvidner'──er ette Sandhed?')를 싣다. 이 비판은 1855년 3월 26일까지 계속되다.

1855년 3월 덴마크 국교회와의 '전쟁'을 수행하다. 6월 『그리스도께서는 그리스도교 국가를 어떻게 평가하시는가?』(*Hvad Christus dømmer om officiel Christendom*)를 실명으로 발표하다. 8월 『하느님의 불변성』(*Guds Uforanderlighed*)을 실명으로 발표하다. 3월 26일~10월 『순간』(*Øieblikket*)이라는 소책자를 1~10호까지 발행하다. 10월 2일 은행에서 마지막 예금을 찾아나오다 쓰러져 병원에 입원하다. 11월 11일 마흔셋의 나이로 세상을 떠나다. 11월 18일 장례식이 거행되다.

꿈과 환각에 대하여
• 옮긴이의 말

　장마가 시작된다더니 하루 이틀 빗줄기 비치다 말고 도로 맑아졌다. 여름 가뭄이 언제나 가시려나……. "거기"에서는 여름은 시작도 되지 않았는데 아침저녁으로 부조리한 초가을 선선한 바람이 불어온단다. 요즘 들어 새벽에 잠이 깨는 일이 많아졌다. 무슨 번뇌가 이리도 많을꼬. 세월은 한사코 앞으로 내닫고, 몸은 이제 그만두자고 졸라댄다. 그런데 아직 그럴 때가 아니란다, 사람들은…….
　사람의 인생은 우연의 연속인 것 같더니만, 돌이켜 생각해보니 한치의 오차도 없는 꽉! 쩔은 연기(緣起)의 사슬이었다. 까까머리 고교생 시절, 저 깊은 곳에서 치밀어 오르는 지긋지긋한 삶의 회의를 견디지 못해, 약 끊긴 뽕쟁이 지랄하듯, 밤마다 몸부림치곤 했었다. 세상만사는 마치 저 머얼리 들려오는, 온몸으로 두들기는 약장수 북소리처럼 환상적이었다. 그럴 때면 어김없이 "중병"이 나서, 아무 책이나 손에 걸리는 대로 집어들고 집을 나선다. 무슨 소린지 도대체 알지도 못하면서 머리가 멍해질 때까지 읽다 말다 한 책들이, 훗날 정신 차리고 보니 지금 내가 한 권 두 권 옮겨 발표하고 있는 것들이었다던가.

이 책 『죽음에 이르는 병』도 그중 하나였다. 세상 번뇌를 인류를 대신해서 나 홀로 짊어지고 존재하지 않는 골고다를 터벅터벅 걸어가던 때, 아마 장소는 전라선 야간열차였으리라, 이 책을 읽었었다. 캬! 『죽음에 이르는 병』 죽인다! 이게 이 책을 고른 이유였을 거다 아마도. 제목에 끌려서 책을 빼들고는 참 오랫동안 고통을 겪던 기억이 생생하다.

1996년인가, 1997년인가, 한길사에서 이 책을 번역해보라는 제의를 받았을 때 서푼짜리 추억에 진저리를 치며 선뜻 제의를 수락한 지 어언 10여 년, 참 오래도 되었다. 그러니까 "10년 만의 역작"인 셈이구나, 어쨌든 게으른 나를 10년이나 기다려준 한길사에 참 미안할 뿐이다. 다행히도 한길사는 나와의 약속을 한 번도 독촉하지 않는 아량으로 나를 몰아세웠다. '정말 잊어버린 건 아니겠지…….'

삶은 공허하다고, 고해라고, 세상 모든 것이 다 공(空)이라고, 그런데 "공은 무(無)는 아니"라고 어떤 사람은 말했단다. 또 누구는 삶이, 아니 존재가 환상이라고도 했단다. 그래서 요즘 판타지가 뜨는 것인가. 이 책의 저자 키르케고르는 이 책 『죽음에 이르는 병』에서 인생은 환각이라고 주장하고 있다. 그러고 보니 또 그런 것 같다. 그렇지 않은가?

그래서 나는 잠시, 딱히 할 일도 없고 해서, 별로 반갑지 않은 인간을 마주치는—하기야, 고타마도 그것 때문에 가출했다더라, 는 이야기를 내가 어디서 들었더라?—악몽에서 화들짝 깬 어느 새벽, 인류가 빠져 있는 환각의 무서움에 대해 한 번 생각해보기로 하였다. 그랬더니 서양 철학사가 모두 환각의 역사로 바뀌는 것 아닌

가. 돌연 파르메니데스 이래로 위대한 철학자들이 인류의 환각을 드러내고 그것에 주의를 환기시키기 위해 전력을 기울이는 모습이 파노라마로 펼쳐지는 것이었다. 오, 놀라워라!

환각의 의미나 성격은 철학자마다 다르지만 대다수의 철학자들이 인류가 어떤 환각에 사로잡혀 있다고 주장한다는 점에서 크게 차이가 나지 않는다. 그런 점에서 키르케고르야말로 가히 환각의 원조, 아니 최소한 중시조 정도는 될 것이다. 그런데 왜 갑자기 영화 생각은 나는 것일까?

그대도 잘 아는 영화 「매트릭스」가 있다. 이 영화에서 매트릭스에 갇혀 있는 사람들은 실재하지 않는 세계를 현실이라고 착각한다. 「매트릭스」는 데카르트적 인식론의 문제를 다룬 영화로 본다고들 하더라만, 또 그런 해석이 그럴듯도 해 보이지만, 이 영화를 실존적으로 해석해볼 수도 있지 않을까?

키르케고르의 용어로 표현하자면, 매트릭스는 배후에서 사람들을 조종하는 필연성이라고 할 수 있겠다. 필연성은 생리적 메커니즘이거나 사회환경을 뜻하는 말이다. 이런 필연성에 조종당하는 사람들은 자신들이 조종당하고 있다는 것을 알지 못하겠지, 당연하게도. 꼭두각시 인형이 자신을 조종하는 존재를 알지 못하듯이 말이다. 그런데 정말 꼭 그럴까? 하여튼 꼭두각시가 자신의 의지대로 행동한다고 생각하는 것처럼 사람들은 자신의 의지대로 살아가고 있다고 생각한다. 하지만 그것이 엄청난 환각에 불과하다는 것이지요는.

자신의 삶이 환각에 불과하다는 것을 깨닫기 위해서는 영화의 주인공 네오처럼 다른 차원에서 자신의 삶의 무대를 바라보아야 하겠다. 그러나 이렇게 바라보는 것만으로는 충분하지 않다. 다른 차원의 세계, 즉 실재하는 세계에서 매트릭스를 본 네오가 한때 무력감에 빠져서 방황하는 장면에서 알 수 있는 것처럼 매트릭스를 벗어나는 것은 지난한 일이다. 그런데 놀랍게도 매트릭스를 벗어나는 데 필요한 것은 기술, 테크놀로지가 아니라 용기라는 것이다. 그래서 재미있었구나, 영화가! 그렇지 않은가, 매트릭스를 벗어나는 데 용기가 필요하다니!

요컨대 키르케고르가 말하고자 하는, 내가 생각하기로는, 자신의 삶이 환각이라는 것을 모르는 경우는 말할 것도 없고, 그렇다는 것을 의식하면서도 용기가 없어서 환각상태를 벗어나지 못하는 사람들의 삶은 마약 중독자들의 삶처럼 모두 죄라는 것일 게다. 이런 사람들에게 키르케고르는 환각의 중독에서 벗어나기 위해서는 신앙의 용기를 가져야 하며, 어떤 어려움이 닥치더라도 신앙의 용기를 잃지 말아야 한다고 강력하게, 간절하게, 평생 동안 역설하고 있는 것이다.

이 신앙의 용기야말로 혹자에게는 불같은 키스처럼 다가갈 수 있는 키르케고르 사상의 핵심이리라. 키르케고르는 지식보다 용기를 강조하는 사상가이다. 백번 옳은 말씀이 아닐까, 앎보다 용기가 중요하다는 것은. 그렇다고 소크라테스여, 노여워 마시라, 그대가 틀렸다고 하는 건 아니니.

이 책을 읽는 독자들이 지식이 아니라 용기라는 키르케고르의 주장을 담고 있는 이 책을 읽으면서 공감하는 바가 있다면, 아니면 말고, 하는 마음에서 이 책을 번역했다. 이 책이 독자들에게 삶의 용기를 불어넣어준다면, 옮긴이는 더 바랄 것이 어디 있겠는가.

길지 않은 책이지만, 우리말로 옮기는 데는 여간 품이 들지 않았다. 모두 내가 모자란 탓이다. 그런 탓에 많은 이들에게 본의 아닌 민폐를 끼치게 되었다. 이 자리를 빌려 그들에게 심심한, 정말 심심한 감사의 뜻을 표하고자 한다. 특히 거친 원고를 꼼꼼히 읽고 세심하게 검토해준 송은재 박사가 아니었다면 이 책은 아마도 나올 수 없었을 것이다.

한여름의 불볕더위에 팥죽 같은 땀을 흘리며 쩔쩔 맬 때도 잊지 않고 변함없이 나를 찾아준 내 삶의 화석들, 추억들, 그 편린들의 주인공에게도 한마디 하지 않을 수 없다. 그들이 없었더라면 나는 지금쯤 사람이 아니었으리라.

각주를 달면서 우리말 번역본이 있는 경우는 내가 아는 한 우리말 번역본의 서지사항을 제시하였으며, 특히 본문과 관련이 있는 성경 구절은 가능한 한 원문을 모두 부기하였다는 것을 밝혀둔다.

번역 텍스트는 독일어본[1]을 저본으로 하고, 덴마크어본,[2] 영어본[3]을 참고하였으며, 기존에 나온 우리말 번역본도 적지 않게 참고하였다는 것을 밝혀둔다.

은파산장에서
임규정

---

1) 독일어본은 *Die Krankheit zum Tode*(Emanuel Hirsh 옮김, 뒤셀도르프/쾰른: 오이겐 디더리히스, 1954)를 참조하였다.
2) 주 6 참조.
3) 영어본은 *The Sickness Unto Death*(Howard V. Hong, Edna H. Hong 옮김, 프린스턴: 프린스턴대학 출판부, 1983)를 참조하였다.

찾아보기

ㄱ

가능성 62, 92, 93, 97
가능성과 필연성의 종합 94, 101
가능성과 현실성의 종합 94
가능성의 절망 93
가능적 자기 84
가현설적 262
강화의 법칙 65
개체성의 범주 238
걸려 넘어짐 168
결정론 102, 103
결정론자 101
경배/걸려 넘어짐 175
경탄/질투 175
공상 85
과거의 현재 131
관계 55, 57, 58, 60, 61
교부 111
교화적인 것 46
그 자체로 58
그리스도 49, 50
그리스도교 46, 51, 52, 59, 63, 71, 109, 121, 126
그리스도교적 관점 63

그리스도교적 교의학자 179
그리스도교적 영웅주의 46
그리스도의 슬픔 251

ㄴ

나는 생각한다, 고로 존재한다 188
남성적 절망 116
내면성 151

ㄷ

다른 것 118
당혹 107
도를 넘어서는 안 된다 175
동물의 범주 236
동정적-변증법적 253

ㄹ

라자로 49, 50
리처드 3세 140

ㅁ

맥베스 216
메피스토펠레스 221
모든 능력을 대표하는 능력 86

무정신성 102, 103, 109, 112
무정신성의 심미적 범주 110
무한성 83, 85, 92, 93
무한성과 유한성의 의식적 종합 84
무한성의 절망 85
무한한 것 55, 89
무한한 반성 77
무한한 실재 161
무한한 은총 79
무한한 자기 143
무한한 추상 124
무한화 과정 84
무한화하는 반성 86
미래의 현재 131
미완료 시제 196
미행 197

ㅂ
바리사이파 사람 167
반항의 절망 228
변증법 74, 75, 77
변증법적 전환 204
보편적 인간성 160
부정된 가능성 60
부정성 108
부정적인 통일 56
불안 77
불행한 경탄 174
불행한 자기 주장 175
비그리스도교적 46
비진리 249
비천한 종의 형상 184, 255
빛나는 죄악 111

ㅅ
사랑의 행위 252

사변적 교의학 194
생성 92
선과의 단절 221
선행적 상태 179
성령을 거역하는 죄 249, 250
성찬제정 256
셰익스피어 251, 254
셰익스피어의 헨리 왕 251
소크라테스 69, 131
소크라테스적 무지 198
소테라테스의 무지 198
속물적 부르주아 정신성 102
속죄 200
숙명론자 101
스토아주의 144
시간적인 것 55
시인-실존 157
신경적 정의 166
신성모독행위 235
신학적 자기 161
심오한 천품 231
심판 245

ㅇ
아리스토텔레스 236
악마의 절망 104
악마적 관념성 151
악마적 폐쇄 222
악마적인 것 150
악마적인 광기 151
악마적인 분노 150
악마적인 인간 219
악화된 절망 157
여성적 절망 116
역설 259
연약함의 절망 116, 123, 134

영원 80, 81
영원성 70
영원의 상 아래에서는 195
영원한 것 55, 62, 69, 75
영원히 진리 97
영혼의 병 69
영혼의 의사 74, 78
예증되었어야 하는 것 180
옛날의 교의학 162
오로지 자신만을 위한 세계 152
오류 107
오성의 정열 100
완료 시제 196
외톨이 164, 238
외톨이인 개인 239, 244
우연성 90
운명론 102, 103
운명론자 101
울타리 152
유한성 83, 85, 92, 93
유한성의 절망 89, 92
유한한 것 55
유한화 과정 84
육체의 가시 148
육체적-심령적 종합 106
육화된 하느님 251
윤리적-종교적 범주 110
은밀한 경탄 175
은폐 136
의식적 절망 113, 115
이교 109, 110
이교도 52, 111~113
이상화에 의해서건 243
인간-신 251
인간의 광기 250
인간의 총합 237

ㅈ

자기 55, 56, 61, 63, 65, 79, 83, 84, 86, 93, 102, 111
자기의 이중화 145
자기의 필연성 123
자살 111
자신의 자기 67
자연인 51, 52, 59, 109, 110
자유 55, 83
잘못된 관계 63
잠재적 93
적극적인 것 258
전후도치 112
절망 47, 57~65, 67, 68, 71, 72, 79, 80, 100, 104, 115, 119
절망의 공식 66
절망의 투쟁 222
점강법 209
정교 193
정신 55, 58, 61, 73, 76, 79
정신의 규정 77, 127
정신의 절망 102
정신의 조건 75
정신의 질병 74
정신적 상담자 226
정지상태 189
정통파 교의학 193
제2의 유다 176
제3의 관계 56
제7천국 66
제왕 아니면 무 66
종교성의 시인 159
종의 형상 251
종합 55, 60, 61, 83, 85
죄에 대한 불안 227
죄에 대한 소크라테스적 정의 177

죄에의 함몰 225
죄의 내적 일관성 218
죄의 반대 168
죄의 변증법 205
죄의 상태 215
죄의 연속성 214
주체성 244
죽을병 49, 70
죽음에 이르는 병 50~52, 63, 64, 70
지나친 행위 172
지나침 119
지상적인 것에 대한 절망 127, 133
직접성 77, 117, 120, 121
직접성의 인간 118, 119, 121
진리는 자신과 허위의 기준이다 104
진지함 47

ㅊ
참된 그리스도교인 71
천편일률적인 것 90
추상적 가능성 94
추상적 감성 86
추상적 고립 88
추상적 무한화 88
추상적 인간성 86
추상적 자기 124
추억의 환상 129
충분한 표준 102

ㅌ
탄탈로스 152

ㅍ
파생물 혹은 이차적 무지 178
『파우스트』 221
펠라기우스적 개념 165
프로메테우스 145
필연 55
필연성 92, 94, 97, 101

ㅎ
하느님 앞에 있는 자기 161
하느님 앞에서 157, 169
하느님-관념 231
하느님-사람 251
하느님-사람의 교설 237
하느님의 영광 50
행복한 자기 포기 175
현기증 61
현실성 60, 62, 94
현실화된 가능성 60
황금의 중용 175
회개의 범주 195
후대의 교의학 162
희망의 환상 129

지은이 쇠렌 키르케고르

쇠렌 키르케고르(Søren Aabye Kierkegaard, 1813~55)는 덴마크의 수도 코펜하겐에서 7남매 중 막내로 태어났다. 키르케고르는 종교적으로 매우 신실하면서도 극도의 우울증에 사로잡혀 있던 아버지의 성격을 그대로 물려받았다. 암울한 유년 시절을 보낸 그는 17세에 아버지의 권유로 코펜하겐 대학 신학과에 입학했지만 초기에는 학업을 게을리하다가, 1838년 아버지와 스승인 뮐러 교수가 세상을 떠나자 큰 충격을 받고 학업에 전념하여 2년 만에 신학사 자격시험을 통과한다. 그는 1840년 평생의 애인인 레기네 올센을 만나 약혼을 하는데, 그녀와의 사랑은 키르케고르의 지나친 불안과 우울 탓으로 결실을 맺지 못하고 만다. 1841년 레기네와 파혼한 직후 베를린으로 간 그는 베를린 대학에서 '신화와 계시의 철학'이라는 셸링의 강의에 참석하여 감명을 받는다. 1842년 코펜하겐으로 돌아온 후 반헤겔주의적 저술 및 라이프니츠, 데카르트, 아리스토텔레스 등의 철학에 큰 관심을 기울인다. 특히 트렌델렌부르크와 텐네만의 저술을 집중적으로 연구하고 이들을 통해서 아리스토텔레스 사상에 대한 통찰력을 얻게 된다. 이러한 일련의 철학적 작업은 훗날 키르케고르가 독자적인 실존철학을 형성하는 데 중요한 계기로 작용한다. 1843년 5월 그의 대표작이자 실존주의 철학의 탄생을 알리는 『이것이냐 저것이냐』를 시작으로 실존의 영역들을 다룬 『반복』 『두려움과 떨림』 등을 익명으로 발표한다. 1844년에는 심리학에 관한 저서 『불안의 개념』을, 그리고 소크라테스와 역설적 그리스도교에 관한 『철학적 단편』을 익명으로 발표한다. 1846년에는 그의 마지막 주저인 『철학적 단편에 대한 결론으로서의 비학문적 후서』를 발표했는데, 이 작품으로 그의 심미적 저술 활동은 완결된다. 그밖에도 그의 대표적인 기독교적 저작들인 『사랑의 역사(役事)』 『그리스도교적 강화집』 『죽음에 이르는 병』 등을 발표하다가, 1855년 마흔넷의 나이로 프레데릭 병원에서 외롭게 세상을 떠났다.

옮긴이 임규정

옮긴이 임규정은 전북 전주에서 태어나 고려대학교 철학과를 졸업했으며, 같은 학교 대학원에서 석사·박사학위를 받았다. 세인트 올라프 대학 키르케고르 도서관 객원 연구원을 지냈고, 지금은 군산대학교 철학과 교수로 있다. 저서로는 『헤겔에서 리오타르까지』 등이 있으며, 역서로는 쇠렌 키르케고르의 『불안의 개념』 『유혹자의 일기』(공역) 외에 페터 로데의 『키르케고르, 코펜하겐의 고독한 영혼』, 패트릭 가디너의 『키르케고르』, 아르투어 슈니츨러의 『카사노바의 귀향』 등이 있다. 논문으로는 「키에르케고르의 실존구조」 「키에르케고르의 자기의 변증법」 「'철학적 단편'에서 분석되고 있는 가능성과 필연성에 대한 고찰」 「'불안의 개념'에 대한 일 고찰」 등이 있다.

HANGIL GREAT BOOKS 90

죽음에 이르는 병

지은이 쇠렌 키르케고르
옮긴이 임규정
펴낸이 김언호

펴낸곳 (주)도서출판 한길사
등록 1976년 12월 24일
주소 10881 경기도 파주시 광인사길 37
홈페이지 www.hangilsa.co.kr
전자우편 hangilsa@hangilsa.co.kr
전화 031-955-2000~3 팩스 031-955-2005

인쇄 오색프린팅 제본 경일제책사

제1판 제1쇄 2007년 10월 30일
제1판 제7쇄 2022년 3월 5일

값 25,000원

ISBN 978-89-356-5708-7 94160

• 잘못 만들어진 책은 구입하신 서점에서 바꿔드립니다.
• 이 도서의 국립중앙도서관 출판시도서목록(CIP)은 서지정보유통지원시스템 홈페이지(seoji.nl.go.kr)와
국가자료공동목록시스템(www.nl.go.kr/kolisnet)에서 이용하실 수 있습니다.
(CIP제어번호: 2007003161)

한길그레이트북스 인류의 위대한 지적 유산을 집대성한다

1 관념의 모험
앨프레드 노스 화이트헤드 | 오영환

2 종교형태론
미르치아 엘리아데 | 이은봉

3·4·5·6 인도철학사
라다크리슈난 | 이거룡
2005 『타임스』 선정 세상을 움직인 100권의 책
『출판저널』 선정 21세기에도 남을 20세기의 빛나는 책들

7 야생의 사고
클로드 레비스트로스 | 안정남
2005 『타임스』 선정 세상을 움직인 100권의 책
2008 『중앙일보』 선정 신고전 50선

8 성서의 구조인류학
에드먼드 리치 | 신인철

9 문명화과정 1
노르베르트 엘리아스 | 박미애
2005 연세대학교 권장도서 200선
2012 인터넷 교보문고 명사 추천도서
2012 알라딘 명사 추천도서

10 역사를 위한 변명
마르크 블로크 | 고봉만
2008 『한국일보』 오늘의 책
2009 『동아일보』 대학신입생 추천도서
2013 yes24 역사서 고전

11 인간의 조건
한나 아렌트 | 이진우
2012 인터넷 교보문고 MD의 선택
2012 네이버 지식인의 서재

12 혁명의 시대
에릭 홉스봄 | 정도영·차명수
2005 서울대학교 권장도서 100선
2005 『타임스』 선정 세상을 움직인 100권의 책
2005 연세대학교 권장도서 200선
1999 『출판저널』 선정 21세기에도 남을 20세기의 빛나는 책들
2012 알라딘 블로거 베스트셀러
2013 『조선일보』 불멸의 저자들

13 자본의 시대
에릭 홉스봄 | 정도영
2005 서울대학교 권장도서 100선
1999 『출판저널』 선정 21세기에도 남을 20세기의 빛나는 책들
2012 알라딘 블로거 베스트셀러
2013 『조선일보』 불멸의 저자들

14 제국의 시대
에릭 홉스봄 | 김동택
2005 서울대학교 권장도서 100선
1999 『출판저널』 선정 21세기에도 남을 20세기의 빛나는 책들
2012 알라딘 블로거 베스트셀러
2013 『조선일보』 불멸의 저자들

15·16·17 경세유표
정약용 | 이익성
2012 인터넷 교보문고 필독고전 100선

18 바가바드 기타
함석헌 주석 | 이거룡 해제
2007 서울대학교 추천도서

19 시간의식
에드문트 후설 | 이종훈

20·21 우파니샤드
이재숙
2005 서울대학교 권장도서 100선

22 현대정치의 사상과 행동
마루야마 마사오 | 김석근
2005 『타임스』 선정 세상을 움직인 100권의 책
2007 도쿄대학교 권장도서

23 인간현상
테야르 드 샤르댕 | 양명수
2007 서울대학교 추천도서

24·25 미국의 민주주의
알렉시스 드 토크빌 | 임효선·박지동
2005 서울대학교 권장도서 100선
2012 인터넷 교보문고 MD의 선택
2012 인터넷 교보문고 MD의 선택
2013 문명비평가 기 소르망 추천도서

26 유럽학문의 위기와 선험적 현상학
에드문트 후설 | 이종훈
2005 서울대학교 논술출제

27·28 삼국사기
김부식 | 이강래
2005 연세대학교 권장도서 200선
2012 인터넷 교보문고 필독고전 100선
2013 yes24 다시 읽는 고전

29 원본 삼국사기
김부식 | 이강래

30 성과 속
미르치아 엘리아데 | 이은봉
2005 『타임스』 선정 세상을 움직인 100권의 책
2012 인터넷 교보문고 명사 추천도서
『출판저널』 선정 21세기에도 남을 20세기의 빛나는 책들

31 슬픈 열대
클로드 레비스트로스 | 박옥줄
2005 서울대학교 권장도서 100선
2005 연세대학교 권장도서 200선
2008 홍익대학교 논술출제
2012 인터넷 교보문고 명사 추천도서
2013 yes24 역사서 고전
『출판저널』 선정 21세기에도 남을 20세기의 빛나는 책들

32 증여론
마르셀 모스 | 이상률
2003 문화관광부 우수학술도서
2012 네이버 지식인의 서재

33 부정변증법
테오도르 아도르노 | 홍승용

34 문명화과정 2
노르베르트 엘리아스 | 박미애
2005 연세대학교 권장도서 200선
2012 인터넷 교보문고 명사 추천도서
2012 알라딘 명사 추천도서

35 불안의 개념
쇠렌 키르케고르 | 임규정
2012 인터넷 교보문고 필독고전 100선

36 마누법전
이재숙·이광수

37 사회주의의 전제와 사민당의 과제
에두아르트 베른슈타인 | 강신준

38 의미의 논리
질 들뢰즈 | 이정우
2000 교보문고 선정 대학생 권장도서

39 성호사설
이익 | 최석기
2005 연세대학교 권장도서 200선
2008 서울대학교 논술출제
2012 인터넷 교보문고 필독고전 100선

40 종교적 경험의 다양성
윌리엄 제임스 | 김재영
2000 대한민국학술원 우수학술도서

41 명이대방록
황종희 | 김덕균
2000 한국출판문화상

42 소피스테스
플라톤 | 김태경

43 정치가
플라톤 | 김태경

44 지식과 사회의 상
데이비드 블루어 | 김경만
2002 대한민국학술원 우수학술도서

45 비평의 해부
노스럽 프라이 | 임철규
2001 『교수신문』 우리 시대의 고전

46 인간적 자유의 본질·철학과 종교
프리드리히 W.J. 셸링 | 최신한

47 무한자와 우주와 세계·원인과 원리와 일자
조르다노 브루노 | 강영계
2001 한국출판인회의 이달의 책

48 후기 마르크스주의
프레드릭 제임슨 | 김유동
2001 한국출판인회의 이달의 책

49·50 봉건사회
마르크 블로크 | 한정숙
2002 대한민국학술원 우수학술도서
2012 『한국일보』 다시 읽고 싶은 책

51 칸트와 형이상학의 문제
마르틴 하이데거 | 이선일
2003 대한민국학술원 우수학술도서

52 남명집
조식 | 경상대 남명학연구소
2012 인터넷 교보문고 필독고전 100선

53 낭만적 거짓과 소설적 진실
르네 지라르 | 김치수·송의경
2002 대한민국학술원 우수학술도서
2013 『한국경제』 한 문장의 교양

54·55 한비자
한비 | 이운구
한국간행물윤리위원회 추천도서
2007 서울대학교 추천도서
2012 인터넷 교보문고 필독고전 100선

56 궁정사회
노르베르트 엘리아스 | 박여성

57 에밀
장 자크 루소 | 김중현
2005 서울대학교 권장도서 100선
2000·2006 서울대학교 논술출제

58 이탈리아 르네상스의 문화
야코프 부르크하르트 | 이기숙
2004 한국간행물윤리위원회 추천도서
2005 연세대학교 권장도서 200선
2009 『동아일보』 대학신입생 추천도서

59·60 분서
이지 | 김혜경
2004 문화관광부 우수학술도서
2012 인터넷 교보문고 필독고전 100선

61 혁명론
한나 아렌트 | 홍원표
2005 대한민국학술원 우수학술도서

62 표해록
최부 | 서인범·주성지
2005 대한민국학술원 우수학술도서

63·64 정신현상학
G.W.F. 헤겔 | 임석진
2006 대한민국학술원 우수학술도서
2005 연세대학교 권장도서 200선
2005 프랑크푸르트도서전 한국의 아름다운 책 100선
2008 서우철학상
2012 인터넷 교보문고 필독고전 100선

65·66 이정표
마르틴 하이데거 | 신상희·이선일

67 왕필의 노자주
왕필 | 임채우
2006 문화관광부 우수학술도서

68 신화학 1
클로드 레비스트로스 | 임봉길
2007 대한민국학술원 우수학술도서
2008 『동아일보』 인문과 자연의 경계를 넘어 30선

69 유랑시인
타라스 셰브첸코 | 한정숙

70 중국고대사상사론
리쩌허우 | 정병석
2005 『한겨레』 올해의 책
2006 문화관광부 우수학술도서

71 중국근대사상사론
리쩌허우 | 임춘성
2005 『한겨레』 올해의 책
2006 문화관광부 우수학술도서

72 중국현대사상사론
리쩌허우 | 김형종
2005 『한겨레』 올해의 책
2006 문화관광부 우수학술도서

73 자유주의적 평등
로널드 드워킨 | 염수균
2006 문화관광부 우수학술도서
2010 『동아일보』 '정의에 관하여' 20선

74·75·76 춘추좌전
좌구명 | 신동준

77 종교의 본질에 대하여
루트비히 포이어바흐 | 강대석

78 삼국유사
일연 | 이가원·허경진
2007 서울대학교 추천도서

79·80 순자
순자 | 이운구
2007 서울대학교 추천도서

81 예루살렘의 아이히만
한나 아렌트 | 김선욱
2006 『한겨레』 올해의 책
2006 한국간행물윤리위원회 추천도서
2007 『한국일보』 오늘의 책
2007 대한민국학술원 우수학술도서
2012 yes24 리뷰 영웅대전

82 기독교 신앙
프리드리히 슐라이어마허 | 최신한
2008 대한민국학술원 우수학술도서

83·84 전체주의의 기원
한나 아렌트 | 이진우·박미애
2005 『타임스』 선정 세상을 움직인 책
『출판저널』 선정 21세기에도 남을 20세기의 빛나는 책들

85 소피스트적 논박
아리스토텔레스 | 김재홍

86·87 사회체계이론
니클라스 루만 | 박여성
2008 문화체육관광부 우수학술도서

88 헤겔의 체계 1
비토리오 회슬레 | 권대중

89 속분서
이지 | 김혜경
2008 대한민국학술원 우수학술도서

90 죽음에 이르는 병
쇠렌 키르케고르 | 임규정
『한겨레』 고전 다시 읽기 선정
2006 서강대학교 논술출제

91 고독한 산책자의 몽상
장 자크 루소 | 김중현

92 학문과 예술에 대하여·산에서 쓴 편지
장 자크 루소 | 김중현

93 사모아의 청소년
마거릿 미드 | 박자영
20세기 미국대학생 필독 교양도서

94 자본주의와 현대사회이론
앤서니 기든스 | 박노영·임영일
1999 서울대학교 논술출제
2009 대한민국학술원 우수학술도서

95 인간과 자연
조지 마시 | 홍금수

96 법철학
G.W.F. 헤겔 | 임석진

97 문명과 질병
헨리 지거리스트 | 황상익
2009 대한민국학술원 우수학술도서

98 기독교의 본질
루트비히 포이어바흐 | 강대석

99 신화학 2
클로드 레비스트로스 | 임봉길
2008 『동아일보』 인문과 자연의 경계를 넘어 30선
2009 대한민국학술원 우수학술도서

100 일상적인 것의 변용
아서 단토 | 김혜련
2009 대한민국학술원 우수학술도서

101 독일 비애극의 원천
발터 벤야민 | 최성만·김유동

102·103·104 순수현상학과
현상학적 철학의 이념들
에드문트 후설 | 이종훈
2010 대한민국학술원 우수학술도서

105 수사고신록
최술 | 이재하 외
2010 대한민국학술원 우수학술도서

106 수사고신여록
최술 | 이재하
2010 대한민국학술원 우수학술도서

107 국가권력의 이념사
프리드리히 마이네케 | 이광주

108 법과 권리
로널드 드워킨 | 염수균

109·110·111·112 고야
홋타 요시에 | 김석희
2010 12월 한국간행물윤리위원회 추천도서

113 왕양명실기
박은식 | 이종란

114 신화와 현실
미르치아 엘리아데 | 이은봉

115 사회변동과 사회학
레이몽 부동 | 민문홍

116 자본주의·사회주의·민주주의
조지프 슘페터 | 변상진
2012 대한민국학술원 우수학술도서
2012 인터파크 이 시대 교양 명저

117 공화국의 위기
한나 아렌트 | 김선욱

118 차라투스트라는 이렇게 말했다
프리드리히 니체 | 강대석

119 지중해의 기억
페르낭 브로델 | 강주헌

120 해석의 갈등
폴 리쾨르 | 양명수

121 로마제국의 위기
램지 맥멀렌 | 김창성
2012 인터파크 추천도서

122·123 윌리엄 모리스
에드워드 파머 톰슨 | 윤효녕 외
2012 인터파크 추천도서

124 공제격치
알폰소 바뇨니 | 이종란

125 현상학적 심리학
에드문트 후설 | 이종훈
2013 인터넷 교보문고 눈에 띄는 새 책
2014 대한민국학술원 우수학술도서

126 시각예술의 의미
에르빈 파노프스키 | 임산

127·128 시민사회와 정치이론
진 L. 코헨·앤드루 아라토 | 박형신·이혜경

129 운화측험
최한기 | 이종란
2015 대한민국학술원 우수학술도서

130 예술체계이론
니클라스 루만 | 박여성·이철

131 대학
주희 | 최석기

132 중용
주희 | 최석기

133 종의 기원
찰스 다윈 | 김관선

134 기적을 행하는 왕
마르크 블로크 | 박용진

135 키루스의 교육
크세노폰 | 이동수

136 정당론
로베르트 미헬스 | 김학이
2003 기담학술상 번역상
2004 대한민국학술원 우수학술도서

137 법사회학
니클라스 루만 | 강희원
2016 세종도서 우수학술도서

138 중국사유
마르셀 그라네 | 유병태
2011 대한민국학술원 우수학술도서

139 자연법
G.W.F 헤겔 | 김준수
2004 기담학술상 번역상

140 기독교와 자본주의의 발흥
R.H. 토니 | 고세훈

141 고딕건축과 스콜라철학
에르빈 파노프스키 | 김율
2016 세종도서 우수학술도서

142 도덕감정론
애덤스미스 | 김광수

143 신기관
프랜시스 베이컨 | 진석용
2001 9월 한국출판인회의 이달의 책
2005 서울대학교 권장도서 100선

144 관용론
볼테르 | 송기형·임미경

145 교양과 무질서
매슈 아널드 | 윤지관

146 명등도고록
이지 | 김혜경

147 데카르트적 성찰
에드문트 후설·오이겐 핑크 | 이종훈
2003 대한민국학술원 우수학술도서

148·149·150 함석헌선집 1·2·3
함석헌 | 함석헌편집위원회
2017 대한민국학술원 우수학술도서

151 프랑스혁명에 관한 성찰
에드먼드 버크 | 이태숙

152 사회사상사
루이스 코저 | 신용하·박명규

153 수동적 종합
에드문트 후설 | 이종훈
2019 대한민국학술원 우수학술도서

154 로마사 논고
니콜로 마키아벨리 | 강정인·김경희
2005 대한민국학술원 우수학술도서

155 르네상스 미술가평전 1
조르조 바사리 | 이근배

156 르네상스 미술가평전 2
조르조 바사리 | 이근배

157 르네상스 미술가평전 3
조르조 바사리 | 이근배

158 르네상스 미술가평전 4
조르조 바사리 | 이근배

159 르네상스 미술가평전 5
조르조 바사리 | 이근배

160 르네상스 미술가평전 6
조르조 바사리 | 이근배

161 어두운 시대의 사람들
한나 아렌트 | 홍원표

162 형식논리학과 선험논리학
에드문트 후설 | 이종훈
2011 대한민국학술원 우수학술도서

163 러일전쟁 1
와다 하루키 | 이웅현

164 러일전쟁 2
와다 하루키 | 이웅현

165 종교생활의 원초적 형태
에밀 뒤르켐 | 민혜숙·노치준

166 서양의 장원제
마르크 블로크 | 이기영

167 제일철학 1
에드문트 후설 | 이종훈
2021 대한민국학술원 우수학술도서

168 제일철학 2
에드문트 후설 | 이종훈
2021 대한민국학술원 우수학술도서

169 사회적 체계들
니클라스 루만 | 이철·박여성 | 노진철 감수

170 모랄리아
플루타르코스 | 윤진

171 국가론
마르쿠스 툴리우스 키케로 | 김창성

172 법률론
마르쿠스 툴리우스 키케로 | 성염

173 자본주의의 문화적 모순
다니엘 벨 | 박형신

174 신화학 3
클로드 레비스트로스 | 임봉길

175 상호주관성
에드문트 후설 | 이종훈

176 대변혁 1
위르겐 오스터함멜 | 박종일

177 대변혁 2
위르겐 오스터함멜 | 박종일

178 대변혁 3
위르겐 오스터함멜 | 박종일

179 유대인 문제와 정치적 사유
한나 아렌트 | 홍원표

● 한길그레이트북스는 계속 간행됩니다.